PROBABILIDADE NA PRÁTICA UTILIZANDO A LINGUAGEM PYTHON

O GEN | Grupo Editorial Nacional – maior plataforma editorial brasileira no segmento científico, técnico e profissional – publica conteúdos nas áreas de ciências exatas, humanas, jurídicas, da saúde e sociais aplicadas, além de prover serviços direcionados à educação continuada e à preparação para concursos.

As editoras que integram o GEN, das mais respeitadas no mercado editorial, construíram catálogos inigualáveis, com obras decisivas para a formação acadêmica e o aperfeiçoamento de várias gerações de profissionais e estudantes, tendo se tornado sinônimo de qualidade e seriedade.

A missão do GEN e dos núcleos de conteúdo que o compõem é prover a melhor informação científica e distribuí-la de maneira flexível e conveniente, a preços justos, gerando benefícios e servindo a autores, docentes, livreiros, funcionários, colaboradores e acionistas.

Nosso comportamento ético incondicional e nossa responsabilidade social e ambiental são reforçados pela natureza educacional de nossa atividade e dão sustentabilidade ao crescimento contínuo e à rentabilidade do grupo.

MORGANNA DINIZ
FELIPE RIBEIRO

PROBABILIDADE NA PRÁTICA UTILIZANDO A **LINGUAGEM PYTHON**

- Os autores deste livro e a editora empenharam seus melhores esforços para assegurar que as informações e os procedimentos apresentados no texto estejam em acordo com os padrões aceitos à época da publicação, *e todos os dados foram atualizados pelos autores até a data de fechamento do livro.* Entretanto, tendo em conta a evolução das ciências, as atualizações legislativas, as mudanças regulamentares governamentais e o constante fluxo de novas informações sobre os temas que constam do livro, recomendamos enfaticamente que os leitores consultem sempre outras fontes fidedignas, de modo a se certificarem de que as informações contidas no texto estão corretas e de que não houve alterações nas recomendações ou na legislação regulamentadora.
- Data do fechamento do livro: 29/05/2024
- Os autores e a editora se empenharam para citar adequadamente e dar o devido crédito a todos os detentores de direitos autorais de qualquer material utilizado neste livro, dispondo-se a possíveis acertos posteriores caso, inadvertida e involuntariamente, a identificação de algum deles tenha sido omitida.
- **Atendimento ao cliente: (11) 5080-0751 | faleconosco@grupogen.com.br**
- Direitos exclusivos para a língua portuguesa
- Copyright © 2024 by
  LTC | Livros Técnicos e Científicos Editora Ltda.
  Uma editora integrante do GEN | Grupo Editorial Nacional
  Travessa do Ouvidor, 11
  Rio de Janeiro – RJ – 20040-040
  www.grupogen.com.br
- Reservados todos os direitos. É proibida a duplicação ou reprodução deste volume, no todo ou em parte, em quaisquer formas ou por quaisquer meios (eletrônico, mecânico, gravação, fotocópia, distribuição pela Internet ou outros), sem permissão, por escrito, da LTC | Livros Técnicos e Científicos Editora Ltda.
- Capa: Leonidas Leite
- Imagem de capa: ©iStockphoto | Liudmila Chernetska
- Editoração eletrônica: E-Papers Serviços Editoriais

CIP-BRASIL. CATALOGAÇÃO NA PUBLICAÇÃO
SINDICATO NACIONAL DOS EDITORES DE LIVROS, RJ

D612p

    Diniz, Morganna Carmem
        Probabilidade na prática utilizando a linguagem python / Morganna Carmem Diniz, Felipe Rafael Ribeiro Melo. - 1. ed. - Rio de Janeiro : LTC, 2024.

        Inclui índice
        ISBN 978-85-216-3895-7

        1. Python (Linguagem de programação de computador). 2. Programação orientada a objetos (Computação). 3. Programação (Computadores). I. Melo, Felipe Rafael Ribeiro. II. Título.

24-91472   CDD: 005.117
                        CDU: 004.43

Gabriela Faray Ferreira Lopes - Bibliotecária - CRB-7/6643

Respeite o direito autoral

Sobre os Autores

Morganna Carmem Diniz é professora do Departamento de Informática Aplicada da Universidade Federal do Estado do Rio de Janeiro (UNIRIO) desde 2004. É Mestra e Doutora em Engenharia de Sistemas pelo Instituto Alberto Luiz Coimbra de Pós-Graduação e Pesquisa de Engenharia da Universidade Federal do Rio de Janeiro (Coppe/UFRJ). Tem atuação nas áreas de Infraestrutura, Desenvolvimento *Web* e Orçamento Público.

Felipe Rafael Ribeiro Melo é professor do Departamento de Métodos Quantitativos da Universidade Federal do Estado do Rio de Janeiro (UNIRIO) desde 2014. É Mestre e Doutor em Estatística pela Universidade Federal do Rio de Janeiro (UFRJ), com ênfase em Probabilidade. Tem atuação nas áreas de Análise de Dados e ensino de Probabilidade.

Sobre os Autores

Prefácio

Desde a pré-história, o ser humano lida com eventos sob os quais é impossível prever com exatidão a sua ocorrência. Existem animais para caçar naquela floresta? Vai chover hoje à noite? Qual a intensidade desta chuva, caso ocorra? Meu time do coração vencerá o jogo do próximo fim de semana? Uma nova pandemia pode estourar nos próximos 10 anos?

Para essas e outra infinidade de perguntas, há claramente um grau de incerteza envolvido, o que motiva a elaboração de uma "medida de crença" para a ocorrência desses eventos. Neste contexto, entra a medida de probabilidade, explorada e aperfeiçoada desde o século XVII, tomando a forma que conhecemos atualmente no começo do século XX, em virtude dos Axiomas de Kolmogorov. A base para as propriedades e os teoremas envolvendo cálculo das probabilidades foram estabelecidas desde então. De maneira geral, a probabilidade é a medida da crença de um evento acontecer, associada a um valor que varia de 0 a 1. Quanto mais próxima a probabilidade está do valor 1, mais provável é a ocorrência do evento, ao passo que, quanto mais próxima de 0, menos provável é o evento. Em particular, probabilidade zero está associada a eventos impossíveis, enquanto a probabilidade 1 está associada à certeza de ocorrência do evento em questão.

O matemático britânico Bertrand Russell (1872-1970) afirmou que "a experiência não permite nunca atingir a certeza absoluta. Não devemos procurar obter mais que uma probabilidade". Ao que Russell se refere, na verdade, são experimentos que o respectivo desfecho não pode ser previsto com exatidão: eles são conhecidos como experimentos aleatórios. Um exemplo típico de experimento aleatório é jogar um dado para o alto e verificar a face voltada para cima quando este cai. Ao arremessar o dado, é impossível prever qual das faces será obtida, ou mesmo se esta será, por exemplo, um número par. Entretanto, é possível listar todos os possíveis resultados, que são as faces 1, 2, 3, 4, 5 e 6. O conjunto contendo exatamente os desfechos possíveis de um experimento aleatório é chamado de espaço amostral. Uma vez definido um experimento aleatório, é essencial determinar o espaço amostral associado a este experimento, de forma a calcular as probabilidades associadas e, assim, obter um modelo probabilístico.

Este livro tem como foco o aprendizado da Probabilidade com exemplos, sempre que possível, do mundo real (ou seja, exemplos que fujam de um excesso de abstração) e com implementações na linguagem Python. A escolha desta linguagem se deve principalmente a três motivos. Em primeiro lugar, é uma das linguagens mais usadas atualmente tanto na área de ensino como na área de desenvolvimento de aplicativos. Em segundo lugar, o código é de fácil leitura para qualquer usuário que tenha noções de inglês, pois os nomes de seus comandos básicos seguem tal idioma. E, em terceiro lugar, existem mais de 100.000 bibliotecas disponíveis para Python que podem ser usadas em diferentes áreas do conhecimento. São alguns exemplos dessas bibliotecas: NumPy (Ciência de Dados); Pandas (Análise e Manipulação de Dados); SciPy (Computação Científica e Técnica); StatsModels (estatística e aprendizado de máquina); Matplotlib (visualização de dados); Selenium (Manipulação de Navegadores *Web*); OpenCV (Processamento de Imagens); TensorFlow (Aprendizado de Máquina); BeautifulSoup (Análise de Documentos HTML e XM); e PyGame (Desenvolvimento de Jogos).

Inicialmente, este material foi desenvolvido tendo como público-alvo alunos de cursos de Computação, nos níveis de graduação e pós-graduação. Todavia, alunos de outros cursos e/ou áreas de conhecimento com interesse em Probabilidade podem utilizar este material, em face dos exemplos aplicados e da abrangência do conteúdo, de forma clara e objetiva.

O Capítulo 1 do livro aborda tópicos de **Análise Combinatória**, a parte da Matemática que estuda métodos e técnicas que permitem resolver problemas relacionados com contagem, comumente utilizados na solução de problemas computacionais e de probabilidade discreta.

O Capítulo 2 inicia o enfoque na **Probabilidade**, desde os conceitos básicos de experimento aleatório, espaço amostral e eventos até probabilidade condicional e teoremas relacionados, passando por abordagens clássica e frequentista da probabilidade e sua definição axiomática.

O Capítulo 3 introduz o conceito de **Variável Aleatória**, indicando o que faz uma variável aleatória ser classificada como discreta ou como contínua.

O Capítulo 4 explora as **Variáveis Aleatórias Discretas** e apresenta as funções que caracterizam a distribuição de probabilidades para este tipo de variável aleatória, bem como medidas adicionais de caracterização. Além disso, são discutidas seis importantes distribuições: Bernoulli, geométrica, binomial, binomial negativa, hipergeométrica e Poisson.

O Capítulo 5 apresenta, inicialmente, as funções e medidas que caracterizam as **Variáveis Aleatórias Contínuas**. Em seguida, o capítulo discute quatro distribuições de variável aleatória contínua: uniforme, exponencial, Erlang e normal.

O Capítulo 6 estuda como podem se distribuir conjuntamente duas ou mais variáveis aleatórias, sejam elas discretas ou contínuas. São apresentadas funções e medidas que caracterizam a distribuição conjunta dessas **Variáveis Aleatórias Multidimensionais**.

Por fim, o Capítulo 7 discute **Funções de Variável Aleatória**, mostrando como obter a distribuição e medidas de uma variável aleatória que é função de uma outra variável aleatória com distribuição conhecida.

Os autores

Sumário

1 Análise Combinatória   **1**

   1.1 Introdução 1
   1.2 Princípio Fundamental da Contagem 2
   1.3 Arranjo Simples 2
   1.4 Arranjo com Repetição 5
   1.5 Permutação 6
   1.6 Permutação com Repetição 8
   1.7 Combinação Simples 9
   1.8 Combinação com Repetição 11
   1.9 Coeficientes Multinomiais 12
   1.10 Binômio de Newton 14
   1.11 Exercícios Resolvidos 14
   1.12 Python 26

2 Probabilidade   **33**

   2.1 Introdução 33
   2.2 Espaço Amostral 33
   2.3 Eventos 35
      2.3.1 Operações 35
      2.3.2 Propriedades 38
   2.4 Axiomas e Teoremas 39
   2.5 Probabilidade Condicional 42
   2.6 Teorema de Bayes 44
   2.7 Eventos Independentes 46

2.8 Eventos Mutuamente Exclusivos × Eventos Independentes 50
2.9 Exercícios Resolvidos 51
2.10 Python 67

3 Variáveis Aleatórias   79

3.1 Introdução 79
3.2 Classificação das Variáveis Aleatórias 80
3.3 Exercícios Resolvidos 82
3.4 Python 86

4 Variáveis Aleatórias Discretas   89

4.1 Introdução 89
4.2 Caracterização da Distribuição de Probabilidades 90
4.3 Bernoulli 96
4.4 Geométrica 98
4.5 Binomial 102
4.6 Binomial Negativa 104
4.7 Hipergeométrica 108
4.8 Poisson 112
4.9 Exercícios Resolvidos 116
4.10 Python 129

5 Variáveis Aleatórias Contínuas   141

5.1 Introdução 141
5.2 Caracterização da Distribuição de Probabilidades 141
5.3 Uniforme 144
5.4 Exponencial 148
5.5 Erlang 151
5.6 Normal 154
5.7 Exercícios Resolvidos 165
5.8 Python 177

6 Variáveis Aleatórias Multidimensionais   187

6.1 Introdução 187
6.2 Variáveis Aleatórias Multidimensionais Discretas 188
6.3 Variáveis Aleatórias Multidimensionais Contínuas 196

6.4	Exercícios Resolvidos	201
6.5	Python	206

7 Funções de Variável Aleatória 211

7.1	Introdução	211
7.2	X e $Y = g(X)$ Variáveis Aleatórias Discretas	212
7.3	X Variável Aleatória Contínua e $Y = g(X)$ Variável Aleatória Discreta	215
7.4	X e $Y = g(X)$ Variáveis Aleatórias Contínuas	217
7.5	Média e Variância de $Y = g(X)$	222
7.6	Exercícios Resolvidos	224
7.7	Python	234

Referências 239

Índice Alfabético 241

1 Análise Combinatória

1.1 Introdução

Um *byte* possui oito *bits*, no qual cada *bit* pode ter o valor 0 (zero) ou o valor 1 (um). Para calcular a quantidade de valores diferentes que um *byte* pode assumir, é possível fazer uso de duas estratégias diferentes. Em primeiro lugar, pode-se fazer uma lista com todas as sequências possíveis dos *bits* de um *byte* (veja Figura 1.1). A produção da lista é justificável quando há interesse em se conhecer todos os valores possíveis de um *byte*. Entretanto, a listagem dos resultados possíveis nem sempre é necessária na solução de um problema. Por exemplo, qual é o tamanho do espaço de endereçamento de um computador com endereços de 32 *bits*? Para responder a esta pergunta, precisa-se apenas descobrir qual a quantidade de sequências possíveis com 32 *bits*. Isto nos leva a uma segunda estratégia: usar algum método de contagem que permita calcular a quantidade de resultados possíveis sem precisar enumerá-los.

Bin	Dec
00000000	0
00000001	1
00000010	2
00000011	3
00000100	4
...	
11111110	254
11111111	255

Figura 1.1 Valores possíveis de um *byte*.

A parte da Matemática que estuda os métodos de contagem é a **Análise Combinatória**. O objetivo deste capítulo é apresentar os métodos de contagem que são usualmente utilizados na solução de problemas computacionais.

1.2 ▪ Princípio Fundamental da Contagem

Considere dois experimentos X e Y realizados em sequência. Assuma também que o primeiro experimento possui n possíveis resultados, enquanto o número de resultados possíveis do segundo experimento é m, em que $n > 0$ e $m > 0$. A Figura 1.2 mostra as nm possíveis saídas dos dois experimentos realizados.

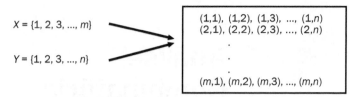

Figura 1.2   Princípio Fundamental da Contagem.

Como exemplo, considere que um dado é lançado duas vezes: X corresponde ao resultado do primeiro lançamento, enquanto Y corresponde ao resultado do segundo lançamento. A Figura 1.3 mostra todos os possíveis resultados desses dois experimentos usando o diagrama de árvore.

Naturalmente que este conceito pode ser aplicado para mais de dois experimentos e os experimentos podem possuir diferentes conjuntos de resultados. Suponha os experimentos X, Y e Z, em que X é o lançamento de um dado, Y é o lançamento de uma moeda e Z é a escolha aleatória de uma carta de um baralho com 52 cartas. Portanto, existem $6 \times 2 \times 52 = 624$ resultados possíveis neste caso. A saída $\{X = 2, Y = \text{Coroa}, Z = \text{Ás de espada}\}$ é um exemplo de resultado que pode ser obtido.

> **Princípio Fundamental da Contagem** – Suponha que k experimentos são realizados sequencialmente, em que o primeiro experimento possui n_1 resultados possíveis, o segundo experimento possui n_2 resultados possíveis, e assim por diante. Então, o número de resultados possíveis é dado por
>
> $$PFC_{n,k} = n_1 \times n_2 \times ... \times n_k. \qquad (1.1)$$

Infelizmente, nem sempre é simples calcular o número de resultados possíveis dos experimentos a partir do uso do Princípio Fundamental da Contagem. Entretanto, podemos deduzir fórmulas que simplificam a contagem em algumas situações. A seguir, são apresentados os métodos de contagem mais comumente usados.

1.3 ▪ Arranjo Simples

Seja o conjunto $X = \{x_1, x_2, x_3, ..., x_n\}$, isto é, uma coleção de n elementos distintos. Uma sequência de k elementos distintos de X é chamado de um arranjo simples de

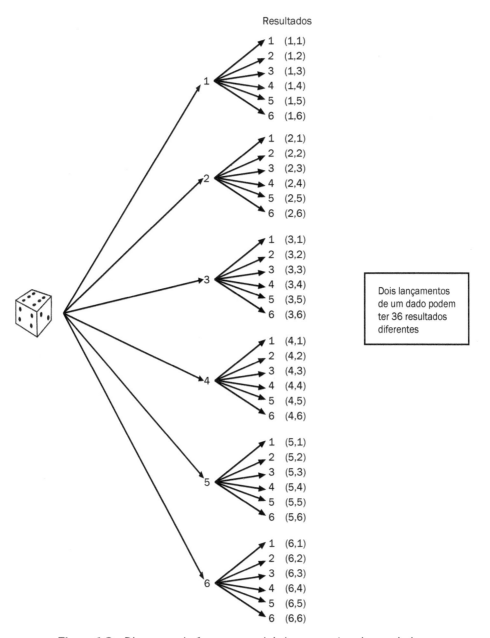

Figura 1.3 Diagrama de árvore para dois lançamentos de um dado.

k elementos de X, com $1 \leq k \leq n$. O número de arranjos simples possíveis de X com k elementos é dado por

$$A_{n,k} = \underbrace{n \times (n-1) \times (n-2) \times \ldots \times (n-(k-1))}_{k \text{ fatores}}.$$

Pela ótica do Princípio Fundamental da Contagem, $A_{n,k}$ corresponde ao número de desfechos possíveis na realização de k experimentos tal que, no primeiro experimento, temos n resultados possíveis, no segundo experimento, $n-1$ resultados possíveis, e assim por diante. É importante destacar também que a ordem da sequência é relevante. Por exemplo, para $n = 5$ e $k = 3$, as sequências (x_1, x_3, x_4) e (x_3, x_1, x_4) são dois arranjos diferentes de X.

Exemplo 1.3a Considere um baralho de 52 cartas do qual 5 cartas são retiradas sucessivamente e sem reposição. O número de sequências possíveis para esta jogada é

$$A_{52,5} = 52 \times 51 \times 50 \times 49 \times 48 = 311.875.200.$$

Exemplo 1.3b Para enfatizar que, em um arranjo simples, a ordem dos elementos é importante no experimento, considere apenas os 4 principais times de futebol do Rio de Janeiro: Botafogo, Flamengo, Fluminense e Vasco. Quais as possibilidades para o campeão e o vice-campeão estaduais deste ano?

$$A_{4,2} = 4 \times 3 = 12.$$

A Figura 1.4 lista os resultados possíveis para campeão e vice-campeão de futebol do estado do Rio de Janeiro, na qual fica claro que a ordem importa.

Exemplo 1.3c Quantos números distintos com três algarismos diferentes podemos formar com os algarismos de 0 a 9?

É preciso observar que os números iniciados por zero são na realidade números de dois algarismos (o zero não deve ocupar a primeira posição em uma sequência de três algarismos). Logo, é preciso calcular as possíveis sequências de três dígitos usando dez algarismos e depois calcular as possíveis sequências de dois dígitos usando nove algarismos (o zero é considerado fixo na primeira posição).

$$A_{10,3} - A_{9,2} = 10 \times 9 \times 8 - 9 \times 8 = 720 - 72 = 648.$$

Número de **Arranjos Simples** – Calcula quantas formas k elementos podem ser selecionados de um conjunto de n elementos distintos dado que a ordem da escolha altera o resultado e cada elemento só pode ser selecionado uma única vez.

$$A_{n,k} = \frac{n!}{(n-k)!}. \tag{1.2}$$

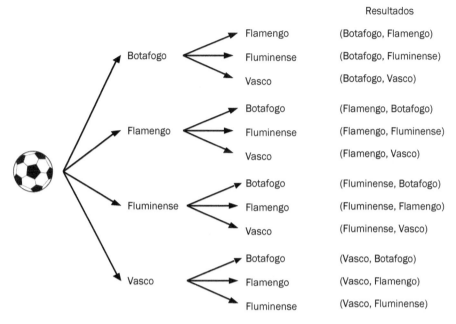

Figura 1.4 Diagrama de árvore para os campeões estaduais do Rio de Janeiro.

1.4 ▪ Arranjo com Repetição

Suponha agora que uma sequência formada por elementos escolhidos a partir do conjunto $X = \{x_1, x_2, ..., x_n\}$ pode ter elementos repetidos. O número possível de arranjos com repetição de X com k elementos é então definido por

$$AR_{n,k} = \underbrace{n \times n \times ... \times n}_{k \text{ fatores}} = n^k.$$

É importante fazer duas observações:

1. $AR_{n,k}$ corresponde ao Princípio Fundamental da Contagem com k experimentos idênticos, onde cada experimento tem n resultados possíveis;

2. diferentemente de arranjo simples, podemos ter $k > n$.

Exemplo 1.4a Considere novamente o exemplo onde cinco cartas são retiradas do baralho. Entretanto, assuma que, após a verificação de cada carta, ela é devolvida ao baralho. Neste caso, uma determinada carta pode aparecer mais de uma vez. O número de sequências possíveis de cartas agora é

$$AR_{52,5} = 52 \times 52 \times 52 \times 52 \times 52 = (52)^5 = 380.204.032.$$

Exemplo 1.4b A Figura 1.5 mostra os resultados possíveis para uma moeda lançada três vezes. Neste caso, temos $n = 2$ (Cara ou Coroa) e $k = 3$. Portanto,

$$AR_{2,3} = 2 \times 2 \times 2 = (2)^3 = 8.$$

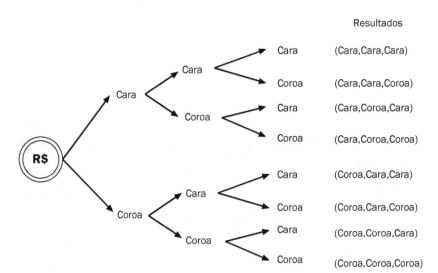

Figura 1.5 Diagrama de árvore para três lançamentos de um moeda.

Exemplo 1.4c É também possível usar o arranjo com repetição para calcular o número de valores possíveis de um *byte* (Figura 1.1): cada um dos *bits* pode ter valor zero ou um.
$$AR_{2,8} = 2 \times 2 \times 2 \times 2 \times 2 \times 2 \times 2 \times 2 = (2)^8 = 256.$$

Número de **Arranjos com Repetição** – Calcula quantas formas k elementos podem ser selecionados de um conjunto de n elementos distintos dado que a ordem da escolha altera o resultado e cada elemento pode ser selecionado mais de uma vez.

$$AR_{n,k} = n^k. \tag{1.3}$$

1.5 • Permutação

Para o conjunto $X = \{x_1, x_2, x_3, \ldots, x_n\}$, isto é, uma coleção de n elementos distintos, chamamos de permutação de X a todo arranjo com $k = n$. Portanto, cada permutação de X corresponde a uma sequência com todos os elementos de X, onde os elementos apenas trocam de posição entre si. O número de permutações de X é

$$P_n = n \times (n-1) \times (n-2) \times \ldots \times 3 \times 2 \times 1 = n!$$

Mais uma vez, podemos usar o Princípio Fundamental da Contagem para entender melhor o método apresentado: o primeiro experimento tem n possíveis resultados; o segundo experimento tem $n-1$ possíveis resultados; e assim por diante, até que o último experimento tem um único resultado possível. Cada experimento altera a quantidade de resultados possíveis do próximo experimento, mas qualquer que seja o resultado de um experimento, o número de resultados possíveis do experimento seguinte é o mesmo.

Exemplo 1.5a O exemplo clássico de permutação é a fila indiana. Imagine que existem 8 pessoas em uma fila de banco. De quantas maneiras estas pessoas podem aparecer na fila?

$$P_8 = 8! = 40.320.$$

Exemplo 1.5b Podemos também usar permutação para calcular o número de anagramas possíveis de uma palavra que não tem letras repetidas. Por exemplo, considere a palavra FIO. Neste caso, temos uma permutação de três letras.

$$P_3 = 3! = 6.$$

A Figura 1.6 mostra o diagrama de árvore para os anagramas da palavra FIO.

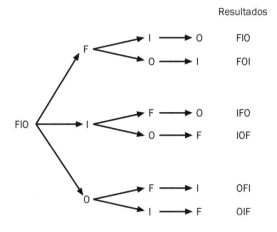

Figura 1.6 Diagrama de árvore para os anagramas da palavra FIO.

Exemplo 1.5c Em uma turma, temos 4 alunos de Sistemas de Informação, 3 alunos de Matemática e 5 alunos de Engenharia. De quantas maneiras podemos perfilar todos os alunos de modo que os alunos do mesmo curso fiquem juntos?

Neste caso, o problema envolve, primeiramente, a permutação de três grupos (Sistemas de Informação, Matemática e Engenharia) e, sequencialmente, a permutação dos alunos de um mesmo curso: $P_{grupos} = 3!$, $P_S = 4!$, $P_M = 3!$ e $P_E = 5!$. Portanto, pelo Princípio Fundamental da Contagem,

$$P_{grupos} \times P_S \times P_M \times P_E = 3! \times 4! \times 3! \times 5! = 103.680.$$

Número de **Permutações** – Calcula quantas formas n elementos distintos podem ser organizados em sequência.

$$P_n = n! \qquad (1.4)$$

Observação: um caso especial de permutação é quando os elementos do conjunto estão dispostos ao redor de um círculo, equiespaçados. O número de permutações circulares do conjunto X com n elementos é dado por

$$PC_n = (n-1)!$$

Portanto, em uma brincadeira de roda com 4 crianças, o número possível de formações é calculado por

$$PC_4 = 3! = 6.$$

A Figura 1.7 mostra uma representação para este exemplo. Para um mesmo n, o número de permutações circulares é menor que $n!$, pois permutações que coincidem por rotação são consideradas uma mesma permutação circular.

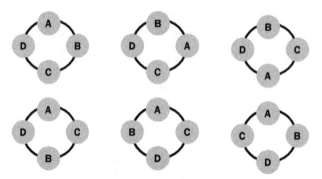

Figura 1.7 Permutação circular com 4 elementos.

1.6 ▪ Permutação com Repetição

Seja uma coleção $X = (x_1, x_2, x_3, ..., x_n)$ na qual podem existir elementos repetidos. Neste caso, o número de permutações possíveis de n elementos é dado por

$$PR_{k_1,...,k_m} = \frac{(k_1 + ... + k_m)!}{k_1! \, ... \, k_m!},$$

em que m é o número de elementos distintos de X, k_i é o número de ocorrências do i-ésimo elemento distinto de X, para $1 \leq i \leq m$. Em particular, $k_1 + \cdots + k_m = n$.

Este método calcula o número total de experimentos com n diferentes elementos e depois retira deste cálculo os resultados repetidos. Portanto, podemos usar o Princípio Fundamental da Contagem para explicar a fórmula de $PR_{k_1,k_2,...,k_m}$ da mesma forma que foi feita com P_n.

Exemplo 1.6a Quantos anagramas existem na palavra REDE?

Nesta palavra, existem 3 letras distintas: R, E e D. Logo, $m = 3$, $k_1 = 1$, $k_2 = 2$, $k_3 = 1$ e $n = k_1 + k_2 + k_3 = 4$, e o número de permutações possíveis corresponde a

$$PR_{1,2,1} = \frac{4!}{1!2!1!} = 12.$$

Isto significa que as letras da palavra REDE podem ser organizadas em 12 diferentes formas (veja Figura 1.8).

```
REDE    ERED
REED    ERDE
RDEE    EERD
DERE    EDER
DEER    EDRE
DREE    EEDR
```

Figura 1.8 Anagramas da palavra REDE.

Exemplo 1.6b Uma urna possui 3 bolas vermelhas e 4 bolas brancas. Em quantas ordenações podemos retirar as 7 bolas da urna?

$$PR_{3,4} = \frac{7!}{3!4!} = 35.$$

Exemplo 1.6c Uma moeda é lançada 5 vezes e é observado que ocorreram 2 Caras e 3 Coroas. De quantas maneiras esta sequência de Caras e Coroas pode ter aparecido no experimento?

$$PR_{2,3} = \frac{5!}{2!3!} = 10.$$

Número de **Permutações com Repetição** – Calcula quantas maneiras n elementos podem ser organizados em sequência considerando que existem m elementos distintos, que o i-ésimo elemento distinto possui k_i ocorrências e que $k_1 + ... + k_m = n$.

$$PR_{k_1,...,k_m} = \frac{(k_1 + ... + k_m)!}{k_1!...k_m!} = \frac{n!}{k_1!...k_m!}. \tag{1.5}$$

1.7 Combinação Simples

Seja o conjunto $X = \{x_1, x_2, x_3, ..., x_n\}$, isto é, uma coleção de n elementos distintos. Chamamos de combinação simples de classe k de X a todo subconjunto com k elementos de X. A ordem em que estes elementos são selecionados não influencia o resultado do experimento, tendo em vista que formarão um conjunto, e um elemento só pode ser selecionado uma única vez (sem reposição). O número de combinações possíveis de classe k de X para $n > 0$ e $0 \leq k \leq n$ corresponde a

$$C_{n,k} = \binom{n}{k} = \frac{n!}{k!(n-k)!}.$$

Exemplo 1.7a Considere que $X = \{a, b, c, d\}$. Quantas combinações de 3 elementos podemos formar a partir de X?

$$C_{4,3} = \binom{4}{3} = \frac{4!}{3!1!} = 4.$$

A Figura 1.9 mostra as combinações possíveis para os elementos de X.

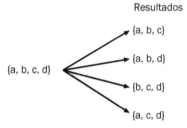

Figura 1.9 Combinação de 4 elementos tomados 3 a 3.

Exemplo 1.7b Um professor elabora uma prova com 12 questões e informa aos alunos que eles precisam responder apenas 10 questões. De quantas maneiras um aluno pode escolher as questões?

$$C_{12,10} = \binom{12}{10} = \frac{12!}{10!2!} = 66.$$

Exemplo 1.7c A decania solicitou voluntários para montar uma comissão eleitoral estudantil e se apresentaram 3 alunos de Sistemas de Informação e 4 alunos de Engenharia. De quantas maneiras podemos formar uma comissão de 4 alunos de modo que a comissão tenha pelo menos 1 aluno de Sistemas de Informação e pelo menos 1 aluno de Engenharia?

$$\sum_{i=1}^{3} C_{3,i} \times C_{4,4-i} = \sum_{i=1}^{3} \binom{3}{i} \times \binom{4}{4-i} = 12 + 18 + 4 = 34.$$

Observe que a resposta soma três possibilidades: 1 aluno de Sistemas de Informação e 3 alunos da Engenharia; 2 alunos de Sistemas de Informação e 2 da Engenharia; e 3 alunos de Sistemas de Informação e 1 aluno da Engenharia. O produto em cada parcela se deve ao Princípio Fundamental da Contagem.

Número de **Combinações Simples** – Calcula quantas maneiras k elementos podem ser selecionados de um grupo com n elementos distintos, $n > 0$ e $0 \leq k \leq n$, onde a ordem de seleção dos k elementos não é relevante e cada elemento pode ser selecionado apenas uma vez.

$$C_{n,k} = \binom{n}{k} = \frac{n!}{k!(n-k)!}. \tag{1.6}$$

1.8 ▪ Combinação com Repetição

Imagine agora que é possível selecionar um mesmo elemento de $X = \{x_1, x_2, x_3, ..., x_n\}$ mais de uma vez em k extrações, ou seja, há reposição do elemento após a sua seleção. O número de combinações com repetição de X para $n > 0$ e $k > 0$ corresponde a

$$CR_{n,k} = C_{n+k-1,k} = \frac{(n-1+k)!}{(n-1)!k!}.$$

Exemplo 1.8a Para $X = \{a, b, c, d\}$, as possíveis combinações de 3 elementos com repetição pode ser calculada por

$$CR_{4,3} = \frac{6!}{3!3!} = 20.$$

Neste caso, a lista das combinações possíveis é: $\{a,b,c\}$, $\{a,b,d\}$, $\{b,c,d\}$, $\{a,c,d\}$, $\{a,a,a\}$, $\{a,a,b\}$, $\{a,a,c\}$, $\{a,a,d\}$, $\{b,b,a\}$, $\{b,b,b\}$, $\{b,b,c\}$, $\{b,b,d\}$, $\{c,c,a\}$, $\{c,c,b\}$, $\{c,c,c\}$, $\{c,c,d\}$, $\{d,d,a\}$, $\{d,d,b\}$, $\{d,d,c\}$ e $\{d,d,d\}$.

Exemplo 1.8b Uma loja tem 10 tipos de sorvete. De quantas maneiras podemos pedir uma casquinha com 2 bolas?

$$CR_{10,2} = \frac{11!}{9!2!} = 55.$$

Exemplo 1.8c Uma loja tem 4 tipos de doce e 5 tipos de salgadinho. De quantas maneiras podemos comprar 2 doces e 3 salgadinhos?

$$CR_{4,2} \times CR_{5,3} = \frac{5!}{3!2!} \times \frac{7!}{4!3!} = 10 \times 35 = 350.$$

Número de **Combinações com Repetição** – Calcula quantas maneiras k elementos podem ser selecionados de um grupo com n elementos distintos, $n > 0$

e $k > 0$, em que a ordem de seleção dos k elementos não é relevante e cada elemento pode ser selecionado mais de uma vez.

$$CR_{n,k} = \frac{(n-1+k)!}{(n-1)!k!}. \tag{1.7}$$

1.9 • Coeficientes Multinomiais

Considere o conjunto $A = \{a, b, c, d, e, f\}$. Podemos particionar este conjunto em subconjuntos menores da seguinte maneira: $A_1 = \{a, b\}$, $A_2 = \{c, d, e\}$ e $A_3 = \{f\}$. Dizemos que A_1, A_2 e A_3 são partições de A, pois a união destes subconjuntos fornece o conjunto inicial A. Isto significa que $A_1 \cap A_2 = \emptyset$, $A_1 \cap A_3 = \emptyset$, $A_2 \cap A_3 = \emptyset$ e $A_1 \cup A_2 \cup A_3 = A$. Portanto, podemos escrever $A = \{A_1, A_2, A_3\} = \{\{a, b\}, \{c, d, e\}, \{f\}\}$.

Existem dois tipos de partição: ordenada e não ordenada. As partições são ordenadas quando uma partição é diferenciada das outras partições em virtude de uma característica qualquer. As partições são não ordenadas no caso contrário. Vejamos com alguns exemplos o que isto significa.

Exemplo 1.9a De quantas maneiras podemos colocar 12 pessoas em três salas de modo que na primeira sala fiquem 5 pessoas, na segunda sala fiquem 4 pessoas e na terceira sala fiquem 3 pessoas?

$$\binom{12}{5}\binom{7}{4}\binom{3}{3} = \frac{12!}{5!7!} \times \frac{7!}{4!3!} \times \frac{3!}{3!0!} = \frac{12!}{5!4!3!} = \binom{12}{5,4,3} = 27.720.$$

Exemplo 1.9b De quantas maneiras podemos colocar 12 pessoas nas salas A (sala com ar-condicionado), B (com ventilador) e C (sem nenhum tipo de refrigeração), tendo cada grupo 4 pessoas?

$$\binom{12}{4}\binom{8}{4}\binom{4}{4} = \frac{12!}{4!8!} \times \frac{8!}{4!4!} \times \frac{4!}{4!0!} = \frac{12!}{4!4!4!} = \binom{12}{4,4,4} = 34.650.$$

Note que nos dois casos anteriores, as partições possuem características que as diferenciam entre si: no primeiro exemplo as partições possuem diferentes quantidades de elementos, enquanto no segundo exemplo as partições possuem características diferentes. Isto significa que a resposta do problema precisa levar em consideração dois itens: os elementos dos grupos e a partição alocada para cada grupo.

Coeficientes Multinomiais com Partições Distintas – O número de combinações possíveis do particionamento de um conjunto com n distintos elementos em k distintos subconjuntos, em que o i-ésimo subconjunto possui n_i elementos e $\sum_{i=1}^{k} n_i = n$ é dado por

$$CM_{n_1,\ldots,n_k} = \binom{n_1 + \ldots + n_k}{n_1, \ldots, n_k} = \frac{(n_1 + \ldots + n_k)!}{n_1! \ldots n_k!}. \tag{1.8}$$

O que acontece se as partições forem idênticas? Ou seja, os grupos possuem um mesmo número de elementos e não é possível diferenciar as partições entre si. Nesse caso, podemos encontrar combinações idênticas quando a divisão dos elementos for realizada. Vejamos um exemplo.

Exemplo 1.9c Suponha que $A = \{a, b, c, d\}$ seja particionado em dois subconjuntos de dois elementos cada. As possíveis combinações para a divisão de A são:

$$A_1 = \{\{a,b\}, \{c,d\}\},\ A_3 = \{\{a,c\}, \{b,d\}\},\ A_5 = \{\{a,d\}, \{b,c\}\},$$

$$A_2 = \{\{c,d\}, \{a,b\}\},\ A_4 = \{\{b,d\}, \{a,c\}\},\ A_6 = \{\{b,c\}, \{a,d\}\}.$$

Temos um total de seis combinações possíveis. Entretanto, note que $A_1 = A_2$, $A_3 = A_4$ e $A_5 = A_6$. Isto ocorre porque as partições não possuem características diferentes, o que diferencia uma solução da outra é apenas o agrupamento dos elementos: a permutação das partições entre si não modifica a solução. Logo, devemos dividir o número de combinações dos elementos pelo número de permutações das partições. Para o exemplo acima temos

$$CMI_{4,2} = \frac{1}{2!} \binom{4}{2,2} = 3.$$

Exemplo 1.9d De quantas maneiras podemos dividir 12 pessoas em três grupos, tendo cada grupo quatro pessoas?

$$CMI_{12,3} = \frac{1}{3!} \binom{12}{4,4,4} = 5.775.$$

Observe que o exemplo acima se diferencia do Exemplo 1.9b apenas por não ter partições distintas.

Coeficientes Multinomiais com Partições Idênticas – O número de combinações possíveis do particionamento de um conjunto com n distintos elementos em k subconjuntos de características diferentes é dado por

$$CMI_{n,k} = \frac{1}{k!} \binom{n}{n_1, \ldots, n_k} = \frac{1}{k!} \times \frac{n!}{n_1! \ldots n_k!}, \text{ em que } n_i = \frac{n}{k}, \forall i. \tag{1.9}$$

1.10 Binômio de Newton

Para $n > 0$ e $0 \leq k \leq n$, as combinações $\binom{n}{k}$ são conhecidas como coeficientes binomiais, pois são utilizadas no Teorema do Binômio de Newton. Este teorema define que, para $n \in \mathbb{N}$ e $x, y \in \mathbb{R}$,

$$(x+y)^n = \sum_{k=0}^{n} \binom{n}{k} x^{(n-k)} y^k.$$

Por exemplo,

$$(x+y)^3 = \binom{3}{0} x^3 y^0 + \binom{3}{1} x^2 y^1 + \binom{3}{2} x^1 y^2 + \binom{3}{3} x^0 y^3 = x^3 + 3x^2 y + 3xy^2 + y^3.$$

A Figura 1.10 mostra os coeficientes binomiais de modo ordenado. Observe que o cálculo de um coeficiente que não está nas extremidades é igual à soma dos dois coeficientes que estão imediatamente acima. Isto permite definir a seguinte propriedade para os coeficientes quando $n \geq 2$, $k > 0$ e $k < n$:

$$\binom{n}{k} = \binom{n-1}{k-1} + \binom{n-1}{k}.$$

Considere $n = 5$ e $k = 2$, então

$$\binom{5}{2} = \binom{4}{1} + \binom{4}{2} \Rightarrow 10 = 4 + 6.$$

Para resolver potências com mais de dois termos, pode-se usar os coeficientes multinomiais. Por exemplo,

$$(x+y+z)^3 = \frac{3!}{3!0!0!} x^3 y^0 z^0 + \frac{3!}{2!1!0!} x^2 y^1 z^0 + \frac{3!}{2!0!1!} x^2 y^0 z^1 + \frac{3!}{1!2!0!} x^1 y^2 z^0 + \frac{3!}{1!1!1!} x^1 y^1 z^1 + \frac{3!}{1!0!2!} x^1 y^0 z^2 + \frac{3!}{0!2!1!} x^0 y^2 z^1 + \frac{3!}{0!1!2!} x^0 y^1 z^2 + \frac{3!}{0!3!0!} x^0 y^3 z^0 + \frac{3!}{0!0!3!} x^0 y^0 z^3.$$

Multinômio de Newton – Para $n \in \mathbb{N}$, a n-ésima potência da soma de k termos $x_1, x_2, ..., x_k$ é dada por

$$(x_1 + x_2 + ... + x_k)^n = \sum_{n_1, n_2, ..., n_k} \binom{n}{n_1, n_2, ..., n_k} x_1^{n_1} x_2^{n_2} ... x_k^{n_k}. \quad (1.10)$$

1.11 Exercícios Resolvidos

1. Um estudante decide comprar as peças e montar o seu próprio computador. Em um *site* tem promoção de 3 tipos diferentes de placa-mãe, 2 gabinetes distintos, 3 tipos de HD, 4 tipos de monitor e 5 mouses. De quantas maneiras ele pode comprar as peças?

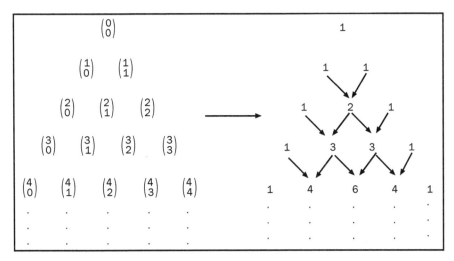

Figura 1.10 Triângulo Aritmético de Pascal.

Resposta – Tendo em vista que ele comprará apenas uma peça de cada uma das cinco acima, basta usar o número de combinações simples (Equação 1.6) e o Princípio Fundamental da Contagem para resolver este problema.

$$N = \binom{3}{1} \times \binom{2}{1} \times \binom{3}{1} \times \binom{4}{1} \times \binom{5}{1}$$
$$= 3 \times 2 \times 3 \times 4 \times 5$$
$$= 360 \text{ formas distintas.}$$

2. No Rio de Janeiro, os números dos telefones celulares são compostos pelo número nove (9) e mais oito números (zero a nove). Quantos telefones o estado pode ter?

   Resposta – O problema pode ser resolvido usando número de arranjos com repetição (Equação 1.3).

   $$N = AR_{10,8} = 10^8 = 100 \text{ milhões de celulares.}$$

3. Uma revista recebeu 7 HDs para avaliação de desempenho: 3 SATA e 4 SCSI. Nos testes, cada HD recebeu uma nota, sem possibilidade de uma mesma nota para dois ou mais HDs. De quantas maneiras possíveis estes 7 HDs podem ser ranqueados pelas suas notas? Se considerarmos que um HD só é comparado a outro HD do mesmo tipo, quantos ranqueamentos são possíveis?

   Resposta – Para obter o número possível de ordenações dos 7 HDs, basta usar o número de permutações de 7 elementos distintos (Equação 1.4).

   $$N = 7! = 5.040.$$

Levando em consideração o tipo do HD (SATA ou SCSI) na classificação, temos

$$N = P_{SATA} \times P_{SCSI} = 3! \times 4! = 144.$$

Supondo que é importante definir qual tipo de HD deve aparecer primeiro na lista da revista, então

$$N = 2! \times P_{SATA} \times P_{SCSI} = 2! \times 3! \times 4! = 288.$$

4. No Brasil, por um longo tempo, a placa de carro foi composta apenas de 3 letras e 4 números.

    (a) Quantos carros podiam ser emplacados?

    Resposta – Temos um caso de número de arranjos com repetição (Equação 1.3), onde a primeira parte tem 3 letras e a segunda parte tem 4 números.

    $$N = AR_{26,3} \times AR_{10,4} = 26^3 \times 10^4 = 175.760.000.$$

    (b) Se não fosse permitida a repetição de letras ou números, quantos carros podiam ser emplacados?

    Resposta – O caso agora envolve apenas arranjos simples (Equação 1.2).

    $$N = A_{26,3} \times A_{10,4} = 26 \times 25 \times 24 \times 10 \times 9 \times 8 \times 7 = 78.624.000.$$

5. Uma pessoa possui 5 livros de Machado de Assis, 3 livros de José de Alencar, 4 livros de Carlos Drummond e 2 livros de Eça de Queirós. Não existe livro repetido. De quantas maneiras ela pode arrumar esses livros na estante de modo que os livros de um mesmo autor fiquem juntos?

    Resposta – Note que o problema envolve a permutação dos escritores (como eles vão ser organizados na estante) e a permutação dos livros de um mesmo escritor.

    $$P_{escritores} = 4! \quad , \quad P_{MA} = 5! \quad , \quad P_{JA} = 3! \quad , \quad P_{CD} = 4! \quad , \quad P_{EQ} = 2!.$$

    Portanto,

    $$N = 4! \times 5! \times 3! \times 4! \times 2! = 829.440.$$

6. De quantas maneiras 6 homens e 5 mulheres podem sentar em uma fila de cadeiras, se:

    (a) os homens devem sentar juntos?

    Resposta – Os homens devem ser considerados um grupo. Assim, temos que permutar 6 elementos (5 mulheres e 1 grupo) e, em seguida, permutar o grupo formado apenas por homens.

    $$N = 6! \times 6! = 518.400.$$

(b) os homens devem ficar juntos e as mulheres também?

Resposta – Para resolver o problema, é necessário considerar o número de permutações de 2 grupos: um formado só por homem e o outro formado só por mulheres, para, em seguida, permutar dentro de cada um desses grupos.

$$N = 2! \times 6! \times 5! = 172.800.$$

(c) João e Pedro não devem ficar juntos?

Resposta – Basta calcular o número total de permutações possíveis e subtrair os casos nos quais João e Pedro estão juntos (formam um grupo).

$$N = 11! - 2! \times 10! = 39.916.800 - 7.257.600 = 32.659.200.$$

(d) duas mulheres não devem sentar juntas?

Resposta – Uma maneira de resolver este problema é notar que sempre deve haver ao menos um homem entre qualquer par de mulheres. Portanto, as 5 mulheres devem ser alocadas nas 7 lacunas mostradas na Figura 1.11, onde cada lacuna não pode receber mais de uma mulher. Obviamente, duas lacunas ficarão vazias, e devem ser desconsideradas na fila. Uma vez determinadas as posições onde entram mulheres e homens na fila, ainda é necessário permutar de quantas formas os 6 homens podem se organizar nas 6 cadeiras reservadas para eles e de quantas formas as 5 mulheres podem se organizar nas 5 cadeiras reservadas para elas. Portanto,

___ H ___ H ___ H ___ H ___ H ___ H ___

Figura 1.11 Existem 7 lugares disponíveis para as 5 mulheres.

$$N = \binom{7}{5} \times 6! \times 5! = 21 \times 720 \times 120 = 1.814.400.$$

7. Uma moeda é lançada 10 vezes. Em quantas ordenações diferentes 5 Caras e 5 Coroas podem ser obtidas?

Resposta – Basta considerar o número de permutações (Equação 1.5) com 2 tipos de elemento: 5 Caras e 5 Coroas.

$$N = PR_{5,5} = \frac{10!}{5!5!} = \frac{3.628.800}{14.400} = 252.$$

8. Com os dígitos de 1 a 9, de quantas maneiras podemos permutá-los de modo que os números ímpares fiquem sempre em ordem crescente?

Resposta – Como não existe interesse em permutar os números ímpares entre eles, basta considerá-los como um único elemento. Assim, temos 1 elemento com 5 repetições (representando os números 1, 3, 5, 7 e 9) e 4 elementos sem repetições (números 2, 4, 6 e 8), e queremos obter quantas permutações de

$$I\ 2\ I\ 4\ I\ 6\ I\ 8\ I$$

são possíveis, sendo, portanto, um caso de número de permutações com repetição.

$$N = PR_{5,1,1,1,1} = \frac{9!}{5!1!1!1!1!} = \frac{362.880}{120} = 3.024.$$

9. Considere a palavra INTERNET.

   (a) Quantos anagramas existem?

   Resposta – A palavra possui 8 letras, sendo 1 letra I, 2 letras N, 2 letras T, 2 letras E e 1 letra R.

   $$N = PR_{1,2,2,2,1} = \frac{8!}{1!2!2!2!1!} = 7! = 5.040.$$

   (b) Quantos anagramas começam com R e terminam com N?

   Resposta – Fixando a primeira e a última letra, sobram 6 letras: 1 letra I, 1 letra N, 2 letras T e 2 letras E.

   $$N = PR_{1,1,2,2} = \frac{6!}{1!1!2!2!} = 180.$$

   (c) Quantos anagramas começam por vogal?

   Resposta – Existem 1 letra I e 2 letras E. A depender da letra inicial escolhida (I ou E), o padrão de repetições do restante do anagrama é diferente. Então, é necessário fixar uma vogal de cada vez e somar os resultados do total de anagramas iniciados em I com o total de anagramas iniciados em E.

   $$N = PR_{2,2,2,1} + PR_{1,2,2,1,1} = \frac{7!}{2!2!2!1!} + \frac{7!}{1!2!2!1!1!} = 630 + 1.260 = 1.890.$$

   (d) Quantos anagramas mantêm as letras T nas respectivas posições?

   Resposta – Existem 2 letras T, então precisamos apenas permutar as outras 6 letras.

   $$N = PR_{1,2,2,1} = \frac{6!}{1!2!2!1!} = 180.$$

   (e) Quantos anagramas têm as consoantes juntas?

   Resposta – Existem 5 consoantes (2 letras N, 2 letras T e 1 letra R) e 3 vogais (1 letra I e 2 letras E). Deve-se considerar as consoantes como um único grupo e calcular o total de permutações de 4 elementos (1 grupo e as 3 vogais), além do total de permutações dentro do grupo de consoantes.

   $$N = PR_{2,2,1} \times PR_{1,1,2} = \frac{5!}{2!2!1!} \times \frac{4!}{1!1!2!} = 30 \times 12 = 360.$$

10. Uma escola tem 8 professores de matemática e 5 professores de português.

    (a) Quantas comissões de 6 professores podem ser formadas de modo que cada comissão tenha pelo menos 3 professores de matemática?

    Resposta – É necessário computar as combinações que possuem (exatamente) 3, 4, 5 e 6 professores de matemática na comissão.

    $$N = \sum_{i=3}^{6} \binom{8}{i}\binom{5}{6-i}$$

    $$= \binom{8}{3}\binom{5}{3} + \binom{8}{4}\binom{5}{2} + \binom{8}{5}\binom{5}{1} + \binom{8}{6}\binom{5}{0}$$

    $$= 560 + 700 + 280 + 28 = 1.568.$$

    (b) Quantas comissões de 6 professores podem ser formadas de modo que cada comissão tenha pelo menos 2 professores de matemática e pelo menos 2 professores de português?

    Resposta – Neste problema, podemos ter de 2 a 4 professores de matemática na comissão, uma vez que isto garante pelo menos 2 professores de cada uma das duas disciplinas na comissão.

    $$N = \sum_{i=2}^{4} \binom{8}{i}\binom{5}{6-i}$$

    $$= \binom{8}{2}\binom{5}{4} + \binom{8}{3}\binom{5}{3} + \binom{8}{4}\binom{5}{2}$$

    $$= 140 + 560 + 700 = 1.400.$$

    (c) Quantas comissões de 6 pessoas podem ser formadas de modo que João, professor de matemática, e Pedro, professor de português, não possam fazer parte de uma mesma comissão?

    Resposta – Basta calcular o total de combinações possíveis e subtrair os casos em que João e Pedro estão juntos.

    $$N_{total} = \binom{13}{6} = 1.716 \quad \text{e} \quad N_{especial} = \binom{11}{4} = 330$$

    $$\Rightarrow N = 1.716 - 330 = 1.386.$$

11. Um grupo de 10 pessoas está presente em uma festa. Sabendo que todos se cumprimentaram com aperto de mão, quantos apertos de mão ocorreram?

    Resposta – Este é um problemas de combinação simples (Equação 1.6).

    $$N = \binom{10}{2} = \frac{10!}{2!8!} = 45.$$

12. De quantas maneiras podemos selecionar 3 números de 1 a 10 de modo que pelo menos um deles seja ímpar?

    Resposta – Este problema é também um caso de contagem de combinações simples. Podemos ter de 1 a 3 números ímpares (e de 2 a zero números pares).

    $$N = \sum_{i=1}^{3} \binom{5}{i}\binom{5}{3-i} = 50 + 50 + 10 = 110.$$

    Outra maneira para resolver este problema é calcular o número total de trios possíveis sem restrições e subtrair os casos em que só números pares são selecionados.

    $$N_{total} = \binom{10}{3} = 120,$$

    $$N_{pares} = \binom{5}{3} = 10,$$

    $$N_{total} - N_{pares} = 110.$$

13. Uma urna contém 3 bolas vermelhas, 2 brancas e 1 bola azul. As bolas são extraídas uma a uma sem reposição e colocadas em fila (1ª posição para 1ª bola extraída, 2ª posição para 2ª bola extraída, e assim por diante). Quantas ordenações são possíveis após todas as extrações?

    Resposta – É um problema de permutação com repetição (Equação 1.5) com 3 tipos de elementos.

    $$N = PR_{3,2,1} = \frac{6!}{3!2!1!} = 60.$$

14. De quantas maneiras 8 bolas podem ser distribuídas em 2 urnas?

    Resposta – Como o problema não diferencia nem as bolas e nem as urnas, podemos então considerar que precisamos enfileirar 2 tipos de elementos: 8 bolas e 1 divisor das bolas (Figura 1.12). Portanto, é um problema de permutação com repetição (Equação 1.5).

    $$N = PR_{8,1} = \frac{9!}{8!1!} = 9.$$

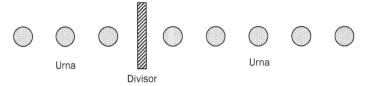

Figura 1.12 Uma urna com 3 bolas e a outra urna com 5 bolas.

15. De quantas maneiras 3 bolas vermelhas e 2 bolas azuis podem ser distribuídas em 3 urnas?

    Resposta – Como o problema não diferencia as urnas, buscamos o número de permutações com 3 tipos de elementos: 3 bolas vermelhas, 2 bolas azuis e 2 divisores.

    $$N = PR_{3,2,2} = \frac{7!}{3!2!2!} = 210.$$

16. O Brasileirão Série A possui 20 times de diversos estados do Brasil. Quantos resultados são possíveis para os quatro primeiros colocados que vão participar da Taça Libertadores do ano seguinte?

    Resposta – Uma vez que a ordem é relevante (campeão, vice-campeão, 3º colocado e 4º colocado), este é um caso de número de arranjos simples (Equação 1.2).

    $$N = A_{20,4} = \frac{20!}{16!} = 116.280.$$

17. No Departamento de Informática existem 15 professores. Na Semana Nacional de Ciências e Tecnologia, eles serão divididos da seguinte maneira: 5 professores vão avaliar painéis, 6 professores vão dar cursos e 4 professores vão trabalhar na organização do evento. De quantas maneiras esses professores podem ser alocados no evento?

    Resposta – Basta usar coeficientes multinomiais com partições distintas (Equação 1.8) para resolver o problema.

    $$N = \binom{15}{5,6,4} = \frac{15!}{5!6!4!} = 630.630.$$

18. Na sueca, cada jogador recebe 10 cartas do baralho (não se usa as cartas 8, 9 e 10). De quantas maneiras as 40 cartas podem ser distribuídas pelo 4 jogadores?

    Resposta – O problema pode ser resolvido usando coeficientes multinomiais com partições distintas (Equação 1.8), pois devemos considerar cada jogador diferente dos outros.

    $$N = \binom{40}{10,10,10,10} = \frac{40!}{10!10!10!10!} = 4{,}705360871 \times 10^{21}.$$

19. Os 10 professores do Departamento de Matemática decidiram marcar uma partida de vôlei no feriado. De quantas maneiras eles podem montar dois times de 5 jogadores cada?

Resposta – Temos agora um caso de coeficientes multinomiais com partições idênticas (Equação 1.9).

$$N = \frac{1}{2!}\binom{10}{5,5} = \frac{1}{2} \times \frac{10!}{5!5!} = 126.$$

20. Os endereços IPv4 são definidos com 4 octetos de *bits*, onde uma parte dos 32 *bits* representa o endereço da rede e a outra parte representa os endereços dos equipamentos da rede. A Tabela 1.1 mostra a classificação desses endereços em classes. Inicialmente, quando uma empresa necessitava de acesso à internet, ela necessitava comprar uma classe inteira de endereços (A, B ou C).

Tabela 1.1 Endereços de IPs

Classe	1º Octeto	*Bits* Iniciais	Rede	Equipamentos
A	1 a 127	0	1 octeto	3 octetos
B	128 a 191	10	2 octetos	2 octetos
C	192 a 223	110	3 octetos	1 octeto

Pergunta-se:

(a) Quantas redes podem ser definidas nas classes A, B e C?

Resposta – As respostas podem ser obtidas calculando números de arranjos com repetição (Equação 1.3). Note que cada classe tem uma quantidade de *bits* iniciais fixos: 1 *bit* para a classe A, 2 *bits* para a classe B e 3 *bits* para a classe C.

$$\begin{aligned} N_A &= 2^{1\times 8 - 1} = 2^7 = 128, \\ N_B &= 2^{2\times 8 - 2} = 2^{14} = 16.384, \\ N_C &= 2^{3\times 8 - 3} = 2^{21} = 2.097.152. \end{aligned}$$

(b) Quantos equipamentos podem ser definidos em uma rede da classe A? E em uma rede classe B? E em uma rede classe C?

Resposta – Novamente, temos casos de arranjos com repetição (Equação 1.3). A solução a seguir não considera que o primeiro e o último endereços são reservados, respectivamente, para o endereço de rede e para a comunicação *broadcast*.

$$N_A = 2^{24} = 16.777.216,$$
$$N_B = 2^{16} = 65.536,$$
$$N_C = 2^8 = 256.$$

21. (PosComp 2004 – Questão 9) De quantas maneiras distintas podemos distribuir $m \geq k$ centavos entre k meninas e l meninos de maneira que cada menina receba pelo menos um centavo?

    (a) $\binom{m}{k}\binom{m-k}{l}$

    (b) $\binom{m-k}{k+l}$

    (c) $\binom{m+l+k}{k+l-1}$

    (d) $\binom{m+l-1}{k+l-1}$

    (e) $\binom{m+l}{k+l}$

    Resposta – Como k moedas devem ser reservadas para as meninas, sobram $m - k$ moedas para serem distribuídas pelas $k + l$ crianças. Uma criança pode receber mais de uma das $m - k$ moedas que sobraram. Este é um caso de combinação com repetição (Equação 1.7), onde $m - k$ crianças são selecionadas, com repetição, de um grupo com $k + l$ crianças. Então

    $$CR_{k+l,m-k} = \frac{(m+l-1)!}{(k+l-1)!(m-k)!} = \binom{m+l-1}{k+l-1}.$$

    Portanto, a resposta correta é o item d.

22. (PosComp 2007 – Questão 2) Para o processamento de um programa com 20 módulos independentes, pretende-se utilizar dois grupos de processadores em paralelo, X e Y. Para organizar esses grupos, contamos com 48 processadores, sendo que dois deles estão sujeitos a falhas. O grupo X somente pode conter oito processadores e nenhum deles pode apresentar falhas. Nenhuma restrição foi especificada para o grupo Y. Nessa situação representada pela combinação de m elementos p a p e pelo arranjo de m elementos p a p, conclui-se que a quantidade de maneiras distintas de apresentar a organização dos processadores é igual a

(a) $C(48,8) \times C(40,12)$

(b) $A(48,8) \times A(40,12)$

(c) $C(46,8) \times C(40,12)$

(d) $A(46,8) \times A(40,12)$

(e) $A(46,8) \times C(40,12)$

Resposta – O grupo X será responsável pelo processamento de 8 módulos. Como erros não podem acontecer neste grupo, os 8 processadores serão selecionados entre os 46 processadores que não estão sujeitos a falhas. O grupo Y selecionará 12 processadores entre os 40 processadores disponíveis depois da seleção do grupo X. É possível que um ou dois processadores sujeitos a falhas sejam selecionados pelo grupo Y. Como a ordem de seleção dos processadores não importa para os dois grupos, temos um caso de combinação simples (Equação 1.6). Logo, a resposta correta é o item c.

23. (PosComp 2009 – Questão 12) Chama-se palíndromo um número que não se altera quando invertida a ordem de seus algarismos. Exemplos: 515, 7.887, 30.503. Quantos são os palíndromos de exatamente 5 algarismos?

    (a) 20.

    (b) 500.

    (c) 900.

    (d) 1000.

    (e) Nenhuma das respostas anteriores.

    Resposta – O primeiro dígito de um palímetro não pode ter valor zero, logo o valor será de 1 a 9. O segundo e o terceiro dígitos podem ter qualquer valor de zero a 9. O quarto e o quinto dígitos serão iguais aos dígitos escolhidos para as duas primeiras posições do algorismo. A resposta correta é o item c.

    $$\text{Número de palíndromos} = 9 \times 10 \times 10 = 900.$$

24. (PosComp 2019 – Questão 17) Uma pessoa deseja fazer uma compra na Internet e, para isso, precisa se cadastrar em um *site*. A senha de cadastro deve ser formada por exatamente 9 caracteres, e somente os caracteres $, @ e # podem ser usados. Quantas senhas diferentes, contendo pelo menos uma ocorrência de cada caractere, existem?

    (a) 729

    (b) 4.374.

    (c) 18.150.

    (d) 61.236.

    (e) 367.416.

Resposta – Para responder esta questão, deve-se calcular o número de senhas sem nenhuma restrição ao uso dos três caracteres e, então, subtrair os arranjos que possuem apenas 2 tipos de caracteres e os arranjos com apenas 1 tipo de caractere. O número de senhas possíveis com os 3 caracteres é 3^9 (Equação 1.3), ou seja, cada posição pode ter \$, @ ou #. Se apenas 2 caracteres são usados, é possível obter 2^9 senhas diferentes. Como existem 3 caracteres diferentes, é preciso combinar os 3 caracteres 2 a 2, isto é $C_{3,2} = 3$ (Equação 1.6). Mas existe um problema. Ao usar apenas dois caracteres, por exemplo, \$ e @, uma das combinações possui apenas \$ e uma outra combinação possui apenas @. Ao usar os caracteres \$ e #, uma das combinações tem apenas \$ e uma outra combinação tem apenas #. Ao usar os caracteres @ e #, uma das combinações tem apenas @ e uma outra combinação tem apenas #. Portanto, o total das combinações com 2 caracteres têm 2 senhas com apenas \$, duas senhas com apenas # e 2 senhas com apenas @. Isto significa que, ao subtrair as combinações com apenas dois caracteres, as senhas com um único caractere são subtraídas duas vezes. Logo,

$$\text{Número de senhas} = 3^9 - \binom{3}{2} 2^9 + 3 = 18.150.$$

A resposta correta é o item c.

25. (ENADE 2011 – Questão 26 de Computação) Um baralho tem 52 cartas, organizadas em 4 naipes, com 13 valores diferentes para cada naipe. Os valores possíveis são: Ás, 2, 3, ..., 10, J, Q, K. No jogo de pôquer, uma das combinações de 5 cartas mais valiosas é o *full house*, que é formado por três cartas de mesmo valor e outras duas cartas de mesmo valor. São exemplos de *full houses*: i) três cartas K e duas 10 (como visto na Figura 1.13) ou ii) três cartas 4 e duas Ás. Quantas possibilidades para *full house* existem em um baralho de 52 cartas?

Figura 1.13 *Full house* com 3 cartas K e duas cartas 10.

Resposta – Como a ordem de retirada das cartas não interessa ao problema, temos um caso de contagem de combinações. Para cada um dos 13 valores, há mais de um trio possível, uma vez que há 4 cartas com cada valor em todo o baralho (uma de cada naipe). Para cada trio formado com cartas de mesmo valor, há outros 12 valores possíveis para formar uma dupla que, junto a este trio, configure um *full house*, sendo que para cada um destes 12 valores, há mais de um par de cartas possível de ser escolhido dentre os 4 naipes. Logo,

$$N = \binom{13}{1}\binom{4}{3} \times \binom{12}{1}\binom{4}{2} = \left(13 \times \frac{4!}{3!1!}\right) \times \left(12 \times \frac{4!}{2!2!}\right) = 3.744.$$

1.12 ▪ Python

Existem várias módulos de Python para Análise Combinatória como *math* e *itertools*. A seguir são mostradas implementações de alguns exercícios já discutidos neste capítulo.

1. Quais são as combinações de duas letras com as letras da *string* "ABCD"?

```
from itertools import combinations
for i in combinations("ABCD", 2):
    print(i)
```

Para implementar esta questão no Python, basta usar o método *combinations()* do módulo *itertools*. A resposta do programa é:

```
('A', 'B')
('A', 'C')
('A', 'D')
('B', 'C')
('B', 'D')
('C', 'D')
```

2. Qual o número de combinações (Equação 1.6) com duas letras da *string* "ABCD"?

```
from itertools import combinations
comb = combinations("ABCD", 2)
print("O número de combinações é", len(list(comb)))
```

O método *combinations()* retorna um objeto que deve ser convertido para uma lista com o método *list()*. Depois, pode-se usar o método *len()* para contar o número de itens da lista. A resposta do programa é:

```
O número de combinações é 6
```

3. A implementação da equação de arranjo simples (Equação 1.2) pode ser feita com o método *factorial()* do módulo *math*. No exemplo a seguir, o usuário fornece os valores de n e de k e o programa calcula o número de arranjos simples possíveis de n com k elementos.

```
n = int(input("Digite o valor de n: "))
k = int(input("Digite o valor de k: "))
```

```
if (n < k):
    print("O valor de n não pode ser menor que k")
else:
    a_nk = int(math.factorial(n) / math.factorial(n-k))
    print("A_(", n,",", k,") = ", a_nk)
```

Para $n = 52$ e $k = 5$ (Exemplo 1.3a), o programa responde:

```
A_( 52 , 5 ) =    311875200
```

4. Para calcular a quantidade de maneiras diferentes de selecionar, com repetição, k elementos em um conjunto com n elementos (Equação 1.3), pode-se usar o método *pow()* que faz parte da biblioteca padrão do Python.

```
n = int(input("Digite o valor de n: "))
k = int(input("Digite o valor de k: "))
ar_nk = pow(n,k)
print("A_(", n,",", k,") = ", ar_nk)
```

Para $n = 52$ e $k = 5$ (Exemplo 1.4a), a resposta do programa é:

```
A_( 52 , 5 ) =    380204032
```

5. As possíveis saídas de 3 lançamentos de uma moeda (Exemplo 1.4b) podem ser obtidas com o método *product()* do módulo *itertools*. Nesse caso, temos um arranjo com repetição, onde os elementos do conjunto são representados por uma lista com dois itens ("Cara" e "Coroa").

```
from itertools import product
for jogo in product(["cara", "coroa"], repeat = 3):
    print(jogo)
```

As possíveis sequências dos lançamentos são:

```
('cara', 'cara', 'cara')
('cara', 'cara', 'coroa')
('cara', 'coroa', 'cara')
('cara', 'coroa', 'coroa')
('coroa', 'cara', 'cara')
('coroa', 'cara', 'coroa')
('coroa', 'coroa', 'cara')
('coroa', 'coroa', 'coroa')
```

6. Para verificar como três pessoas podem aparecer em uma fila indiana, pode-se usar o método *permutations()* do módulo *itertools*.

```
import itertools
for i in itertools.permutations(["Maria", "João", "Ana"]):
    print(i)
```

As possíveis configurações da fila são:

```
('Maria', 'João', 'Ana')
('Maria', 'Ana', 'João')
('João', 'Maria', 'Ana')
('João', 'Ana', 'Maria')
('Ana', 'Maria', 'João')
('Ana', 'João', 'Maria')
```

7. É possível adaptar o programa anterior para fornecer a quantidade de permutações (Equação 1.4) que existem para 3 pessoas em uma fila.

```
import itertools
perm = itertools.permutations(["Maria", "João", "Ana"])
print("O número de permutações é", len(list(perm)))
```

O método *permutations()* retorna um objeto. É preciso primeiro transformar esse objeto em uma lista com o método *list()*, depois basta usar o método *len()* para contar o número de elementos da lista. A resposta do programa é:

```
O número de permutações é 6
```

8. A geração dos anagramas da palavra FIO (Exemplo 1.5b) é um exemplo de permutação sem repetição. O método *permutations()* pode ser usado para listar todos os anagramas gerados.

```
from itertools import permutations
anagrama = "FIO"
p = permutations(anagrama)
for i in list(p):
    print(i)
```

A lista dos anagramas é:

```
('F', 'I', 'O')
('F', 'O', 'I')
('I', 'F', 'O')
('I', 'O', 'F')
('O', 'F', 'I')
('O', 'I', 'F')
```

9. Como gerar os anagramas da palavra REDE (Exemplo 1.6a) que possui letras repetidas?

```
from itertools import permutations
anagrama = "REDE"
resultado = list(set(permutations(anagrama)))
for i in list(resultado):
    print(i)
```

O método *permutations()* considera a posição do caractere, não o seu valor. Isso significa que o primeiro "E" é diferente do segundo "E" para o método, e objetos são criados com um mesmo valor. Para eliminar os objetos com valores repetidos, pode-se usar o método *set()*. Este método agrupa os objetos em um conjunto. Como não existem itens repetidos em um conjunto, os anagramas duplicados são eliminados. O programa mostra 12 anagramas com a palavra "REDE".

```
('R', 'D', 'E', 'E')
('E', 'E', 'D', 'R')
('D', 'R', 'E', 'E')
('R', 'E', 'E', 'D')
('E', 'R', 'E', 'D')
('E', 'E', 'R', 'D')
('E', 'D', 'R', 'E')
('D', 'E', 'E', 'R')
('D', 'E', 'R', 'E')
('R', 'E', 'D', 'E')
('E', 'D', 'E', 'R')
('E', 'R', 'D', 'E')
```

10. O Brasileirão Série A possui 20 times de diversos estados do Brasil. Quantos resultados são possíveis para os quatro primeiros colocados que vão participar da Taça Libertadores do ano seguinte (Questão 16 dos Exercícios Resolvidos)?

    ```
    import math
    n = 20
    k = 4
    a_nk = int(math.factorial(n) / math.factorial(n-k))
    print("A_(", n,",", k,") = ", a_nk)
    ```

    O programa mostra a seguinte resposta:

    ```
    A_( 20 , 4 ) =  116280
    ```

11. No Departamento de Informática existem 15 professores. Na Semana Nacional de Ciências e Tecnologia, eles serão divididos da seguinte maneira: 5 professores vão avaliar painéis, 6 professores vão dar cursos e 4 professores vão trabalhar na organização do evento. De quantas maneiras esses professores podem ser alocados no evento (Questão 17 dos Exercícios Resolvidos)?

    ```
    import math
    n   = math.factorial(15)
    k1 = math.factorial(5)
    k2 = math.factorial(6)
    k3 = math.factorial(4)
    total = int( n / (k1 * k2 * k3))
    print("Total =", total)
    ```

O problema é um caso de coeficientes multinomiais com partições distintas (Equação 1.8). O resultado mostrado pelo programa é:

```
Total = 630630
```

12. Como selecionar 10 elementos entre 12 elementos possíveis (Exemplo 1.7b)?

```
import math
print ("O número de combinações possíveis é", math.comb(12,
    10))
```

Este é um caso de combinação simples de $C_{12,10}$ (Equação 1.6). A resposta do programa é:

```
O número de combinações possíveis é 66
```

13. Considere uma lista com 3 componentes. De quantas maneiras é possível selecionar 2 elementos com repetição? O caso é, portanto, de combinação com repetição (Equação 1.7).

```
import itertools
X = ["a","b","c"]
resultado = itertools.combinations_with_replacement(X, 2)
n = 1
for i in resultado:
  print("***", n, "*", i)
  n += 1
```

A resposta do programa mostra as 6 combinações possíveis.

```
*** 1 * ('a', 'a')
*** 2 * ('a', 'b')
*** 3 * ('a', 'c')
*** 4 * ('b', 'b')
*** 5 * ('b', 'c')
*** 6 * ('c', 'c')
```

14. Suponha que um caixa eletrônico possui apenas 16 notas/moedas de dinheiro: 1 nota de cem reais, 2 notas de 50 reais, 3 notas de 20 reais, 3 notas de 10 reais, 2 notas de 5 reais e 5 notas de 1 real. Um usuário quer sacar R$ 100,00. De quantas maneiras o saque pode ser feito?

```
from itertools import combinations
notas = [100, 50, 50, 20, 20, 20, 10, 10, 10, 5, 5, 1, 1, 1,
    1, 1]
saque = []
# O saque pode ter n notas/moedas
for n in range(1, len(notas) + 1):
    for combinacao in combinations(notas, n):
        if sum(combinacao) == 100:
```

```
                saque.append(combinacao)
# Remove os itens repetidos
resultado = set(saque)
# resultados possíveis
for n in resultado:
    print(n)
```

Observe que o programa testa todas as combinações possíveis com 1 nota, 2 notas, ..., 16 notas. A cada combinação encontrada, se a soma total das notas é R$ 100,00, a combinação encontrada é armazenada na lista *saque*. O método *set()* é usado para eliminar as duplicações nessa lista na parte final do programa. A resposta é mostrada a seguir.

```
(50, 20, 20, 5, 5)
(50, 20, 20, 5, 1, 1, 1, 1, 1)
(20, 20, 20, 10, 10, 10, 5, 1, 1, 1, 1, 1)
(50, 20, 10, 10, 5, 1, 1, 1, 1, 1)
(50, 20, 10, 10, 10)
(50, 20, 20, 10)
(20, 20, 20, 10, 10, 10, 5, 5)
(100,)
(50, 50)
(50, 20, 10, 10, 5, 5)
```

15. O módulo *sympy* possui o método *Symbol()* que permite definir símbolos (variáveis). Considere a expressão $(x-y)^6$. Para obter a forma expandida (com os coeficientes multinomiais), basta usar o método *expand()*. A partir da forma expandida, pode-se usar o método *factor()* para fatorar a expressão e retornar ao formato original. Além disso, é possível substituir os símbolos por valores númericos e calcular a expressão usando o método *subs()*.

```
import sympy
x = sympy.Symbol("x")
y = sympy.Symbol("y")
expressao1 = (x - y)**6
expressao2 = expressao1.expand()
expressao3 = expressao2.factor()
print("Expressão original  = ", expressao1)
print("Expressão expandida = ", expressao2)
print("Expressão fatorada  = ", expressao3)
print("Para x = 5 e y = 2, expressao original =",
      expressao1.subs({x:5, y: 2}))
```

A resposta do programa é

```
Expressão original  =    (x - y)**6
Expressão expandida =    x**6 - 6*x**5*y + 15*x**4*y**2 -
   20*x**3*y**3 +
                         15*x**2*y**4 - 6*x*y**5 + y**6
Expressão fatorada  =    (x - y)**6
Para x = 5 e y = 2, expressao original = 729
```

Ao acessar o QR Code ao lado, você encontrará códigos em Python referentes aos exemplos que constam neste capítulo.

Probabilidade

2.1 ▪ Introdução

Ao lançar um determinado dado, nós sabemos que é possível obter um resultado que vai de 1 a 6. Se um novo lançamento do mesmo dado for feito, podemos ter a repetição do primeiro resultado ou a ocorrência de um resultado diferente. Chamamos a esse tipo de experimento de **aleatório**, pois mesmo que os experimentos sejam repetidos sob condições idênticas, os resultados não podem ser previstos com exatidão. O que se pode calcular, neste caso, é a **probabilidade** do experimento apresentar um determinado resultado. Por exemplo, em um jogo da Mega-Sena, é possível calcular a probabilidade de se ganhar o prêmio máximo a partir dos 6 números escolhidos por um apostador. Entretanto, não é possível descobrir antecipadamente quais serão os 6 números vencedores do concurso.

Antes da definição do que é uma probabilidade, é necessário apresentar conceitos básicos associados a um experimento aleatório, como espaço amostral, eventos e operações entre eventos. Neste capítulo, esses conceitos são definidos para que, em seguida, discussões relacionadas com o cálculo de probabilidades possam ser tomadas, sejam elas associadas a um único resultado (por exemplo, face 2 no arremesso de um dado) ou mais de um resultado (por exemplo, face par no arremesso de um dado). Ainda considerando o experimento aleatório de arremessar um dado, suponha que, após arremessado, uma pessoa informe que o valor obtido foi um número par. Esta informação naturalmente reduz os possíveis resultados que o experimento aleatório retornou nesta realização em particular. Desse modo, qual a probabilidade de esse número ser 2? Isto remete ao conceito de probabilidade condicional, que também é definida neste capítulo, bem como teoremas que englobam este tipo de probabilidade.

2.2 ▪ Espaço Amostral

O conjunto de todos os resultados possíveis que um experimento aleatório pode apresentar é chamado de **espaço amostral** (*sample space*) deste experimento e é comumente representado por Ω.

Vejamos alguns exemplos de experimentos aleatórios com seus respectivos espaços amostrais.

1. Lançar uma moeda.
$$\Omega = \{Cara, Coroa\}.$$

2. Lançar uma mesma moeda duas vezes.
$$\Omega = \{(Cara, Cara), (Cara, Coroa), (Coroa, Cara), (Coroa, Coroa)\}.$$

3. Lançar uma moeda três vezes e observar o número de Caras obtidas.
$$\Omega = \{0, 1, 2, 3\}.$$

4. Lançar um dado.
$$\Omega = \{1, 2, 3, 4, 5, 6\}.$$

5. Lançar dois dados.
$$\Omega = \{(1,1), (1,2), (1,3), (1,4), (1,5), (1,6), (2,1), (2,2), (2,3), (2,4), (2,5), (2,6),$$
$$(3,1), (3,2), (3,3), (3,4), (3,5), (3,6), (4,1), (4,2), (4,3), (4,4), (4,5), (4,6),$$
$$(5,1), (5,2), (5,3), (5,4), (5,5), (5,6), (6,1), (6,2), (6,3), (6,4), (6,5), (6,6)\}.$$

6. Uma moeda é lançada até que o resultado seja Cara. O espaço amostral representa, neste caso, o número de lançamentos necessários para se obter o resultado desejado.
$$\Omega = \{1, 2, 3, ...\}.$$

7. Dois dados são lançados até que a soma dos dois dados seja igual a dez.
$$\Omega = \{1, 2, 3, ...\}.$$

Em todos os exemplos mostrados acima, temos um espaço amostral que é chamado de **discreto**, **contável** ou **enumerável** e que pode ser finito ou infinito. Mas o resultado de um experimento pode não ser enumerável. Por exemplo, considere a altura dos alunos de uma turma. Podemos ter um aluno com 1,52 m, outro aluno com 1,63 m, e assim por diante (considerando alturas, em metros, mensuradas com precisão de duas casas decimais). Neste caso, dizemos que o espaço amostral é **contínuo**, **não contável** ou **não enumerável**. Esse tipo de espaço amostral é sempre infinito, pois é formado por intervalos de números reais.

Espaço amostral (Ω) – Corresponde ao conjunto de todos os resultados possíveis de um experimento.

2.3 • Eventos

Em um experimento aleatório, nem sempre estamos interessados em um resultado específico de um espaço amostral Ω. Por vezes, estamos interessados em um subconjunto de Ω. Por exemplo, em um jogo de dados, podemos apostar que a soma do lançamento de dois dados terá valor par. Nesse caso, estamos interessados nos resultados cuja soma das faces voltadas para cima retorne um valor par.

Chamamos de **evento** um subconjunto qualquer de um espaço amostral Ω, sendo representado por letra maiúscula, comumente do início do alfabeto. Se o evento é igual a Ω, dizemos que é um **evento certo**. Se o evento é um conjunto vazio, dizemos que se trata de um **evento impossível**.

Por exemplo, para o lançamento de dois dados, podemos definir os seguintes eventos:

1. A soma dos dados é igual a um número par.

$$A = \{(1,1),(1,3),(1,5),(2,2),(2,4),(2,6),(3,1),(3,3),(3,5),$$
$$(4,2),(4,4),(4,6),(5,1),(5,3),(5,5),(6,2),(6,4),(6,6)\}.$$

2. A soma dos dados é maior que oito.

$$B = \{(3,6),(4,5),(4,6),(5,4),(5,5),(5,6),(6,3),(6,4),(6,5),(6,6)\}.$$

3. Um dos dados tem valor quatro.

$$C = \{(1,4),(2,4),(3,4),(4,1),(4,2),(4,3),(4,4),(4,5),(4,6),(5,4),(6,4)\}.$$

Evento – Corresponde a um subconjunto do espaço amostral Ω.

2.3.1 • Operações

Como eventos são subconjuntos de um espaço amostral, podemos combinar eventos usando as operações entre conjuntos: união, interseção e complementar.

Suponha Ω o espaço amostral correspondente ao lançamento de dois dados. Sejam A o evento onde a soma dos dois dados é par, B o evento no qual a soma é ímpar e C o evento no qual o valor 5 aparece em pelo menos um dado. Esses três eventos são usados na discussão feita a seguir.

1. A **união** de dois ou mais eventos corresponde à junção de todos os elementos destes eventos. A área sombreada da Figura 2.1a mostra a representação gráfica da união de dois eventos. Na língua portuguesa, esta operação pode ser representada pela conjunção **OU**.

    - A soma dos dados é igual a um número par **OU** a soma dos dados é igual a um número ímpar.

    $$A \cup B = A + B = \Omega.$$

- A soma dos dados é igual a um número par **OU** o valor 5 aparece em pelo menos um dado.

$$A \cup C = A + C = \{(1,1),(1,3),(1,5),(2,2),(2,4),(2,6),(3,1),(3,3),(3,5),$$
$$(4,2),(4,4),(4,6),(5,1),(5,3),(5,5),(6,2),(6,4),(6,6),$$
$$(5,2),(5,4),(5,6),(2,5),(4,5),(6,5)\}.$$

- A soma dos dados é igual a um número ímpar **OU** o valor 5 aparece em pelo menos um dado.

$$B \cup C = B + C = \{(1,2),(1,4),(1,6),(2,1),(2,3),(2,5),(3,2),(3,4),(3,6),$$
$$(4,1),(4,3),(4,5),(5,2),(5,4),(5,6),(6,1),(6,3),(6,5),$$
$$(5,1),(5,3),(5,5),(1,5),(3,5)\}.$$

Naturalmente que podemos estender a operação de união para mais de dois eventos:

$$\bigcup_{i=1}^{n} E_i = E_1 \cup E_2 \cup \ldots \cup E_n.$$

2. A **interseção** de dois ou mais eventos corresponde aos elementos que são comuns a todos os eventos. A área sombreada da Figura 2.1b mostra a representação gráfica da interseção de dois eventos. Na língua portuguesa, esta operação pode ser representada pela conjunção **E**.

    - A soma dos dados é igual a um número par **E** a soma dos dados é igual a um número ímpar.
    $$A \cap B = AB = \emptyset.$$

    - A soma dos dados é igual a um número par **E** aparece o valor 5 nos dados.
    $$A \cap C = AC = \{(5,1),(5,3),(5,5),(1,5),(3,5)\}.$$

    - A soma dos dados é igual a um número ímpar **E** aparece o valor 5 nos dados.
    $$B \cap C = BC = \{(5,2),(5,4),(5,6),(2,5),(4,5),(6,5)\}.$$

A operação de interseção pode naturalmente ser estendida para mais de dois eventos:

$$\bigcap_{i=1}^{n} E_i = E_1 \cap E_2 \cap \ldots \cap E_n.$$

3. O **complementar** de um evento E no espaço amostral Ω corresponde a todos os elementos de Ω que não estão em E e é representado por E^C ou por $\overline{E}$. A área sombreada da Figura 2.1c mostra a representação gráfica do complementar do evento E. Na língua portuguesa, esta operação pode ser representada pela palavra **NÃO**.

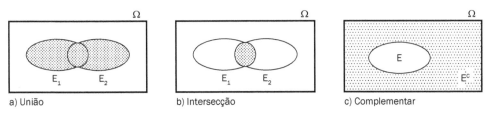

a) União b) Intersecção c) Complementar

Figura 2.1 Operações com os eventos.

- A soma dos dados **NÃO** é igual a um número par.

$$A^C = \overline{A} = B.$$

- A soma dos dados **NÃO** é igual a um número ímpar.

$$B^C = \overline{B} = A.$$

- **NÃO** aparece o valor 5 nos dados.

$$C^C = \overline{C} = \{(1,1),(1,2),(1,3),(1,4),(1,6),(2,1),(2,2),(2,3),(2,4),(2,6),$$
$$(3,1),(3,2),(3,3),(3,4),(3,6),(4,1),(4,2),(4,3),(4,4),(4,6),$$
$$(6,1),(6,2),(6,3),(6,4),(6,6)\}.$$

Com relação às operações aqui discutidas, é importante fazer uma observação. Quando a ocorrência de um evento elimina a possibilidade de ocorrência de um outro evento, dizemos que estes eventos são **mutuamente exclusivos** ou **disjuntos**, ou seja, a interseção deste par de eventos é um evento impossível (conjunto vazio). Portanto, se os eventos $E_1, E_2, E_3, \ldots, E_n$ são **mutuamente exclusivos** (ou seja, $E_i \cap E_j = \emptyset$, para todo $i \neq j$), temos

$$E_1 \cap E_2 \cap E_3 \cap \ldots \cap E_n = \emptyset,$$

e quando

$$E_1 \cup E_2 \cup E_3 \cup \ldots \cup E_n = \Omega,$$

dizemos que os eventos são **coletivamente exaustivos**.

Para melhor visualizar a diferença entre eventos exclusivos e eventos exaustivos, vamos mostrar alguns exemplos.

- A Figura 2.2 mostra dois eventos, E_1 e E_2, mutuamente exclusivos, ou seja, $E_1 \cap E_2 = \emptyset$. Considerando $E_1 \cup E_2 \neq \Omega$, E_1 e E_2 não são coletivamente exaustivos.

- A Figura 2.3 apresenta quatro eventos que são coletivamente exaustivos: $E_1 \cup E_2 \cup E_3 \cup E_4 = \Omega$. Entretanto, $E_2 \cap E_4 \neq \emptyset$ e $E_3 \cap E_4 \neq \emptyset$, logo os quatro eventos não são mutuamente exclusivos.

- A Figura 2.4 mostra quatro eventos que são mutuamente exclusivos e coletivamente exaustivos, pois $E_1 \cup E_2 \cup E_3 \cup E_4 = \Omega$ e $E_1 \cap E_2 \cap E_3 \cap E_4 = \emptyset$.

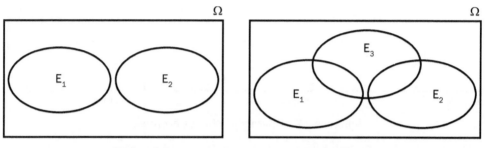

Figura 2.2 E_1 e E_2 são mutuamente exclusivos.

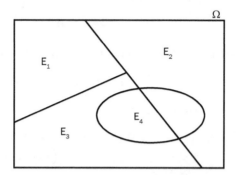

Figura 2.3 E_1, E_2, E_3 e E_4 são coletivamente exaustivos.

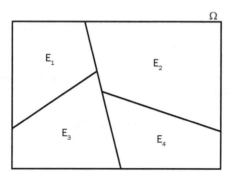

Figura 2.4 E_1, E_2, E_3 e E_4 são mutuamente exclusivos e coletivamente exaustivos.

2.3.2 ▪ Propriedades

A partir das operações discutidas anteriormente, podemos verificar a existência de algumas propriedades.

Lei comutativa
$A \cup B = B \cup A$.
$A \cap B = B \cap A$.

Lei associativa
$(A \cup B) \cup C = A \cup (B \cup C)$.
$(A \cap B) \cap C = A \cap (B \cap C)$.

Lei de complementação
$A \cup A^C = \Omega$.
$A \cap A^C = \emptyset$.

Lei de identidade
$A \cup \emptyset = A$.
$A \cap \Omega = A$.

Lei distributiva
$A \cap (B \cup C) = (A \cap B) \cup (A \cap C)$.
$A \cup (B \cap C) = (A \cup B) \cap (A \cup C)$.

Leis de De Morgan

a) $\left(\bigcup_{i=1}^{n} E_i\right)^C = \bigcap_{i=1}^{n} E_i^C$.

b) $\left(\bigcap_{i=1}^{n} E_i\right)^C = \bigcup_{i=1}^{n} E_i^C$.

A Figura 2.5 apresenta os Diagramas de Venn correspondentes às Leis de De Morgan para dois eventos, A e B, onde a parte sombreada corresponde à área referenciada.

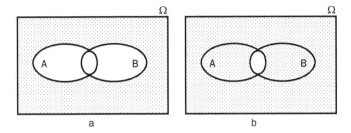

Figura 2.5 Diagramas de Venn para as Leis de De Morgan.

2.4 Axiomas e Teoremas

Quando estamos interessados em um determinado evento, uma informação importante é a probabilidade que este evento possa ocorrer quando o experimento é realizado. Por exemplo, ao lançarmos um dado, qual a probabilidade de obtermos o número cinco?

Uma maneira de definir a probabilidade de um evento é verificar o número de vezes que este evento ocorre quando um grande número de replicações do mesmo experimento aleatório é executado. Isto significa que podemos definir a probabilidade de um evento em termos de sua frequência relativa:

$$P(E) = \lim_{n \to \infty} \frac{n_E}{n}, \tag{2.1}$$

em que n_E é o número de vezes que o evento E ocorre quando n experimentos são realizados.

Também é possível definir a probabilidade de um evento a partir de algumas suposições. Por exemplo, suponha que um determinado dado não é viciado e que qualquer resultado é igualmente provável (espaço amostral equiprovável). Assim, como existem apenas seis possíveis resultados no lançamento de um dado, a probabilidade de obtermos o valor cinco em um lançamento é 1/6.

Portanto, assumindo espaço equiprovável, podemos generalizar:

$$P(E) = \frac{n_E}{n_\Omega}, \tag{2.2}$$

em que n_E corresponde ao número de resultados do evento E e n corresponde ao número de resultados possíveis do experimento.

A seguir, são apresentados três axiomas de probabilidade, ou seja, três sentenças que são aceitas como verdadeiras e servem como ponto inicial para a dedução de outras sentenças.

Axioma 1 A probabilidade de um evento é um valor entre 0 e 1. Quanto mais próxima do valor 0 a probabilidade de um evento, menor a probabilidade de este evento ocorrer. Quanto mais próxima do valor 1, maior é a probabilidade de ocorrência deste evento na execução do experimento.

$$0 \leq P(E) \leq 1.$$

Axioma 2 A probabilidade do evento certo (espaço amostral) ocorrer é igual a 1, pois o espaço amostral contém todos os possíveis resultados do experimento aleatório.

$$P(\Omega) = 1.$$

Axioma 3 Para uma sequência de eventos mutuamente exclusivos $E_1, E_2, E_3 \ldots$, temos

$$P\left(\bigcup_{i=1}^{\infty} E_i\right) = \sum_{i=1}^{\infty} P(E_i).$$

Isto significa que a probabilidade da união de eventos mutuamente exclusivos é igual à soma das probabilidades desses eventos. Note que, se $\bigcup_{i=1}^{\infty} E_i = \Omega$, então $\sum_{i=1}^{\infty} P(E_i) = 1$. Ainda, se existe $n \in \mathbb{N}$ tal que $E_i = \emptyset$ para todo $i > n$, então

$$P\left(\bigcup_{i=1}^{n} E_i\right) = \sum_{i=1}^{n} P(E_i).$$

A seguir, são apresentados alguns teoremas construídos a partir desses três axiomas.

Teorema 2.1 Se A e B são eventos de Ω tais que $A \subset B$, então $P(A) \leq P(B)$.

A Figura 2.6 mostra a representação gráfica desta situação.

Teorema 2.2 Se A e B são eventos de Ω, então $P(A \cup B) = P(A) + P(B) - P(A \cap B)$.

A soma das probabilidades de dois eventos contém a inclusão duas vezes da área que é comum aos dois eventos, por isso esta área deve ser subtraída do total calculado. Isto pode ser mais bem compreendido com a Figura 2.7.

Com relação a este teorema, é interessante fazer duas observações:

(a) Note que, se $AB = \emptyset$, então $P(A \cup B) = P(A) + P(B)$.

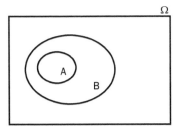

Figura 2.6   O evento A está contido no evento B.

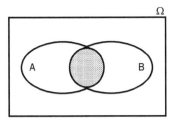

Figura 2.7   Interseção dos eventos A e B.

(b) É possível expandir o teorema para três ou mais eventos usando as propriedades associativa e distributiva.

$$\begin{aligned}
P(A \cup B \cup C) &= P((A \cup B) \cup C) \\
&= P(A \cup B) + P(C) - P((A \cup B) \cap C) \\
&= P(A) + P(B) - P(A \cap B) + P(C) - P(AC \cup BC) \\
&= P(A) + P(B) + P(C) - P(A \cap B) - (P(AC) + P(BC) - P(ABC)) \\
&= P(A) + P(B) + P(C) - P(AB) - P(AC) - P(BC) + P(ABC).
\end{aligned}$$

Probabilidade da União de Vários Eventos – Sejam $E_1, E_2, \ldots, E_n$ eventos de Ω. Então

$$P\left(\bigcup_{i=1}^{n} E_i\right) = \sum_{i=1}^{n} (-1)^{i-1} \sum_{1 \leq k_1 < k_2 < \ldots < k_i \leq n} P(E_{k_1} E_{k_2} \ldots E_{k_i}), \qquad (2.3)$$

em que o segundo somatório corresponde a todas as combinações possíveis de interseções de i eventos dentre os n eventos de Ω.

A Equação 2.3 deriva do Princípio da Inclusão-Exclusão (*inclusion–exclusion principle*). Este nome deve-se à alternância entre adição e subtração dos termos: inicialmente, as probabilidades dos eventos individuais são adicionadas, depois as probabilidades das interseções dos eventos tomados dois a dois são subtraídas, em seguida as probabilidades das interseções dos eventos tomados três a três são adicionadas, e assim por diante.

Teorema 2.3 Se A é um evento de Ω, então $P(A^C) = 1 - P(A)$.

Este teorema pode ser facilmente visualizado com a Figura 2.8: $A \cap A^C = \emptyset$ e $A \cup A^C = \Omega$, logo $P(A) + P(A^C) = P(\Omega) = 1$.

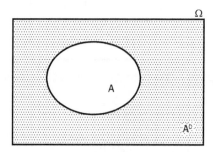

Figura 2.8 A^C corresponde a tudo que não está em A.

2.5 • Probabilidade Condicional

É possível conhecermos alguma informação sobre o resultado de um experimento, mas não termos o resultado propriamente dito. Essa informação pode nos permitir calcular a probabilidade de que um determinado evento B ocorra, dada a informação da ocorrência de um evento A.

$$P(B|A) = \frac{P(AB)}{P(A)}. \tag{2.4}$$

$P(B|A)$ representa a probabilidade de ocorrência do evento B quando há o conhecimento de que o evento A ocorreu.

Exemplo 2.5a A probabilidade de ocorrer o número cinco em um lançamento de dados é, como visto anteriormente, igual a 1/6. Imagine que alguém lhe diga que o resultado obtido com o lançamento do dado é um número ímpar. Note que agora o número de possibilidades foi reduzido a três valores (1, 3 e 5). Portanto, a probabilidade de o valor do lançamento ser cinco, dado que o número obtido é ímpar, é igual a 1/3.

Também podemos resolver esse exemplo considerando A como o evento onde ocorre um número ímpar no lançamento do dado e B com o evento onde ocorre o número 5 no lançamento do dado. Logo, $P(A) = 1/2$, $P(B) = 1/6$ e $P(AB) = P(B) = 1/6$. Usando a Equação 2.4, temos

$$P(B|A) = \frac{P(AB)}{P(A)} = \frac{1/6}{1/2} = \frac{1}{3}.$$

Cabe ressaltar que os Teoremas 2.1, 2.2 e 2.3 também se aplicam para probabilidades condicionais, desde que o evento cuja ocorrência é conhecida seja o mesmo em todas as probabilidades envolvidas em cada equação. Ou seja, para A um evento em Ω com probabilidade positiva:

1. Se B e C são eventos de Ω tais que $B \subset C$, então $P(B|A) \leq P(C|A)$.
2. Se B e C são eventos de Ω, então $P(B \cup C|A) = P(B|A) + P(C|A) - P(B \cap C|A)$.
3. Se B é um evento de Ω, então $P(B^C|A) = 1 - P(B|A)$.

A partir da Equação 2.4, é possível deduzir a Equação 2.5, comumente referenciada como **regra do produto**.

$$P(AB) = P(A)P(B|A). \qquad (2.5)$$

Exemplo 2.5b Em um experimento, são usadas duas urnas numeradas como I e II. A urna I contém 3 bolas vermelhas e 5 bolas brancas, enquanto a urna II contém 2 bolas vermelhas e 4 bolas brancas. Uma bola é tirada da urna I e colocada na urna II. Uma bola é então tirada da urna II. Para este exemplo, considere os seguintes eventos:

A = retira bola vermelha da urna I. C = retira bola vermelha da urna II.
B = retira bola branca da urna I. D = retira bola branca da urna II.

Podemos então calcular

$P(A) = 3/8.$ $P(C|A) = 3/7.$ $P(D|A) = 4/7.$

$P(B) = 5/8.$ $P(C|B) = 2/7.$ $P(D|B) = 5/7.$

Podemos agora usar a Equação 2.5:

$$P(AC) = P(A)P(C|A) = \frac{3}{8} \times \frac{3}{7} = \frac{9}{56}, \qquad P(BC) = P(B)P(C|B) = \frac{5}{8} \times \frac{2}{7} = \frac{10}{56},$$

$$P(AD) = P(A)P(D|A) = \frac{3}{8} \times \frac{4}{7} = \frac{12}{56}, \qquad P(BD) = P(B)P(D|B) = \frac{5}{8} \times \frac{5}{7} = \frac{25}{56}.$$

A Figura 2.9 apresenta o diagrama de árvore com todos os possíveis resultados do experimento. A partir desse diagrama, é fácil ver que

$$P(C) = P(AC) + P(BC) = \frac{9}{56} + \frac{10}{56} = \frac{19}{56} \quad \text{e} \quad P(D) = P(AD) + P(BD) = \frac{12}{56} + \frac{25}{56} = \frac{37}{56}.$$

As probabilidades $P(C)$ e $P(D)$ foram calculadas usando o **Teorema da Probabilidade Total**, que é generalizado a seguir.

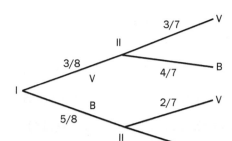

Figura 2.9 Diagrama de árvore.

Teorema da Probabilidade Total – Sejam $E_1, \ldots, E_n$ eventos mutuamente exclusivos e coletivamente exaustivos do espaço amostral Ω. Seja A um evento deste mesmo espaço amostral. Então

$$P(A) = \sum_{i=1}^{n} P(AE_i) = \sum_{i=1}^{n} P(E_i)P(A|E_i). \qquad (2.6)$$

2.6 • Teorema de Bayes

Suponha os eventos A e B de um mesmo espaço amostral Ω. Usando o Teorema da Probabilidade Total (Equação 2.6), podemos afirmar que

$$P(A) = P(B)P(A|B) + P(B^C)P(A|B^C). \qquad (2.7)$$

Note que a probabilidade de A é calculada considerando a possibilidade de B ocorrer e a possibilidade de B não ocorrer. Podemos então dizer que A é dividido em dois subconjuntos: AB e AB^C. O primeiro subconjunto possui os elementos que são comuns a A e a B, enquanto o segundo subconjunto é composto pelos elementos que existem em A, mas que não existem em B. A Figura 2.10 ilustra o que significa a divisão de A nesses dois subconjuntos.

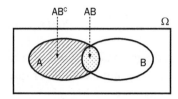

Figura 2.10 O evento A é particionado em AB^C e AB.

A partir das Equações 2.4, 2.5 e 2.7 podemos escrever

$$P(B|A) = \frac{P(AB)}{P(A)} = \frac{P(B)P(A|B)}{P(B)P(A|B) + P(B^C)P(A|B^C)}. \qquad (2.8)$$

Esta equação é conhecida como **Fórmula de Bayes** e é bastante utilizada nos cálculos de probabilidade.

Exemplo 2.6a Em uma cidade do interior do estado do Rio de Janeiro, 40% da população é do sexo masculino e 60% é do sexo feminino. Sabe-se que 50% da população masculina já teve dengue, enquanto apenas 30% das mulheres da cidade tiveram a doença. Uma pessoa é escolhida aleatoriamente nesta cidade. Qual a probabilidade de ela já ter tido a doença?

Para responder ao problema, vamos considerar os seguintes eventos: A = a pessoa teve a doença e B = a pessoa é do sexo masculino. Então, de acordo com a Equação 2.7, temos

$$P(A) = P(B)P(A|B) + P(B^C)P(A|B^C) = 0{,}4 \times 0{,}5 + 0{,}6 \times 0{,}3 = 0{,}2 + 0{,}18 = 0{,}38.$$

Portanto, há 38% de probabilidade que a pessoa escolhida já tenha tido dengue. Além disso, a Fórmula de Bayes (Equação 2.8) pode ser usada para responder algumas questões para o exemplo acima.

1. Qual a probabilidade de a pessoa selecionada ser do sexo masculino dado que essa pessoa já teve dengue?

$$P(B|A) = \frac{P(B)P(A|B)}{P(B)P(A|B) + P(B^C)P(A|B^C)} = \frac{0{,}4 \times 0{,}5}{0{,}4 \times 0{,}5 + 0{,}6 \times 0{,}3} = 0{,}53.$$

2. Qual a probabilidade de a pessoa selecionada ser do sexo feminino dado que essa pessoa já teve dengue?

$$P(B^C|A) = \frac{P(B^C)P(A|B^C)}{P(B)P(A|B) + P(B^C)P(A|B^C)} = \frac{0{,}6 \times 0{,}3}{0{,}4 \times 0{,}5 + 0{,}6 \times 0{,}3} = 0{,}47.$$

3. Qual a probabilidade de a pessoa selecionada ser do sexo masculino dado que essa pessoa não teve dengue?

$$P(B|A^C) = \frac{P(B)P(A^C|B)}{P(B)P(A^C|B) + P(B^C)P(A^C|B^C)} = \frac{0{,}4 \times 0{,}5}{0{,}4 \times 0{,}5 + 0{,}6 \times 0{,}7} = 0{,}32.$$

4. Qual a probabilidade de a pessoa selecionada ser do sexo feminino dado que essa pessoa não teve dengue?

$$P(B^C|A^C) = \frac{P(B^C)P(A^C|B^C)}{P(B)P(A^C|B) + P(B^C)P(A^C|B^C)} = \frac{0{,}6 \times 0{,}7}{0{,}4 \times 0{,}5 + 0{,}6 \times 0{,}7} = 0{,}68.$$

Exemplo 2.6b Considere 3 urnas, onde a urna I tem 2 bolas brancas e 3 bolas vermelhas, a urna II tem 4 bolas brancas e 2 vermelhas e a urna III tem 3 bolas brancas e 5 bolas vermelhas. Uma urna é escolhida aleatoriamente e uma bola é retirada dela. Qual a probabilidade de a bola ter sido retirada da urna I dado que a bola é vermelha? E da urna II? E da urna III?

Inicialmente, vamos definir os seguintes eventos:

A = a bola é vermelha. E_2 = a urna II é selecionada.

E_1 = a urna I é selecionada. E_3 = a urna III é selecionada.

Sabemos que

$$P(A|E_1) = \frac{3}{5} \quad , \quad P(A|E_2) = \frac{2}{6} \quad , \quad P(A|E_3) = \frac{5}{8}.$$

Como a escolha da urna foi feita de forma aleatória, $P(E_i) = 1/3, i = 1,2,3$. Então,

$$\begin{aligned} P(A) &= P(E_1)P(A|E_1) + P(E_2)P(A|E_2) + P(E_3)P(A|E_3) \\ &= \frac{1}{3} \times \frac{3}{5} + \frac{1}{3} \times \frac{2}{6} + \frac{1}{3} \times \frac{5}{8} \approx 0{,}20 + 0{,}11 + 0{,}21 \approx 0{,}52. \end{aligned}$$

Podemos também calcular a probabilidade da bola vermelha ter sido tirada da urna I, da urna II e da urna III.

$$P(E_1|A) = \frac{0{,}20}{0{,}52} \approx 0{,}38,$$
$$P(E_2|A) = \frac{0{,}11}{0{,}52} \approx 0{,}21,$$
$$P(E_3|A) = \frac{0{,}21}{0{,}52} \approx 0{,}40.$$

Note que, neste exemplo, o espaço amostral Ω é particionado em 3 eventos (E_1, E_2 e E_3), embora a Equação 2.8 só faça referência a dois eventos. Na realidade, a Fórmula de Bayes pode ser usada para qualquer coleção de eventos mutuamente exclusivos e coletivamente exaustivos de Ω.

Fórmula Geral de Bayes – Sejam $E_1, \ldots, E_n$ eventos mutuamente exclusivos e coletivamente exaustivos do espaço amostral Ω, e A um evento do mesmo espaço amostral. Então, para $1 \leq k \leq n$,

$$P(E_k|A) = \frac{P(E_k)P(A|E_k)}{\sum_{i=1}^{n} P(E_i)P(A|E_i)}. \tag{2.9}$$

2.7 ▪ Eventos Independentes

Dizemos que dois eventos são independentes quando a ocorrência de um evento não influencia a probabilidade de ocorrência do outro evento. Isto significa que, se os eventos A e B são independentes, temos

$$P(A|B) = P(A) \text{ e } P(B|A) = P(B). \tag{2.10}$$

Por exemplo, uma pessoa joga um dado e obtém o número cinco. Qual a probabilidade de essa pessoa obter o mesmo número se o dado for novamente jogado? A probabilidade de obter o número cinco no primeiro lançamento é 1/6. A probabilidade de obter o número cinco no segundo lançamento também é 1/6, já que o resultado do primeiro experimento não influencia o resultado do segundo experimento.

A partir das Equações 2.5 e 2.10, concluímos que, se A e B são eventos independentes entre si, então

$$P(AB) = P(A)P(B|A) = P(A)P(B). \tag{2.11}$$

Exemplo 2.7a A probabilidade de o aluno A resolver uma determinada questão da prova é 2/3, enquanto a probabilidade de o aluno B resolver esta mesma questão é 2/5.

- Qual a probabilidade de que os dois alunos consigam resolver a questão ?
  $P(AB) = 2/3 \times 2/5 = 4/15$.

- Qual a probabilidade de que nem A nem B resolvam a questão?
  $(1 - P(A))(1 - P(B)) = 1/3 \times 3/5 = 1/5$.

- Qual a probabilidade de pelo menos um deles (A ou B) resolva a questão?
  $1 - (1 - P(A))(1 - P(B)) = 1 - 1/5 = 4/5$.

- Qual a probabilidade de que somente A resolva a questão?
  $P(A)(1 - P(B)) = 2/3 \times 3/5 = 6/15$.

- Qual a probabilidade de que somente B resolva a questão?
  $(1 - P(A))P(B) = 1/3 \times 2/5 = 2/15$.

Note que, neste exemplo, os eventos A e B são independentes entre si.

Exemplo 2.7b Uma carta é retirada aleatoriamente de um baralho de 52 cartas.

- Qual a probabilidade de a carta ser um Ás?
  $P(A) = 4/52$.

- Qual a probabilidade de a carta ser do naipe de copas?
  $P(B) = 13/52$.

- Qual a probabilidade de a carta ser um Ás de copas?
  $P(C) = 1/52$.

- Os dois primeiros eventos são independentes?
  Sim, pois $P(AB) = P(A)P(B) = P(C)$.

Exemplo 2.7c Em uma sala há 3 homens e 7 mulheres. Uma pessoa é escolhida aleatoriamente entre estas 10 pessoas.

- Qual a probabilidade de que a pessoa escolhida seja um homem?
  $P(H) = 3/10$.

- Qual a probabilidade de que a pessoa escolhida seja uma mulher?
  $P(M) = 7/10$.

- Os dois eventos são independentes?
  Não, pois $P(HM) = 0 \neq P(H)P(M)$.

Este terceiro exemplo apresenta dois eventos mutuamente exclusivos (disjuntos), ou seja, a ocorrência de um dos eventos exclui a ocorrência do outro.

Exemplo 2.7d Uma moeda é lançada duas vezes. Considere os seguintes eventos relacionados com este experimento:

$A =$ o resultado do primeiro lançamento é Cara,

$B =$ o resultado do segundo lançamento é Cara,

$C =$ os dois lançamentos apresentam o mesmo resultado.

A probabilidade de cada evento pode então ser calculada.

$$P(A) = \frac{1}{2} \text{ e } P(B) = \frac{1}{2} \text{ e } P(C) = \frac{1}{2}.$$

Considerando apenas dois eventos por vez, temos

$$P(AB) = \frac{1}{4} \quad \text{e} \quad P(A)P(B) = \frac{1}{4},$$
$$P(AC) = \frac{1}{4} \quad \text{e} \quad P(A)P(C) = \frac{1}{4},$$
$$P(BC) = \frac{1}{4} \quad \text{e} \quad P(B)P(C) = \frac{1}{4}.$$

Se considerarmos agora os três eventos, temos

$$P(ABC) = \frac{1}{4} \neq P(A)P(B)P(C) = \frac{1}{8}.$$

Portanto, os eventos deste exemplo são independentes quando agrupados em pares (*pairwise independent*). Mas o mesmo não pode ser dito quando o agrupamento consiste nos três eventos.

Exemplo 2.7e Durante os Jogos Olímpicos Rio 2016, foi feita uma pesquisa com os alunos da graduação para saber quais esportes eles iriam acompanhar pela TV ou nas arenas esportivas. Apenas três modalidades foram citadas: vôlei, basquete e futebol. A Figura 2.11 mostra o Diagrama de Venn com o resultado da pesquisa.

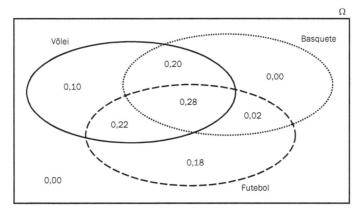

Figura 2.11 Preferência dos alunos nas Olimpíadas.

Sejam os seguintes eventos definidos com relação à pesquisa:

A = o aluno vai assistir vôlei,
B = o aluno vai assistir basquete,
C = o aluno vai assistir futebol.

A partir do Diagrama de Venn sabemos que: $P(A) = 0{,}8$; $P(B) = 0{,}5$; e $P(C) = 0{,}7$. Note que

$$P(ABC) = P(A)P(B)P(C) = 0{,}28.$$

Por outro lado, se considerarmos dois pares de eventos por vez, podemos ver que eles não são independentes.

$$P(AB) = 0{,}48 \ne P(A)P(B) = 0{,}40,$$
$$P(AC) = 0{,}50 \ne P(A)P(C) = 0{,}56,$$
$$P(BC) = 0{,}30 \ne P(B)P(C) = 0{,}35.$$

Exemplo 2.7f Uma moeda é lançada três vezes. Considere os seguintes eventos:

A = o resultado do primeiro lançamento é Cara,
B = o resultado do segundo lançamento é Cara,
C = o resultado do terceiro lançamento é Cara.

A probabilidade de cada evento pode então ser calculada.

$$P(A) = \frac{1}{2} \text{ e } P(B) = \frac{1}{2} \text{ e } P(C) = \frac{1}{2}.$$

Considerando apenas dois eventos por vez, temos

$$P(AB) = \frac{1}{4} \quad \text{e} \quad P(A)P(B) = \frac{1}{4},$$
$$P(AC) = \frac{1}{4} \quad \text{e} \quad P(A)P(C) = \frac{1}{4},$$
$$P(BC) = \frac{1}{4} \quad \text{e} \quad P(B)P(C) = \frac{1}{4}.$$

Se considerarmos agora os três eventos, temos

$$P(ABC) = P(A)P(B)P(C) = \frac{1}{8}.$$

Portanto, há independência quando consideramos qualquer coleção de eventos do experimento. Nesse caso, dizemos que os eventos são **mutuamente independentes**, sendo comum referenciá-los apenas como eventos independentes.

> **Eventos (Mutuamente) Independentes** – Os eventos $E_1, E_2, \ldots, E_n$ são independentes quando a ocorrência ou não-ocorrência de um ou mais destes eventos não influencia a probabilidade de ocorrência ou não-ocorrência dos outros eventos. Ou seja, para qualquer subcoleção $E_{1'}, E_{2'}, \ldots, E_{r'}$ deste n eventos, $1 \leq r \leq n$, temos
>
> $$P(E_{1'}E_{2'} \ldots E_{r'}) = P(E_{1'})P(E_{2'}) \ldots P(E_{r'}). \tag{2.12}$$

2.8 Eventos Mutuamente Exclusivos × Eventos Independentes

Antes de encerrarmos este capítulo, é importante enfatizar a diferença entre eventos mutuamente exclusivos e eventos independentes.

Exemplo 2.8a Eventos são **mutuamente exclusivos** quando a ocorrência de um dos eventos exclui a ocorrência do(s) outro(s) evento(s). Isto significa que estes eventos não podem ocorrer ao mesmo tempo. Suponha o lançamento de uma moeda e a definição dos seguintes eventos:

$$A = \text{o resultado é Cara,}$$
$$B = \text{o resultado é Coroa.}$$

Se a moeda não é viciada, então

$$P(A) = 0{,}5 \text{ e } P(B) = 0{,}5.$$

A probabilidade de os dois eventos ocorrerem ao mesmo tempo é zero ($P(AB) = 0$) e a probabilidade $P(A)P(B) = 0{,}25$. Portanto, os dois eventos não são independentes ($P(AB) \neq P(A)P(B)$), mas são mutuamente exclusivos.

Exemplo 2.8b Eventos são **independentes** quando a ocorrência de um evento não influencia a(s) probabilidade(s) de ocorrência do(s) outro(s) evento(s). Suponha o lançamento de duas moedas e os seguintes eventos:

A = o resultado da primeira moeda é Cara,

B = o resultado da segunda moeda é Coroa.

Se as moedas não são viciadas, então

$$P(A) = 0,5 \text{ e } P(B) = 0,5.$$

Temos que $P(AB) = 0,25$ e $P(A)P(B) = 0,25$. Logo, os dois eventos são independentes $(P(AB) = P(A)P(B))$, mas não são mutuamente exclusivos $(P(AB) \neq 0)$.

Resumindo, eventos mutuamente exclusivos não são independentes e eventos independentes não são mutuamente exclusivos. A Figura 2.12 mostra graficamente a diferença entre estes dois tipos de eventos. A única exceção ocorre quando um dos eventos tem probabilidade zero.

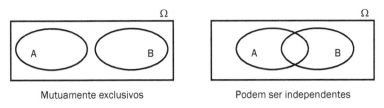

Mutuamente exclusivos   Podem ser independentes

Figura 2.12 Eventos A e B.

Exemplo 2.8c Suponha o lançamento de uma moeda e a definição dos seguintes eventos:

A = o resultado é Cara,

B = o resultado é Coroa.

Se a moeda é viciada e possui duas Caras, temos

$$P(A) = 1 \text{ e } P(B) = 0.$$

Neste caso, podemos ver que $A \cap B = \emptyset$ e $P(AB) = P(A)P(B) = 0$. Os dois eventos são mutuamente exclusivos e independentes.

2.9 ▪ Exercícios Resolvidos

1. As lojas A, B e C possuem, respectivamente, 120, 80 e 70 empregados, sendo que 60%, 50% e 40% são mulheres. Demissões são igualmente prováveis entre os empregados, independentemente do sexo. Um empregado é demitido e é uma mulher. Qual a probabilidade de que ela trabalhe na loja C?

Resposta – Analisando os dados do problema, podemos calcular o número de mulheres e homens por loja.

$$\left.\begin{array}{l}\text{Loja A: 72 mulheres e 48 homens}\\ \text{Loja B: 40 mulheres e 40 homens}\\ \text{Loja C: 28 mulheres e 42 homens}\end{array}\right\} 140 \text{ mulheres e 130 homens.}$$

Usando a Equação 2.4, temos

$$P(\text{loja C} \mid \text{mulher}) = \frac{P(\text{loja C e mulher})}{P(\text{mulher})} = \frac{28/270}{140/270} = \frac{1}{5} = 0{,}20.$$

2. Em um grupo de 300 estudantes de graduação, 100 estudam Engenharia, 50 estudam Computação e 20 estudam Engenharia e Computação. Se um aluno é escolhido ao acaso, qual a probabilidade de que:

    (a) ele estude somente Engenharia?

    (b) ele estude somente Computação?

    (c) ele estude Engenharia e Computação?

    (d) ele nem estude Engenharia nem Computação?

    (e) ele estude Engenharia ou Computação?

Resposta – Para melhor visualizar o problema, podemos usar o Diagrama de Venn mostrado na Figura 2.13.

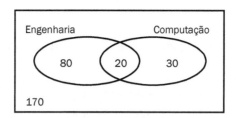

Figura 2.13 Alunos da graduação do Exercício 2.

Agora, podemos calcular as probabilidades pedidas no problema.

(a) $P(\text{Engenharia}) = \frac{80}{300} \approx 0{,}27,$

(b) $P(\text{Computação}) = \frac{30}{300} = 0{,}10,$

(c) $P(\text{Engenharia e Computação}) = \frac{20}{300} \approx 0{,}07,$

(d) $P(\text{nem Engenharia nem Computação}) = \frac{170}{300} \approx 0{,}57,$

(e) $P(\text{Engenharia ou Computação}) = \frac{130}{300} \approx 0{,}43.$

3. Uma urna contém 8 bolas vermelhas e 6 brancas. Duas bolas são extraídas ao acaso, com reposição. Qual a probabilidade de:

   (a) as duas serem vermelhas?
   (b) as duas serem brancas?
   (c) as duas terem cores iguais?
   (d) as duas terem cores diferentes?

   Resposta – Sejam A = selecionar uma bola vermelha e B = selecionar uma bola branca. Sabemos que $P(A) = 8/14$ e $P(B) = 6/14$. Como as extrações são realizadas com reposição, há independência entre eventos associados à primeira e à segunda extração. Desse modo, podemos agora responder às questões.

   (a) As duas bolas selecionadas são vermelhas:
   $$P(A) \times P(A) = \frac{8}{14} \times \frac{8}{14} \approx 0{,}33.$$

   (b) As duas bolas selecionadas são brancas:
   $$P(B) \times P(B) = \frac{6}{14} \times \frac{6}{14} \approx 0{,}18.$$

   (c) As duas bolas são vermelhas ou as duas bolas são brancas:
   $$P(A) \times P(A) + P(B) \times P(B) = \frac{8}{14} \times \frac{8}{14} + \frac{6}{14} \times \frac{6}{14} \approx 0{,}51.$$

   (d) A primeira bola é vermelha e a segunda bola é branca ou a primeira bola é branca e a segunda é vermelha:
   $$P(A) \times P(B) + P(B) \times P(A) = \frac{8}{14} \times \frac{6}{14} + \frac{6}{14} \times \frac{8}{14} = 2 \times \frac{8}{14} \times \frac{6}{14} \approx 0{,}49.$$

4. Uma urna contém 5 bolas brancas, 4 vermelhas e 3 azuis. Seis bolas são selecionadas ao acaso, sem reposição. Qual a probabilidade de que três sejam brancas, duas sejam vermelhas e uma seja azul?

   Resposta – Assumindo que o experimento tem espaço equiprovável (qualquer resultado tem uma mesma probabilidade de ocorrer), basta dividir o número de combinações possíveis do resultado desejado pelo número de combinações que o experimento pode ter.

   $$\frac{\binom{5}{3}\binom{4}{2}\binom{3}{1}}{\binom{12}{6}} \approx 0{,}19.$$

5. De um baralho de 52 cartas, três cartas são extraídas ao acaso, sem reposição. Qual a probabilidade de as três cartas serem do mesmo naipe?

   Resposta – O número de combinações possíveis do resultado desejado corresponde à escolha de 3 cartas de um conjunto de 13 cartas (mesmo naipe) e da escolha do naipe (4 tipos). A probabilidade solicitada é

   $$\frac{\binom{4}{1}\binom{13}{3}}{\binom{52}{3}} \approx 0{,}05.$$

6. De um baralho de 52 cartas, três cartas são extraídas ao acaso, com reposição. Qual a probabilidade de as três cartas serem do mesmo naipe?

   Resposta – Neste caso, considera-se que existem 13 cartas do naipe desejado a cada retirada de uma carta. A probabilidade solicitada é

   $$\frac{\binom{4}{1}\binom{13}{1}\binom{13}{1}\binom{13}{1}}{\binom{52}{1}\binom{52}{1}\binom{52}{1}} \approx 0{,}06.$$

7. Na sueca, uma partida tem 4 jogadores e cada um deles recebe 10 cartas do baralho (não se usa as cartas 8, 9 e 10). Qual a probabilidade de

   (a) João, um dos jogadores, receber só cartas do naipe de copas?

   (b) algum dos quatro jogadores receber só cartas do naipe de copas?

   (c) cada jogador receber uma carta de Ás?

   Resposta – O problema pode ser resolvido usando Equação 2.2.

   (a) O experimento possui $\binom{40}{10,10,10,10}$ resultados possíveis e existem $\binom{30}{10,10,10}$ distribuições possíveis das cartas de ouros, espadas e paus para os outros três jogadores. A probabilidade de João receber apenas cartas do naipe de copas é

   $$\frac{\binom{30}{10,10,10}}{\binom{40}{10,10,10,10}} \approx 0{,}000000001.$$

(b) Agora, qualquer um dos jogadores pode receber todas as cartas do naipe de copas. A probabilidade solicitada é

$$\frac{\binom{4}{1}\binom{30}{10,10,10}}{\binom{40}{10,10,10,10}} \approx 0{,}000000005.$$

(c) Neste caso, existem 4! maneiras diferentes de distribuir as 4 cartas de Ás entre os 4 jogadores e $\binom{36}{9,9,9,9}$ formas distintas para distribuir o restante das cartas.

$$\frac{4!\binom{36}{9,9,9,9}}{\binom{40}{10,10,10,10}} \approx 0{,}11.$$

8. O professor de uma turma de 20 alunos decide organizar uma lista com os nomes dos alunos que fazem aniversário em cada mês do ano para programar as comemorações. Qual a probabilidade de que entre os 12 meses do ano haja 4 meses com exatamente 2 aniversários e 4 meses com 3 aniversários cada?

Resposta – Inicialmente, é preciso selecionar 4 meses entre os 12 meses do ano e selecionar 2 pessoas para cada um desses meses. Em seguida, deve-se selecionar 4 meses entre os 8 meses restantes e selecionar 3 pessoas para cada um desses meses entre as 12 pessoas restantes. Como cada um dos 20 alunos pode ter nascido em qualquer mês do ano, o número de resultados possíveis para os aniversários dos alunos é 12^{20}. A probabilidade solicitada é

$$\frac{\binom{12}{4}\binom{20}{2}\binom{18}{2}\binom{16}{2}\binom{14}{2} \times \binom{8}{4}\binom{12}{3}\binom{9}{3}\binom{6}{3}\binom{3}{3}}{12^{20}}$$

$\approx 0{,}001.$

9. O diretor do Colégio X fez uma pesquisa com os 200 alunos que se inscreveram no SISU para Medicina, Engenharia e Direito. A partir dessa pesquisa, o diretor descobriu que: 80 se inscreveram para Medicina sendo 50 do sexo masculino; o número de alunos do sexo masculino que respondeu à pesquisa é 120, dos quais 30 se inscreveram para Engenharia; apenas 20 alunas se inscreveram para Engenharia. Um destes 200 estudantes é então sorteado. Qual a probabilidade de ter escolhido Direito, dado que é do sexo feminino?

Resposta – A Tabela 2.1 mostra a distribuição dos alunos de acordo com a pesquisa feita.

Tabela 2.1 Distribuição dos alunos por curso e sexo

Curso	Homem	Mulher
Medicina	50	30
Engenharia	30	20
Direito	40	30
Total	120	80

Usando a Equação 2.4, temos

$$P(\text{Direito} \mid \text{Mulher}) = \frac{P(\text{Direito e Mulher})}{P(\text{Mulher})} = \frac{30/200}{80/200} = \frac{3}{8} = 0{,}375.$$

10. A urna I tem 3 bolas vermelhas e 4 bolas brancas e a urna II tem 2 bolas vermelhas, 5 bolas brancas e 1 bola azul. Uma bola é escolhida ao acaso da urna I e colocada na urna II. Em seguida, uma bola é tirada da urna II. Qual a probabilidade de esta última bola extraída ser:

    (a) vermelha?

    (b) branca?

    (c) azul?

    Resposta – A Figura 2.14 mostra o diagrama de árvore que representa este experimento e as probabilidades dos eventos definidos na questão.

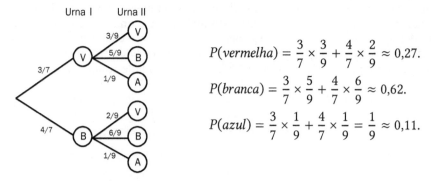

$$P(vermelha) = \frac{3}{7} \times \frac{3}{9} + \frac{4}{7} \times \frac{2}{9} \approx 0{,}27.$$

$$P(branca) = \frac{3}{7} \times \frac{5}{9} + \frac{4}{7} \times \frac{6}{9} \approx 0{,}62.$$

$$P(azul) = \frac{3}{7} \times \frac{1}{9} + \frac{4}{7} \times \frac{1}{9} = \frac{1}{9} \approx 0{,}11.$$

Figura 2.14 Diagrama de árvore e as probabilidades associadas.

11. A Tabela 2.2 mostra o resultado de uma pesquisa salarial com 500 casais. Por exemplo, em 28 dos casais entrevistados a mulher ganha mais de R$ 15 mil mensal enquanto o homem ganha menos de R$ 15 mil mensal.

    Se um casal é escolhido aleatoriamente, responda:

    (a) Qual a probabilidade de o marido ganhar mais de R$ 15 mil mensal?

Tabela 2.2 Salário mensal

Mulher	Homem	
	< R$ 15.000,00	> R$ 15.000,00
< R$ 15.000,00	174	231
> R$ 15.000,00	28	67

(b) Qual a probabilidade de a mulher ganhar mais de R$ 15 mil dado que o marido ganha mais de R$ 15 mil?

(c) Qual a probabilidade de a mulher ganhar mais de R$ 15 mil dado que o marido ganha menos de R$ 15 mil?

Resposta – Sejam os eventos: A = marido ganha mais de R$ 15 mil mensal; B = mulher ganha mais de R$ 15 mil mensal; e C = marido ganha menos de R$ 15 mil mensal.

(a) Para responder a este item, basta calcular a probabilidade do evento A ocorrer.
$$P(A) = \frac{231 + 67}{500} = 0{,}596.$$

(b) A Equação 2.4 pode ser usada para obter a resposta.
$$P(B|A) = \frac{P(BA)}{P(A)} = \frac{67/500}{0{,}596} \approx 0{,}225.$$

(c) Esta probabilidade condicional pode também ser resolvida com a Equação 2.4.
$$P(B|C) = \frac{P(BC)}{P(C)} = \frac{28/500}{(174 + 28)/500} \approx 0{,}139.$$

12. Em uma cidade, 60% da população é do sexo feminino, sendo que 2% das mulheres são daltônicas e 5% dos homens são daltônicos. Uma pessoa é selecionada ao acaso e verifica-se que é daltônica. Qual a probabilidade de que ela seja mulher?

Resposta – Sejam os eventos: D = é daltônico; M = é mulher; e H = é homem. Para obter a resposta, basta usar a Fórmula de Bayes (Equação 2.9).

$$P(M|D) = \frac{P(M)P(D|M)}{P(M)P(D|M) + P(H)P(D|H)} = \frac{0{,}6 \times 0{,}02}{0{,}6 \times 0{,}02 + 0{,}4 \times 0{,}05} = 0{,}375.$$

13. Joana quer comprar um presente para a mãe e está indecisa entre uma blusa e uma saia. Ela acredita que a probabilidade de a mãe gostar da blusa é 2/3 e de gostar da saia é 3/5. Ela então joga uma moeda para decidir se leva a blusa ou a saia. Qual a probabilidade de a mãe de Joana gostar da blusa que ganhou?

Resposta – Sejam os eventos A = Joana escolhe a blusa e B = a mãe de Joana gosta do presente. A probabilidade solicitada pode ser reescrita como "a probabilidade de Joana escolher a blusa e sua mãe gostar do presente". Usando a regra do produto (Equação 2.5), temos

$$P(AB) = P(A)P(B|A) = \frac{1}{2} \times \frac{2}{3} \approx 0{,}333.$$

14. Um jogador tem duas moedas viciadas: uma tem probabilidade 1/3 de mostrar Coroa, enquanto a outra tem probabilidade 3/5 de mostrar Coroa. Uma moeda é escolhida aleatoriamente e é lançada. Qual a probabilidade de a primeira moeda ter sido escolhida, dado que o resultado é Coroa?

    Resposta – Sejam os eventos A = a primeira moeda é selecionada e B = o lançamento mostra Coroa. Para resolver o problema, basta usar a Fórmula de Bayes (Equação 2.9).

$$P(A|B) = \frac{P(A)P(B|A)}{P(A)P(B|A) + P(A^C)P(B|A^C)} = \frac{1/2 \times 1/3}{(1/2 \times 1/3) + (1/2 \times 3/5)} \approx 0{,}357.$$

15. Carlos compra um novo celular da marca X e, em um *site* de defesa do consumidor, descobre que: a probabilidade de ele funcionar por mais de 2 anos é 0,9; a probabilidade de ele funcionar por mais de 4 anos é 0,5; e a probabilidade de ele funcionar por mais de 5 anos é 0,2. Se o celular ainda funciona após 2 anos, qual a probabilidade de que ele funcione

    (a) por mais de 4 anos?

    (b) por mais de 5 anos?

    Resposta – Sejam os eventos: A = celular funciona mais de 2 anos; B = celular funciona mais de 4 anos; e C = celular funciona mais de 5 anos. Para responder ao problema, é só usar probabilidade condicional (Equação 2.4).

    (a) A probabilidade de o celular funcionar por mais de 4 anos, sabendo que ele ainda funciona após 2 anos de uso, é dada por

$$P(B|A) = \frac{P(AB)}{P(A)} = \frac{P(B)}{P(A)} = \frac{0{,}5}{0{,}9} \approx 0{,}56.$$

    (b) A probabilidade de o celular funcionar por mais de 5 anos, sabendo que ele ainda funciona após 2 anos de uso, é dada por

$$P(C|A) = \frac{P(AC)}{P(A)} = \frac{P(C)}{P(A)} = \frac{0{,}2}{0{,}9} \approx 0{,}22.$$

16. Uma clínica especializada trata de 3 tipos de doenças: A, B e C. 40% dos que procuram a clínica são portadores da doença A, 35% são portadores da doença B e 25% da doença C. As probabilidades de cura dos pacientes são: 0,70 para a doença A; 0,65 para a doença B e 0,40 para a doença C. Assuma que qualquer

uma dessas doenças iniba o surgimento das outras. Para um determinado paciente que conseguiu se curar com o tratamento, qual a probabilidade de ele ter tido a doença:

(a) A?

(b) B?

(c) C?

Resposta – A probabilidade de cura pode ser obtida pelo Teorema da Probabilidade Total (Equação 2.6).

$$P(cura) = 0{,}4 \times 0{,}7 + 0{,}35 \times 0{,}65 + 0{,}25 \times 0{,}4 = 0{,}6075.$$

Podemos então usar a Fórmula de Bayes (Equação 2.9) para responder à questão.

(a) $P(A|cura) = \dfrac{P(cura|A)P(A)}{P(cura)} = \dfrac{0{,}4 \times 0{,}7}{0{,}6075} \approx 0{,}461.$

(b) $P(B|cura) = \dfrac{P(cura|B)P(B)}{P(cura)} = \dfrac{0{,}35 \times 0{,}65}{0{,}6075} \approx 0{,}374.$

(c) $P(C|cura) = \dfrac{P(cura|C)P(C)}{P(cura)} = \dfrac{0{,}25 \times 0{,}4}{0{,}6075} \approx 0{,}165.$

17. Um trabalhador está em licença remunerada e aguarda um telegrama para saber se volta ao trabalho ou se vai ser demitido ao final da licença. Ele estima que as probabilidades de receber um telegrama em cada dia da semana, dado que ele retorna ao trabalho ou que ele é demitido, são descritas na Tabela 2.3. Além disso, ele estima que a probabilidade de retornar ao trabalho é igual a 0,6.

Tabela 2.3 Probabilidades condicionais de receber telegrama

Dia	P(telegrama|retorna)	P(telegrama|demitido)
Segunda	0,10	0,15
Terça	0,15	0,20
Quarta	0,20	0,09
Quinta	0,25	0,05
Sexta	0,05	0,01

(a) Qual é a probabilidade de o telegrama ser recebido na 2ª feira?

(b) Qual é a probabilidade de receber o telegrama na 3ª feira dado que não recebeu na 2ª feira?

(c) Se nenhum telegrama é recebido até 4ª feira, qual a probabilidade de ele retornar ao trabalho?

(d) Qual a probabilidade de ele retornar ao trabalho dado que o telegrama é recebido na 5ª feira?

(e) Qual a probabilidade de ele retornar ao trabalho se nenhum telegrama chega durante a semana?

Resposta – Seguem as respostas para cada item do problema.

(a) Sejam os eventos A = retorna ao trabalho e B = recebe telegrama na 2ª feira. Podemos então usar o Teorema da Probabilidade Total (Equação 2.6) para responder ao problema.

$$P(B) = P(A)P(B|A) + P(A^C)P(B|A^C) = 0{,}6 \times 0{,}10 + (1 - 0{,}6) \times 0{,}15 = 0{,}12.$$

(b) Considere os seguintes eventos: A = retorna ao trabalho; B = recebe telegrama na 2ª feira; e C = recebe telegrama na 3ª feira. Note que $P(B)$ foi calculado no item anterior. Podemos então responder à questão usando as Equações 2.4 e 2.6.

$$P(C|B^C) = \frac{P(B^C C)}{P(B^C)} = \frac{P(C)}{1 - P(B)} = \frac{P(A)P(C|A) + P(A^C)P(C|A^C)}{1 - P(B)}$$
$$= \frac{0{,}6 \times 0{,}15 + 0{,}4 \times 0{,}20}{1 - 0{,}12} \approx 0{,}19.$$

(c) Considere os seguintes eventos: A = retorna ao trabalho; B = recebe telegrama na 2ª feira; C = recebe telegrama na 3ª feira; e D = recebe telegrama na 4ª feira. Além disso, tome o evento $E = B \cup C \cup D$, que é uma união de três eventos mutuamente exclusivos que representa o telegrama chegar em algum destes três dias. Conforme as Leis de De Morgan, $E^C = B^C C^C D^C$, que representa o telegrama não chegar na 2ª feira, nem na 3ª feira nem na 4ª feira. A probabilidade solicitada é $P(A|E^C)$, que pode ser obtida via Fórmula de Bayes.

$$P(A|E^C) = \frac{P(A)P(E^C|A)}{P(A)P(E^C|A) + P(A^C)P(E^C|A^C)}.$$

Contudo, é necessário calcular $P(E^C|A)$ e $P(E^C|A^C)$ antes de desenvolver a fórmula acima. De acordo com a Tabela 2.3, temos

$$P(E^C|A) = 1 - P(E|A) = 1 - (0{,}10 + 0{,}15 + 0{,}20) = 0{,}55,$$
$$P(E^C|A^C) = 1 - P(E|A^C) = 1 - (0{,}15 + 0{,}20 + 0{,}09) = 0{,}56.$$

Voltando a $P(A|E^C)$ conforme Fórmula de Bayes (Equação 2.9), podemos agora responder à questão.

$$P(A|E^C) = \frac{P(A)P(E^C|A)}{P(A)P(E^C|A) + P(A^C)P(E^C|A^C)} = \frac{0{,}6 \times 0{,}55}{0{,}6 \times 0{,}55 + 0{,}4 \times 0{,}56} \approx 0{,}60.$$

(d) Sejam os eventos A = retorna ao trabalho e B = recebe o telegrama na 5ª feira. Usando a Fórmula de Bayes (Equação 2.9), temos

$$P(A|B) = \frac{P(A)P(B|A)}{P(A)P(B|A) + P(A^C)P(B|A^C)} = \frac{0,6 \times 0,25}{0,6 \times 0,25 + 0,4 \times 0,05} \approx 0,88.$$

(e) Considere os seguintes eventos: A = retorna ao trabalho; B = recebe telegrama na 2ª feira; C = recebe telegrama na 3ª feira; D = recebe telegrama na 4ª feira; E = recebe telegrama na 5ª feira; e F = recebe telegrama na 6ª feira. Além disso, tome o evento $G = B \cup C \cup D \cup E \cup F$, que é uma união de cinco eventos mutuamente exclusivos que representa o telegrama chegar em algum dos cinco dias da semana. Conforme as Leis de De Morgan, $G^C = B^C C^C D^C E^C F^C$, que representa o telegrama não chegar na 2ª feira, nem na 3ª feira, nem na 4ª feira, nem na 5ª feira nem na 6ª feira. A probabilidade solicitada é $P(A|G^C)$, que pode ser obtida via Fórmula de Bayes.

$$P(A|G^C) = \frac{P(A)P(G^C|A)}{P(A)P(G^C|A) + P(A^C)P(G^C|A^C)}.$$

Contudo, é necessário calcular $P(G^C|A)$ e $P(G^C|A^C)$ antes de desenvolver a fórmula acima. De acordo com a Tabela 2.3, temos

$$P(G^C|A) = 1 - P(G|A) = 1 - (0,10 + 0,15 + 0,20 + 0,25 + 0,05) = 0,25,$$
$$P(G^C|A^C) = 1 - P(G|A^C) = 1 - (0,15 + 0,20 + 0,09 + 0,05 + 0,01) = 0,50.$$

Voltando a $P(A|G^C)$ conforme Fórmula de Bayes (Equação 2.9), podemos agora responder à questão.

$$P(A|G^C) = \frac{P(A)P(G^C|A)}{P(A)P(G^C|A) + P(A^C)P(G^C|A^C)} = \frac{0,6 \times 0,25}{0,6 \times 0,25 + 0,4 \times 0,50} \approx 0,43.$$

18. Um circuito elétrico possui 4 componentes organizados conforme a Figura 2.15. Suponha que o estado destes componentes independam entre si e que possuam as seguintes probabilidades de falha: $P(C_1) = 0,1$, $P(C_2) = 0,2$, $P(C_3) = 0,1$ e $P(C_4) = 0,3$. Qual a probabilidade de a corrente elétrica conseguir atravessar o circuito?

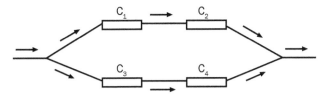

Figura 2.15 Circuito elétrico com 4 componentes.

Resposta – O circuito possui 2 séries, com 2 componentes cada, em paralelo. Portanto, para que a corrente possa atravessar o circuito, é preciso que os dois componentes de cima (C_1 e C_2) ou os dois componentes de baixo (C_3 e C_4)

estejam funcionando. Sejam A o evento que C_1 e C_2 estão funcionando e B o evento que C_3 e C_4 estão funcionando. Tais eventos são independentes, pois A depende apenas dos componentes C_1 e C_2, ao passo que B depende apenas dos componentes C_3 e C_4. A probabilidade solicitada é $P(A \cup B)$.

$$P(A) = (1 - P(C_1))(1 - P(C_2)) = 0{,}9 \times 0{,}8 = 0{,}72,$$
$$P(B) = (1 - P(C_3))(1 - P(C_4)) = 0{,}9 \times 0{,}7 = 0{,}63,$$
$$P(A \cup B) = P(A) + P(B) - P(AB) = 0{,}72 + 0{,}63 - 0{,}72 \times 0{,}63 = 0{,}8964.$$

19. O lote de lâmpadas de uma fábrica contém cerca de 2% de lâmpadas com defeito. Por isso, um teste é feito em cada lâmpada antes do envio aos compradores. Mas este teste não é totalmente confiável: apenas 95% das lâmpadas boas e 94% das lâmpadas defeituosas são corretamente avaliadas. Qual a probabilidade de uma lâmpada ser defeituosa dado que o teste a considerou defeituosa?

    Resposta – Sejam: A = lâmpada defeituosa e B = teste indica defeito. Com a Fórmula de Bayes (Equação 2.9) podemos obter:

    $$P(A|B) = \frac{P(A)P(B|A)}{P(A)P(B|A) + P(A^C)P(B|A^C)} = \frac{0{,}02 \times 0{,}94}{0{,}02 \times 0{,}94 + 0{,}98 \times (1 - 0{,}95)} \approx 0{,}28.$$

20. Toda comunicação na camada física de um enlace corresponde à transmissão de *bits* 0 e 1. Em razão de erros no canal, um *bit* 0 pode ser recebido como 1 e um *bit* 1 pode ser recebido como zero. Assuma que, para um determinado enlace físico, a probabilidade de um erro do canal transformar um *bit* 0 em um *bit* 1 é igual a 0,05 e a probabilidade de transformar um *bit* 1 em *bit* 0 é igual a 0,04. Considere que 55% dos *bits* transmitidos nesse canal têm valor 1. Calcule:

    (a) a probabilidade de receber um *bit* 0;

    (b) a probabilidade de receber um *bit* 1;

    (c) a probabilidade de erro na transmissão de um *bit*;

    (d) a probabilidade de erro na transmissão de um *byte*.

    Resposta – A Figura 2.16 mostra o diagrama de árvore que representa a transmissão de um *bit* em um meio onde erros podem ocorrer. As três primeiras probabilidades solicitadas são obtidas pelo Teorema da Probabilidade Total (Equação 2.6).

    (a) $P(\text{receber bit 0}) = 0{,}45 \times 0{,}95 + 0{,}55 \times 0{,}04 \approx 0{,}45$.

    (b) $P(\text{receber bit 1}) = 0{,}45 \times 0{,}05 + 0{,}55 \times 0{,}96 \approx 0{,}55$.

    (c) $P(\text{erro de bit}) = 0{,}45 \times 0{,}05 + 0{,}55 \times 0{,}04 \approx 0{,}04$.

    (d) A probabilidade de serem verificados (exatamente) i bits com erro em cada *byte* é dada por

    $$\binom{8}{i}(0{,}04)^i(0{,}96)^{8-i}.$$

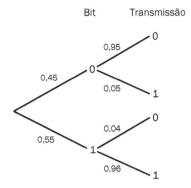

Figura 2.16 Transmissão de um *bit*.

Portanto, a probabilidade solicitada é

$$P(\text{erro de } byte) = \sum_{i=1}^{8} \binom{8}{i} (0{,}04)^i (0{,}96)^{8-i} \approx 0{,}279.$$

Alternativamente, a aplicação do Teorema 2.3 reduz o trabalho computacional no cálculo dessa probabilidade:

$$P(\text{erro de } byte) = 1 - P(\text{nenhum } bit \text{ com erro}) = 1 - \binom{8}{0}(0{,}04)^0 (0{,}96)^8 \approx 0{,}279.$$

21. (PosComp 2002 – Questão 19) Numa prova de múltipla escolha com 10 questões e 4 alternativas qual a probabilidade de um aluno apenas "chutando as respostas" conseguir "gabaritar" a provar (acertar todas as questões)?

    (a) $1/10^4$
    (b) $1/4^{20}$
    (c) $1/2^{20}$
    (d) $1/10^8$
    (e) $1/4^{15}$

    Resposta – A probabilidade de acertar uma questão "chutando" é igual a 1/4. Como esta probabilidade de acerto é a mesma em todas as questões, independentemente de erros ou acertos nas outras, a probabilidade solicitada é uma probabilidade de interseção de dez eventos independentes, cada qual com probabilidade 1/4. Então:

    $$P(\text{gabaritar}) = (1/4)^{10} = (1/2)^{20} = 1/2^{20}.$$

    Portanto, a resposta correta é o item c.

22. (PosComp 2008 – Questão 59 modificada) O curso de Matemática de uma universidade tem 500 alunos. As disciplinas de Álgebra, Cálculo e Geometria têm 100, 120 e 80 alunos matriculados, respectivamente. O número de alunos matriculados em Álgebra e Geometria, mas não em Cálculo, é 20. O número de alunos matriculados em Cálculo, mas não em Álgebra nem em Geometria, é 55. O número de alunos que estudam Ágebra ou Cálculo é 185. Nenhum aluno está matriculado nas três disciplinas.

Considere as seguintes afirmativas.

   I. A probabilidade de um aluno da universidade estar matriculado em pelo menos uma dessas três disciplinas é menor que 50%.

   II. A probabilidade de um aluno matriculado em Cálculo estar também matriculado em Geometria é 25%.

   III. Nenhum aluno está matriculado simultaneamente nas três disciplinas.

Com base na situação descrita, assinale a alternativa CORRETA.

   (a) Apenas a afirmativa II é verdadeira.
   (b) Apenas a afirmativa III é verdadeira.
   (c) Apenas a afirmativa I é verdadeira.
   (d) Todas as afirmativas são verdadeiras.
   (e) Todas as afirmativas são falsas.

Resposta – A Figura 2.17 apresenta o Diagrama de Venn para a questão. Note que: $a + b + 20 = 100$; $b + c + 55 = 120$; e $c + d + 20 = 80$.

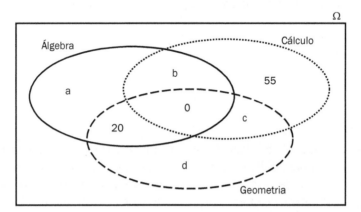

Figura 2.17 Distribuição dos alunos nas disciplinas.

Ao somar os alunos matriculados em Álgebra (100), Cálculo (120) e Geometria (80), os valores de b, c e 20 são adicionados duas vezes nesta soma. Assim, o número de alunos matriculados em pelo menos uma destas três disciplinas é:

$$n = 100 + 120 + 80 - b - c - 20 = 280 - (b + c) = 280 - (120 - 55) = 215.$$

Portanto, a probabilidade de um aluno estar matriculado em pelo menos uma dessas três disciplinas é $215/500 = 0{,}43 = 43\%$, que é menor que 50%. Logo, a afirmativa I está correta. Ainda, cabe ressaltar que estar matriculado em pelo menos uma destas três disciplinas equivale a estar matriculado em uma ou duas delas, uma vez que nenhum dos 500 alunos está matriculado nestas três disciplinas.

Sabemos que o número de alunos que estudam Álgebra ou Cálculo é 185. Então,

$$100 + 120 - b = 185 \Rightarrow b = 220 - 185 = 35,$$

e como $b + c + 55 = 120$, então $c = 30$. Posto isto, a probabilidade de um aluno matriculado em Cálculo estar também matriculado em Geometria é igual a $30/120 = 0{,}25$, ou seja, 25%. A afirmativa II está correta.

A resposta correta da questão é o item d.

23. (PosComp 2010 – Questão 18) Um dado honesto tem duas faces pintadas de azul e as outras quatro, de amarelo. O dado é lançado três vezes, anotando-se a cor da face obtida. A probabilidade de a cor obtida no primeiro lançamento ser igual à cor obtida no terceiro lançamento é:

   (a) 2/3
   (b) 1/3
   (c) 50%
   (d) 9/20
   (e) 5/9

   Resposta – O segundo lançamento do dado não importa na resposta da questão. Em qualquer um dos lançamentos, a cor pode ser azul (2/6) ou amarela (4/6). Então, a resposta do problema é

   $$P(1° \text{ azul e } 3° \text{ azul}) + P(1° \text{ amarelo e } 3° \text{ amarelo}) = \frac{2}{6} \times \frac{2}{6} + \frac{4}{6} \times \frac{4}{6} = \frac{20}{36} = \frac{5}{9}.$$

   A resposta correta é o item e.

24. (ENADE 2011 – Questão 10 de Computação) Em determinado período letivo, cada estudante de um curso universitário tem aulas com um de três professores, esses identificados pelas letras X, Y e Z. As quantidades de estudantes (homens e mulheres) que têm aulas com cada professor é apresentada na tabela de contingência a seguir.

	Professor X	Professor Y	Professor Z
Estudantes Homens	45	5	32
Estudantes Mulheres	67	2	4

A partir do grupo de estudantes desse curso universitário, escolhe-se um estudante ao acaso. Qual é a probabilidade de que esse estudante seja mulher, dado que ele tem aulas apenas com o professor X?

Resposta – Sejam os eventos: X = aluno do Professor X; Y = aluno do Professor Y; Z = aluno do Professor Z; H = estudante homem; M = estudante mulher. Verificando a tabela podemos notar que existem 155 alunos, sendo 82 alunos do sexo masculino e 73 alunos do sexo feminino. A probabilidade de escolher um estudante do sexo masculino é 82/155 e do sexo feminino é 73/155. Além disso, entre os estudantes do sexo masculino, a probabilidade de escolher um que estuda com o professor X é 45/82, e entre as estudantes, a probabilidade de escolher uma que estuda com o professor X é 67/73. Com a fórmula da probabilidade condicional (Equação 2.4), podemos obter a probabilidade desejada.

$$P(M|X) = \frac{P(MX)}{P(X)} = \frac{67/155}{112/155} = \frac{67}{112} \approx 0{,}5982.$$

Alternativamente, podemos usar a Fórmula de Bayes (Equação 2.9) para responder a esta questão.

$$P(M|X) = \frac{P(M)P(X|M)}{P(M)P(X|M) + P(H)P(X|H)} = \frac{(73/155)(67/73)}{(73/155)(67/73) + (82/155)(45/82)}$$

$$= \frac{67}{112} \approx 0{,}5982.$$

25. (ENADE 2014 – Questão 11 de Sistemas de Informação) Considere que uma rede de supermercados tenha contratado um analista de informática para elaborar um plano de prevenção de erros na operação do software das lojas. Com o objetivo de melhorar a tomada de decisão, o analista classificou os erros quanto ao tempo de emprego do operador (linha) e quanto aos setores que originaram os erros (coluna). Os dados levantados são apresentados na tabela a seguir.

Considerando essas informações, conclui-se que a probabilidade aproximada de um erro ser cometido por um operador com tempo de emprego correspondente a 4 anos ou menos é de...

Tabela de erros da operação do software

Tempo de emprego do operador	Setor do supermercado			
	Caixa	Padaria	Açougue	TOTAL
< 2 anos (A)	55	25	10	90
2 a 4 anos (B)	20	6	4	30
> 4 anos (C)	35	15	10	60
TOTAL	110	46	24	180

Resposta – O evento de interesse é A = erro cometido por operadores que têm até 4 anos na empresa, e sua probabilidade é

$$P(A) = \frac{90 + 30}{180} \approx 0{,}66667 \approx 67\%.$$

2.10 ▪ Python

Os exemplos em Python para probabilidade usam, em sua maioria, as funções básicas da linguagem e os módulos *math* e *itertools* já vistos no Capítulo 1. Entretanto, é importante discutir um pouco a estrutura *list* (lista) de Python que é usada nos exemplos desta seção.

Uma lista é uma coleção ordenada de valores, onde cada valor é identificado por um índice. Podemos usar essa estrutura, por exemplo, para verificar as combinações possíveis ao se extrair duas bolas vermelhas em uma urna com três bolas vermelhas.

```
import itertools
Vermelha = ["V", "V", "V"]
resultado = list(itertools.combinations(Vermelha, 2))
print("Combinações = ", resultado, ", Quantidade = ",
    len(resultado))
```

Observe que a lista *Vermelha* possui três elementos com um mesmo valor. Python considera que esses três elementos são diferentes. A função *combinations()* do módulo *itertools* calcula então $C_{3,2}$ (Equação 1.6).

```
Combinações = [("V", "V"), ("V", "V"), ("V", "V")],
    Quantidade = 3
```

Considere agora que os elementos da lista *Vermelha* possuem valores diferentes.

```
Vermelha = ["V1", "V2", "V3"]
```

A mudança nos valores da lista não altera a quantidade de combinações encontradas. No mundo real, duas bolas iguais são dois objetos distintos com a mesma aparência. Portanto, pode-se usar qualquer uma das definições de lista para representar uma urna com três bolas.

```
        Combinações = [("V1","V2"), ("V1","V3"), ("V2","V3")],
           Quantidade = 3
```

É também possível produzir uma lista a partir da concatenação de duas ou mais listas. No exemplo a seguir, temos uma lista que representa os naipes de um baralho e uma outra lista que representa três valores de cartas.

```
    def concatena(A, B):
        return sorted({a + b for a in A for b in B})
    naipe = ["Paus ", "Espadas ", "Ouros ", "Copas "]
    valor = [ "1", "2", "3"]
    carta = concatena(naipe, valor)
    print(carta)
```

O resultado mostra as 12 cartas que podem existir com esses valores.

```
    ["Copas 1", "Copas 2", "Copas 3", "Espadas 1", "Espadas 2",
        "Espadas 3",
    "Ouros 1", "Ouros 2", "Ouros 3", "Paus 1", "Paus 2", "Paus 3"]
```

Note que não precisamos definir uma lista com as 52 cartas do baralho. Basta criar duas listas (uma com os naipes e a outra com os 13 valores do baralho) e concatenar as duas listas. Vejamos agora alguns exemplos de probabilidade implementados em Python.

1. O resultado do lançamento de dois dados pode ser gerado com o programa a seguir.

```
Dados = [1,2,3,4,5,6]
print(sorted({(a, b) for a in Dados for b in Dados}))
```

A saída do programa é:

```
[(1, 1), (1, 2), (1, 3), (1, 4), (1, 5), (1, 6),
 (2, 1), (2, 2), (2, 3), (2, 4), (2, 5), (2, 6),
 (3, 1), (3, 2), (3, 3), (3, 4), (3, 5), (3, 6),
 (4, 1), (4, 2), (4, 3), (4, 4), (4, 5), (4, 6),
 (5, 1), (5, 2), (5, 3), (5, 4), (5, 5), (5, 6),
 (6, 1), (6, 2), (6, 3), (6, 4), (6, 5), (6, 6)]
```

2. No lançamento de dois dados, qual a probabilidade de a soma dos dados ser um valor divisível por 5?

```
Dados = [1,2,3,4,5,6]
resultado = sorted({(a, b) for a in Dados for b in Dados})
qtde = len(resultado)
num  = 0
lista = []
for i in range(qtde):
    if (resultado[i][0] + resultado[i][1]) % 5 == 0:
        lista.append(resultado[i])
```

```
        num += 1
print("Probabilidade =", round(num / qtde, 2))
print("Dados =", lista)
```

O programa calcula todas as combinações possíveis dos dados e depois verifica quais as combinações têm soma divisível por 5. A resposta é:

```
Probabilidade = 0.19
Dados = [(1, 4), (2, 3), (3, 2), (4, 1), (4, 6), (5, 5), (6,
    4)]
```

3. Considere 2 urnas. A primeira urna tem 2 bolas vermelhas, 2 bolas brancas e uma bola azul. A segunda urna tem uma bola vermelha, 3 bolas brancas e 3 bolas azuis. Uma bola é tirada de cada urna. Qual a probabilidade de pelo menos uma das bolas ser vermelha?

```
import itertools
urna1 = ["v", "v", "b", "b", "a"]
urna2 = ["v", "b", "b", "b", "a", "a", "a"]
v = 0
total = 0
for a in urna1:
    for b in urna2:
        total += 1
        if a == "v" or b == "v":
            v += 1
print("Probabilidade de pelos menos 1 bola vermelha = ", v /
    total)
```

O programa gera todas as possíveis combinações com uma bola da *urna1* e uma bola da *urna2*. A variável *v* corresponde ao número de vezes que uma bola vermelha apareceu na combinação. A variável *total* corresponde ao número total de combinações. A saída do programa é

```
Probabilidade de pelos menos 1 bola vermelha =
    0.4857142857142857
```

4. Considere a geração aleatória de 100 números com valores entre 1 e 10. Mostre quantos números são gerados para cada valor entre 1 e 10.

```
import random
numero = [0] * 10
for i in range(100):
    n = random.randint(1,10)
    numero[n-1] +=1
for i in range(10):
   print("O número ", i+1, "apareceu", numero[i], "vezes")
```

Uma possível saída do programa é mostrada a seguir.

```
O número   1  apareceu   8 vezes
O número   2  apareceu  11 vezes
O número   3  apareceu  15 vezes
O número   4  apareceu   8 vezes
O número   5  apareceu  14 vezes
O número   6  apareceu   9 vezes
O número   7  apareceu   8 vezes
O número   8  apareceu   9 vezes
O número   9  apareceu  12 vezes
O número  10  apareceu   6 vezes
```

5. Python possui funções que permitem trabalhar com as operações de conjuntos. Este exemplo mostra as operações de interseção, união, diferença e complementar.

```
A = [0,1,2,3,4,5]
B = [0,2,4,6,8]
C = [1,3,5,7,9]

print("A =", A)
print("B =", B)
print("C =", C)

# A interseção B: elementos estão em A e em B
print()
print("A interseção B =", list(set(A) & set(B)))
print("A interseção C =", list(set(A) & set(C)))
print("B interseção C =", list(set(B) & set(C)))

# A união B: todos elementos de A e B (sem repetição)
print()
print("A união B =", list(set(A) | set(B)))
print("A união C =", list(set(A) | set(C)))
print("B união C =", list(set(B) | set(C)))

#A diferença B: elementos de A que não estão em B
print()
print("A diferença B =", list(set(A).difference(set(B))))
print("A diferença C =", list(set(A).difference(set(C))))
print("B diferença C =", list(set(B).difference(set(C))))

# A complementar B: elementos que estão em apenas um dos
    conjuntos
print()
print("A complementar B =",
    list(set(A).symmetric_difference(set(B))))
print("A complementar C =",
    list(set(A).symmetric_difference(set(C))))
print("B complementar C =",
    list(set(B).symmetric_difference(set(C))))
```

A seguir, a resposta do programa:

```
A = [0, 1, 2, 3, 4, 5]
B = [0, 2, 4, 6, 8]
C = [1, 3, 5, 7, 9]

A interseção B = [0, 2, 4]
A interseção C = [1, 3, 5]
B interseção C = []

A união B = [0, 1, 2, 3, 4, 5, 6, 8]
A união C = [0, 1, 2, 3, 4, 5, 7, 9]
B união C = [0, 1, 2, 3, 4, 5, 6, 7, 8, 9]

A diferença B = [1, 3, 5]
A diferença C = [0, 2, 4]
B diferença C = [0, 2, 4, 6, 8]

A complementar B = [1, 3, 5, 6, 8]
A complementar C = [0, 2, 4, 7, 9]
B complementar C = [0, 1, 2, 3, 4, 5, 6, 7, 8, 9]
```

6. O programa a seguir comprova a igualdade da primeira Lei de De Morgan mostrada na Seção 2.3.2, em que A, B e C são subconjuntos de S.

```
S = [0, 1, 2, 3, 4, 5, 6, 7, 8, 9, 10]
A = [0, 2, 4]
B = [1, 4, 5]
C = [4, 5, 7]

print("S =", S)
print("A =", A)
print("B =", B)
print("C =", C)

# União dos conjuntos A, B e C
Uniao = list(set(A) | set(B) | set(C))
# Complemento da união dos conjuntos
Complemento = list(set(S).difference(set(Uniao)))
print("\nComplemento da União =", Complemento)

# Complementos dos conjuntos A, B e C
Ac = list(set(S).difference(set(A)))
Bc = list(set(S).difference(set(B)))
Cc = list(set(S).difference(set(C)))
# interseção dos complementos
intersecao = list(set(Ac) & set(Bc) & set(Cc))
print("Interseção dos Complementos =", intersecao)
```

O resultado do programa comprova a igualdade da primeira Lei de De Morgan. Note que a resposta corresponde aos elementos que não estão em A, B e C.

```
S = [0, 1, 2, 3, 4, 5, 6, 7, 8, 9, 10]
A = [0, 2, 4]
B = [1, 4, 5]
C = [4, 5, 7]

Complemento da União = [3, 6, 8, 9, 10]
Interseção dos Complementos = [3, 6, 8, 9, 10]
```

7. O programa a seguir comprova a igualdade da segunda Lei de De Morgan mostrada na Seção 2.3.2, em que *A*, *B* e *C* são subconjuntos de *S*.

```
S = [0, 1, 2, 3, 4, 5, 6, 7, 8, 9, 10]
A = [0, 2, 4]
B = [1, 4, 5]
C = [4, 5, 7]

print("S =", S)
print("A =", A)
print("B =", B)
print("C =", C)

# Interseção dos conjuntos A, B e C
Intersecao = list(set(A) & set(B) & set(C))
# Complemento da interseção dos conjuntos
Complemento = list(set(S).difference(set(intersecao)))
print("\nComplemento da interseção =", Complemento)

# Complementos dos conjuntos A, B e C
Ac = list(set(S).difference(set(A)))
Bc = list(set(S).difference(set(B)))
Cc = list(set(S).difference(set(C)))
# União dos complementos
Uniao = list(set(Ac) | set(Bc) | set(Cc))
print("União dos Complementos =", Uniao)
```

Como esperado, o resultado comprova a segunda Lei de De Morgan. Note que a resposta corresponde a *S* menos o elemento 4 que existe nos conjuntos *A*, *B* e *C*.

```
S = [0, 1, 2, 3, 4, 5, 6, 7, 8, 9, 10]
A = [0, 2, 4]
B = [1, 4, 5]
C = [4, 5, 7]

Complemento da interseção = [0, 1, 2, 3, 5, 6, 7, 8, 9, 10]
União dos Complementos = [0, 1, 2, 3, 5, 6, 7, 8, 9, 10]
```

8. Uma urna contém 5 bolas brancas, 4 vermelhas e 3 azuis. Seis bolas são selecionadas ao acaso, sem reposição. Qual a probabilidade de que três sejam brancas, duas sejam vermelhas e uma seja azul (Questão 4 dos Exercícios Resolvidos)?

```
import itertools
def retira_bolas(cor, qtde):
    comb = list(itertools.combinations(cor, qtde))
    return len(comb)

Branca = ["B", "B", "B", "B", "B"]
Vermelha = ["V", "V", "V", "V"]
Azul = ["A", "A", "A"]
Urna = Branca + Vermelha + Azul
num_bran  = retira_bolas(Branca, 3)
num_verm  = retira_bolas(Vermelha, 2)
num_azul  = retira_bolas(Azul, 1)
num_total = retira_bolas(Urna, 6)
prob = (num_bran * num_verm * num_azul) / num_total
print("Probabilidade de 3 brancas, 2 vermelhas e 1 azul =",
    prob)
```

A função *retira_bolas()* usa o método *combinations()* da biblioteca *itertools()* para calcular o número de combinações possíveis de bolas com uma determinada cor. Por exemplo, de quantas maneiras é possível selecionar 3 bolas brancas entre as 5 bolas brancas da urna? A resposta do programa é:

```
Probabilidade de 3 brancas, 2 vermelhas e 1 azul =
    0.19480519480519481
```

9. Um dado honesto tem duas faces pintadas de azul e as outras quatro, de amarelo. O dado é lançado três vezes, anotando-se a cor da face obtida. Qual é a probabilidade de a cor obtida no primeiro lançamento ser igual à obtida no terceiro lançamento (Questão 23 dos Exercícios Resolvidos)?

```
Dados = ["Az", "Az", "Am", "Am", "Am", "Am"]
resultado = []
for a in Dados:
    for b in Dados:
        resultado.append((a,b))
qtde = len(resultado)
qtde_azul = resultado.count(("Az", "Az"))
qtde_amar = resultado.count(("Am", "Am"))
print("Probabilidade =", round((qtde_azul + qtde_amar) /
    qtde,2))
```

O programa gera uma lista com todas as combinações possíveis e, depois, usa o método *count()* para obter as combinações desejadas. Note que o segundo lançamentoo é ignorado, pois ele não influencia o experimento. A resposta do programa é uma aproximação para o valor 5/9 mostrado na solução da Questão 23 dos Exercícios Resolvidos.

```
Probabilidade = 0.56
```

10. A urna I tem 3 bolas vermelhas e 4 bolas brancas e a urna II tem 2 bolas vermelhas, 5 bolas brancas e 1 bola azul. Uma bola é escolhida ao acaso da urna I e colocada na urna II. Em seguida, uma bola é tirada da urna II. Qual a probabilidade de essa bola ser: vermelha? branca? azul (Questão 10 dos Exercícios Resolvidos)?

```
import itertools
urna1 = ["v", "v", "v", "b", "b", "b", "b"]
urna2 = ["v", "v", "b", "b", "b", "b", "b", "a"]

resultado = []
urna = []
for a in urna1:
    urna = urna2.copy()
    urna.append(a)
    for b in urna:
        resultado.append(b)
total = len(resultado)
print("Probabilidade Vermelho =",
    round(resultado.count("v")/total,2))
print("Probabilidade Branco   =",
    round(resultado.count("b")/total,2))
print("Probabilidade Azul     =",
    round(resultado.count("a")/total,2))
```

Observe que uma bola é retirada da *urna1* e colocada em *urna* que é cópia da *urna2*. A lista *resultado* armazena a cor da segunda bola nas combinações possíveis. Basta então ver quantas bolas de cada cor existem na lista e dividir pelo total de combinações.

```
Probabilidade Vermelho = 0.27
Probabilidade Branco   = 0.62
Probabilidade Azul     = 0.11
```

11. Na sueca, uma partida tem 4 jogadores onde cada jogador recebe 10 cartas do baralho (não se usa as cartas 8, 9 e 10). Qual a probabilidade de um dos jogadores só receber cartas do naipe de copas (Item a da Questão 7 dos Exercícios Resolvidos)?

```
import math
def multinomial(n, lista):
  valor = math.factorial(n)
  for i in lista:
    valor = valor / math.factorial(i)
  return valor
n1 = 30
lista1 = [10,10,10]
n2 = 40
lista2 = [10,10,10,10]
prob = multinomial(n1,lista1) / multinomial(n2,lista2)
print("P =", prob)
```

Considere todas as cartas de um naipe como cartas idênticas. O baralho tem então 40 cartas com 4 tipos. Se um jogador recebeu todas as cartas de copas, restam 30 cartas distribuídas entre os outros três jogadores. Para $n = 30$ e lista1 = [10,10,10], a função *multinomial(n, lista1)* calcula $\frac{30!}{10!10!10!}$. Esse valor corresponde ao número de combinações das cartas dos outros 3 jogadores (não tem as cartas de copas). Para $n = 40$ e lista1 = [10,10,10,10], a função *multinomial(n, lista2)* calcula $\frac{40!}{10!10!10!10!}$. Esse valor corresponde ao número de combinações das cartas dos 4 jogadores (sem qualquer restrição). Para calcular a probabilidade, basta dividir o primeiro valor pelo segundo valor. A resposta do programa é:

```
P = 1.1797175484382116e-09
```

12. Uma clínica especializada trata de 3 tipos de doenças: A, B e C. 40% dos que procuram a clínica são portadores da doença A, 35% são portadores da doença B e 25% da doença C. As probabilidades de cura dos pacientes são: 0,70 para a doença A; 0,65 para a doença B e 0,40 para a doença C. Para um determinado paciente que conseguiu se curar com o tratamento, qual a probabilidade de ele ter tido a doença A, B ou C (Questão 16 dos Exercícios Resolvidos)?

```
A = 0.4
B = 0.35
C = 0.25
Cura_A = 0.7
Cura_B = 0.65
Cura_C = 0.4
Cura = A * Cura_A + B * Cura_B + C * Cura_C
prob = (A * Cura_A) / Cura
print("P(A | Cura) =", prob)
prob = (B * Cura_B) / Cura
print("P(B | Cura) =", prob)
prob = (C * Cura_C) / Cura
print("P(C | Cura) =", prob)
```

Resposta do programa:

```
P(A | Cura) = 0.4609053497942387
P(B | Cura) = 0.37448559670781895
P(C | Cura) = 0.16460905349794241
```

13. Qual a probabilidade de acertar a Mega-Sena se a aposta é feita com 6, 8 e 10 números?

```
def fat(n):
    fat = n
    i   = n
    while (i > 1):
        i = i - 1
        fat = fat * i
```

```
    return fat
def combinacoes(n, k):
  val1 = fat(n)
  val2 = fat(k)
  val3 = fat(n-k)
  valor = val1 / (val2 * val3)
  return valor
Total    = combinacoes(60,6)
Aposta8  = combinacoes(8,6)
Aposta10 = combinacoes(10,6)
prob = 1 / Total
print("Probabilidade com 6 números =", prob)
prob = Aposta8 / Total
print("Probabilidade com 8 números =", prob)
prob =  Aposta10 / Total
print("Probabilidade com 10 números =", prob)
```

Para ganhar o jogo é preciso acertar seis números entre os 60 números da cartela (de 1 a 60). A escolha de seis números corresponde a $C_{60,6}$ (Equação 1.6) e a probabilidade de acerto para a aposta de seis números é igual a $1/C_{60,6}$. Quando a aposta é feita com oito números, o apostador está escolhendo $C_{8,6}$ conjuntos de seis números. Portanto, a probabilidade de acerto passa a ser $C_{8,6}/C_{60,6}$. De modo similar, é feito o cálculo de uma aposta com dez números. Resposta do programa:

```
Probabilidade com 6  números = 1.997448858318156e-08
Probabilidade com 8  números = 5.592856803290837e-07
Probabilidade com 10 números = 4.194642602468128e-06
```

14. Simular 100.000 lançamentos de um dado não viciado.

```
from random import choice
Dado = [1, 2, 3, 4, 5, 6]
Qtde = [0, 0, 0, 0, 0, 0]
for i in range(0, 100000):
   res = choice(Dado)
   Qtde[res-1] += 1
j = 1
for i in Qtde:
   print("Valor", j, "apareceu", i, "vezes -", i/100000, "%")
   j += 1
```

O programa usa duas listas. A primeira lista (*Dado*) define as seis possíveis saídas do experimento, enquanto a segunda lista (*Qtde*) armazena a quantidade de vezes que cada face do dado aparece no experimento. A função *choice()* do módulo *random* escolhe de forma aleatória um elemento da lista *Dado*. Esta função considera que os elementos da lista *Dado* possuem o mesmo peso (igual probabilidade). Uma possível saída do programa é mostrada a seguir. Note que cada face do dado aparece aproximadamente em 1/6 dos experimentos.

```
Valor 1 apareceu 16682 vezes - 0.16682 %
Valor 2 apareceu 16504 vezes - 0.16504 %
Valor 3 apareceu 16902 vezes - 0.16902 %
Valor 4 apareceu 16587 vezes - 0.16587 %
Valor 5 apareceu 16668 vezes - 0.16668 %
Valor 6 apareceu 16657 vezes - 0.16657 %
```

Não é difícil deduzir que, se o experimento tivesse apenas 10 lançamentos, as probabilidades poderiam ser bem diferentes. A Lei dos Grandes Números (LGN) diz que os resultados de um experimento aleatório convergem para os valores esperados à medida que o número de tentativas aumenta.

15. Simular o lançamento de uma moeda viciada onde a probabilidade de obter uma Cara é 60% e a probabilidade de se obter uma Coroa é 40%.

```python
from random import choices
moeda = ["cara", "coroa"]
Qtde = [0, 0]
for i in range(0, 100000):
    res = choices(moeda, weights = [6,4])
    if res[0] == "cara":
        Qtde[0] += 1
    else:
        Qtde[1] += 1
print("Quantidade de Caras = ", Qtde[0],
    ", Quantidade de Coroas = ", Qtde[1])
```

A função *choices()* do módulo *random* escolhe um elemento da lista *Moeda* de acordo com os pesos definidos. No exemplo, *Cara* tem peso 6 e *Coroa* tem peso 4. Como a soma dos pesos é 10, a probabilidade de *Cara* ocorrer é 60% e a de *Coroa* é 40%. A seguir uma possível resposta para a execução do programa.

```
Quantidade de Caras =   59818 , Quantidade de Coroas =   40182
```

Ao acessar o QR Code ao lado, você encontrará códigos em Python referentes aos exemplos que constam neste capítulo.

3 Variáveis Aleatórias

3.1 ▪ Introdução

Considere um experimento aleatório que consiste no lançamento de dois dados (não viciados). O espaço amostral deste experimento pode ser representado por

$$\Omega = \{(1,1), (1,2), (1,3), (1,4), (1,5), (1,6), (2,1), (2,2), (2,3), (2,4), (2,5), (2,6),$$
$$(3,1), (3,2), (3,3), (3,4), (3,5), (3,6), (4,1), (4,2), (4,3), (4,4), (4,5), (4,6),$$
$$(5,1), (5,2), (5,3), (5,4), (5,5), (5,6), (6,1), (6,2), (6,3), (6,4), (6,5), (6,6)\}.$$

Imagine, entretanto, que não estamos interessados no número obtido em cada dado, mas na soma dos dois dados. Assuma que X representa a soma dos dois dados. Sabemos que cada dado vai do número 1 ao número 6. Portanto, X pode assumir valores de 2 a 12 com as seguintes probabilidades:

$$\begin{aligned}
P(X=2) &= P(\{(1,1)\}) = 1/36, \\
P(X=3) &= P(\{(1,2),(2,1)\}) = 2/36, \\
P(X=4) &= P(\{(1,3),(2,2),(3,1)\}) = 3/36, \\
P(X=5) &= P(\{(1,4),(2,3),(3,2),(4,1)\}) = 4/36, \\
P(X=6) &= P(\{(1,5),(2,4),(3,3),(4,2),(5,1)\}) = 5/36, \\
P(X=7) &= P(\{(1,6),(2,5),(3,4),(4,3),(5,2),(6,1)\}) = 6/36, \\
P(X=8) &= P(\{(2,6),(3,5),(4,4),(5,3),(6,2)\}) = 5/36, \\
P(X=9) &= P(\{(3,6),(4,5),(5,4),(6,3)\}) = 4/36, \\
P(X=10) &= P(\{(4,6),(5,5),(6,4)\}) = 3/36, \\
P(X=11) &= P(\{(5,6),(6,5)\}) = 2/36, \\
P(X=12) &= P(\{(6,6)\}) = 1/36.
\end{aligned}$$

Note que cada possível valor de X representa um evento (subconjunto do espaço amostral). Isso significa que X associa eventos de Ω a valores numéricos, ou seja, X é uma função cujo domínio são os resultados de um experimento aleatório e cujo contradomínio é o conjunto de números reais (a Figura 3.1 ilustra parte da representação desse exemplo). A função X é chamada de **variável aleatória**.

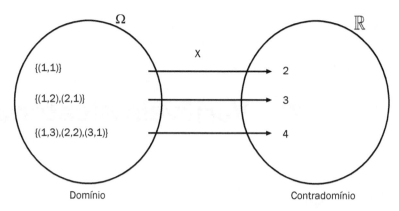

Figura 3.1 Lançamento de dois dados.

Para uma variável aleatória qualquer, chamamos de **espaço de variação** (ou **suporte**) desta variável aleatória o conjunto dos valores que ela pode assumir. No exemplo anterior, o suporte da variável aleatória X é dado por $\mathbb{R}_X = \{2, 3, ..., 11, 12\}$. A relação entre uma variável aleatória e o seu espaço de variação é análoga à relação entre um experimento aleatório e o seu espaço amostral associado. Além disso, chamamos de **distribuição de probabilidades** (ou simplesmente **distribuição**) de uma variável aleatória a forma como as probabilidades associadas a tal variável aleatória se comportam. Por exemplo, para a soma dos resultados de dois dados arremessados, a lista de probabilidades $P(X = 2) = 1/36, P(X = 3) = 2/36, ..., P(X = 12) = 1/36$ exibida no começo desta seção caracteriza a distribuição de probabilidades de $X =$ soma dos resultados dos dois dados arremessados.

3.2 ▪ Classificação das Variáveis Aleatórias

Uma variável aleatória é classificada como:

- **Discreta** → quando pode assumir um número contável de valores, ou seja, os valores possíveis são elementos de um conjunto finito ou infinito enumerável. Como exemplo de variável aleatória discreta, temos a variável aleatória X vista no início deste capítulo: a soma dos resultados em um lançamento dos dois dados, uma vez que X só pode assumir valores inteiros de 2 até 12. O Capítulo 4 é dedicado ao estudo da teoria e aos exemplos deste tipo de variável aleatória.

- **Contínua** → quando pode assumir qualquer valor real em um intervalo, ou seja, os valores não são contáveis. Como exemplo de variável aleatória contínua, podemos considerar uma variável aleatória Y que represente o tempo dos clientes em uma fila de atendimento. Um cliente pode demorar 23 min e 34 s, outro cliente pode demorar 1 h, 9 min e 44 s, e assim por diante. Mais discussão e exemplos deste tipo de variável aleatória podem ser encontrados no Capítulo 5.

Podemos também classificar as variáveis aleatórias quanto a sua dimensão:

- **Unidimensionais** → quando se tem interesse em uma única característica de um experimento aleatório. Por exemplo, na soma do lançamento de dois dados (visto no início deste capítulo). Os Capítulos 4 e 5 usam este tipo de variável aleatória em suas discussões teóricas e nos exemplos fornecidos.

- **Multidimensionais** → quando se tem interesse em um conjunto de características de um experimento aleatório. Nesse caso, são observadas duas ou mais variáveis aleatórias conjuntamente. O Capítulo 6 discute variáveis aleatórias com mais de uma dimensão.

Exemplo 3.2a Considere X = número de meninas de uma família com duas crianças e Y uma variável aleatória associada ao sexo da primeira criança (zero se for menina e 1 se for menino).

Evento	X	Y	Probabilidade
MM	2	0	1/4
MH	1	0	1/4
HM	1	1	1/4
HH	0	1	1/4

Observe que o par de variáveis aleatórias (X,Y) acima, também chamado de variável aleatória bidimensional, pode assumir os seguintes pares: $(2,0)$, $(1,0)$, $(1,1)$ e $(0,1)$, cada qual com 1/4 de probabilidade. Ou seja, seu espaço de variação é dado por $\mathbb{R}_{X,Y} = \{(2,0),(1,0),(1,1),(0,1)\}$. Para qualquer par $(x,y) \notin \mathbb{R}_{X,Y}$, temos $P(X=x, Y=y) = 0$. Ainda, podemos concluir $\mathbb{R}_X = \{0,1,2\}$ e $\mathbb{R}_Y = \{0,1\}$, de modo que

$$
\begin{aligned}
P(X=0) &= P(X=0, Y=1) = 1/4, \\
P(X=1) &= P(\{X=1, Y=0\} \cup \{X=1, Y=1\}) \\
&= P(X=1, Y=0) + P(X=1, Y=1) = 1/2, \\
P(X=2) &= P(X=2, Y=0) = 1/4.
\end{aligned}
$$

$$
\begin{aligned}
P(Y=0) &= P(\{X=1, Y=0\} \cup \{X=2, Y=0\}) \\
&= P(X=1, Y=0) + P(X=2, Y=0) = 1/2, \\
P(Y=1) &= P(\{X=1, Y=1\} \cup \{X=0, Y=1\}) \\
&= P(X=1, Y=1) + P(X=0, Y=1) = 1/2.
\end{aligned}
$$

Variável Aleatória – Corresponde à uma função que associa eventos de um espaço amostral Ω a um valor real. Para uma variável aleatória X e um espaço amostral Ω, temos

$$X : \Omega \to \mathbb{R}.$$

Ainda, cabe destacar que, para uma variável aleatória X e uma função real g cujo domínio contenha $\mathbb{R}_X$, a aplicação de g em X, isto é, $g(X)$, também é uma variável aleatória. Genericamente, é comum tal variável aleatória ser denotada por Y, ou seja, $Y = g(X)$. Esse assunto é explorado no Capítulo 7 deste livro.

Exemplo 3.2b Seja X uma variável aleatória que representa o tempo, em segundos, para se cumprir certa prova de gincana, cuja duração não pode ultrapassar 60 segundos. A pontuação Y da equipe depende do tempo X que a mesma levou para cumprir a gincana, de forma que $Y = 180 - 3X$. Portanto, Y também é uma variável aleatória, cujo espaço de variação vai de 0 a 180 pontos e cuja distribuição de probabilidades depende da distribuição de X.

3.3 • Exercícios Resolvidos

1. Considere uma urna com 2 bolas vermelhas e 2 bolas brancas. Duas bolas são retiradas da urna sem reposição. Seja X a variável aleatória que representa o número de bolas vermelhas retiradas da urna. Quais são as probabilidades de X?

   Resposta – Existem 4 possíveis resultados: VV, VB, BV e BB. Portanto, as probabilidades de X são dadas por:

   $$P(X = 0) = P(\{(BB)\}) = \frac{1}{4},$$
   $$P(X = 1) = P(\{(VB),(BV)\}) = \frac{1}{2},$$
   $$P(X = 2) = P(\{(VV)\} = \frac{1}{4}).$$

   Note que a probabilidade de que pelo menos uma das bolas seja vermelha é dada por

   $$P(X > 0) = P(X = 1) + P(X = 2) = 1 - P(X = 0) = \frac{3}{4}.$$

2. Suponha que X represente a diferença entre o número de Caras e o número de Coroas obtidas quando uma moeda é arremessada 3 vezes. Quais são os possíveis valores de X?

   Resposta – No experimento aleatório de arremessar uma moeda três vezes e registrar as faces obtidas, podem ocorrer a face "Cara" três vezes ($X = 3 - 0 = 3$), duas "Caras" e uma "Coroa" ($X = 2 - 1 = 1$), uma "Cara" e duas "Coroas" ($X = 1 - 2 = -1$) ou três "Coroas" ($X = 0 - 3 = -3$). Portanto, os possíveis valores de X são $-3, -1, 1$ e 3, o que implica $\mathbb{R}_X = \{-3, -1, 1, 3\}$.

3. Duas bolas são escolhidas aleatoriamente e sem reposição de uma urna que contém 8 bolas vermelhas e 4 bolas azuis. Suponha que a pessoa que sorteia as bolas ganha R$ 2,00 para cada bola azul selecionada e precise pagar R$ 1,00 para cada bola vermelha selecionada. Tome por X a variável aleatória que representa o saldo obtido após as duas extrações. Quais são os valores possíveis de X e quais são as probabilidades associadas a cada valor?

   Resposta – Se duas bolas vermelhas são sorteadas, $X = -2$. Se as bolas possuem cores diferentes, $X = 1$. Se as duas bolas sorteadas são azuis, $X = 4$. Portanto, $\mathbb{R}_X = \{-2, 1, 4\}$. A probabilidade da primeira bola ser vermelha é $8/12$ e a probabilidade da primeira bola ser azul é $4/12$. Restam 11 bolas na urna, a probabilidade da segunda bola ser vermelha ou ser azul depende da cor da primeira bola. As probabilidades associadas a cada valor possível para X podem ser obtidas via regra do produto, conforme Equação 2.5:

$$P(X = -2) = \frac{8}{12} \times \frac{7}{11} \approx 0{,}424,$$
$$P(X = 1) = \frac{8}{12} \times \frac{4}{11} + \frac{4}{12} \times \frac{8}{11} \approx 0{,}485,$$
$$P(X = 4) = \frac{4}{12} \times \frac{3}{11} \approx 0{,}091.$$

4. Dois dados honestos são rolados. Seja X o produto das faces obtidas.

   (a) Qual o espaço de variação de X?

   Resposta – Os elementos de $\mathbb{R}_X$ são todos os números resultantes do produto $a \times b$ com $a \in \{1,2,3,4,5,6\}$ e $b \in \{1,2,3,4,5,6\}$. Logo,

   $$\mathbb{R}_X = \{1,2,3,4,5,6,8,9,10,12,15,16,18,20,24,25,30,36\}.$$

   (b) Qual a probabilidade de este produto retornar um número ímpar?

   Resposta – Há apenas 6 números ímpares dentre os 18 elementos de $\mathbb{R}_X$. Levando em conta que cada um dos 36 pares possíveis no arremesso de dois dados são equiprováveis, temos

$$\begin{aligned}
P(X = 1) &= P(\{(1,1)\}) = 1/36, \\
P(X = 3) &= P(\{(1,3),(3,1)\}) = 2/36, \\
P(X = 5) &= P(\{(1,5),(5,1)\}) = 2/36, \\
P(X = 9) &= P(\{(3,3)\}) = 1/36, \\
P(X = 15) &= P(\{(3,5),(5,3)\}) = 2/36, \\
P(X = 25) &= P(\{(5,5)\}) = 1/36.
\end{aligned}$$

   Portanto, a probabilidade de o produto retornar um número ímpar é

$$\frac{1}{36} + \frac{2}{36} + \frac{2}{36} + \frac{1}{36} + \frac{2}{36} + \frac{1}{36} = \frac{9}{36} = 0{,}25.$$

5. Alfredo ficou em Prova Final em apenas duas disciplinas neste semestre: Álgebra Linear e Estatística. Assuma que a probabilidade de ele ser aprovado em Álgebra Linear é de 0,70 e de ser aprovado em Estatística é de 0,80. Considere ainda que seu desempenho nas provas de Álgebra Linear e de Estatística são independentes. Seja X a variável aleatória que expressa o número de disciplinas as quais Alfredo consegue aprovação dentre as disciplinas que fará Prova Final neste semestre. Obtenha a distribuição de probabilidades de X.

Resposta – É direto perceber que X pode assumir apenas 3 valores: $X = 0$ representa reprovação em ambas as disciplinas, $X = 1$ aprovação em apenas uma delas e $X = 2$, aprovação em ambas. Portanto, $\mathbb{R}_X = \{0,1,2\}$. Denotando o evento "Alfredo aprova em Álgebra Linear" por A e, por E, o evento "Alfredo aprova em Estatística", temos A e E formando um par de eventos independentes e, portanto,

$$\begin{aligned}
P(X = 0) &= P(A^C \cap E^C) = P(A^C)P(E^C) = (1 - 0{,}70)(1 - 0{,}80) = 0{,}06, \\
P(X = 1) &= P(A \cap E^C) + P(A^C \cap E) = P(A)P(E^C) + P(A^C)P(E) \\
&= 0{,}70 \times 0{,}20 + 0{,}30 \times 0{,}80 = 0{,}38, \\
P(X = 2) &= P(A \cap E) = P(A)P(E) = 0{,}70 \times 0{,}80 = 0{,}56.
\end{aligned}$$

6. Suponha que uma variável aleatória discreta X possa assumir qualquer valor inteiro positivo e $P(X = j) = 1/2^j$, para $j \in \mathbb{R}_X$.

   (a) Qual a probabilidade de X assumir valores maiores que 4?

   Resposta – Como $\mathbb{R}_X = \{1,2,3,\ldots\}$, então

   $$P(X > 4) = \sum_{k=5}^{\infty} P(X = k) = \sum_{k=5}^{\infty} \frac{1}{2^k}.$$

   Uma maneira de calcular a probabilidade acima sem lidar com a soma de infinitas parcelas é usar a relação entre probabilidades de eventos complementares.

   $$\begin{aligned}
   P(X > 4) &= 1 - P(X \leq 4) \\
   &= 1 - \sum_{k=1}^{4} \frac{1}{2^k} \\
   &= 1 - \left(\frac{1}{2} + \frac{1}{4} + \frac{1}{8} + \frac{1}{16}\right) \\
   &= 0{,}0625.
   \end{aligned}$$

   (b) Qual a probabilidade de X assumir um número múltiplo de 3?

   Resposta – Neste caso, a probabilidade solicitada também implica a soma de infinitas parcelas:

   $$P(X = 3) + P(X = 6) + P(X = 9) + \cdots = \sum_{k=1}^{\infty} \frac{1}{2^{3k}} = \frac{1}{8} + \frac{1}{64} + \frac{1}{512} + \cdots$$

Como a probabilidade de X não ser múltiplo de 3 ainda implica a soma de infinitas parcelas, usar a relação entre probabilidades de eventos complementares não reduz o problema a uma soma de número finito de parcelas. Porém, a soma anterior é a soma dos termos de uma progressão geométrica com termo inicial $a_0 = 1/8$ e quociente $q = 1/8$. Como a soma dos termos de uma P.G. com quociente entre 0 e 1 é igual a $a_0/(1-q)$, temos

$$P(X \text{ ser múltipo de 3}) = \frac{1/8}{1 - 1/8} \approx 0{,}143.$$

7. Um supermercado vende certo produto em dois tipos de embalagem, caracterizadas pela cor. Na embalagem azul, há três unidades deste produto, e na embalagem branca, cinco unidades. Em certo momento, só restavam cinco embalagens para os clientes, sendo duas azuis e três brancas. Suponha que dois clientes se dirigem ao local aonde havia essas ofertas e que cada um deles escolhe ao acaso uma das cinco embalagens. Seja X a variável aleatória que representa o número de unidades do produto compradas por esses dois clientes. Obtenha a distribuição de probabilidades de X.

Resposta – Se duas embalagens azuis são escolhidas, $X = 6$. Se as embalagens são de cores diferentes, $X = 8$. Se as duas embalagens são brancas, $X = 10$. Logo, $\mathbb{R}_X = \{6, 8, 10\}$. Note que existem 5 embalagens. A probabilidade de a primeira embalagem ser azul é 2/5 e a probabilidade de a primeira embalagem ser branca é 3/5. Após a primeira seleção de embalagem, restam 4 embalagens. A probabilidade de a cor da segunda embalagem depende da cor da primeira embalagem selecionada. Dessa maneira, as probabilidades $P(X = k)$ para $k \in \mathbb{R}_X$ são facilmente obtidas via regra do produto (Equação 2.5):

$$
\begin{aligned}
P(X = 6) &= \frac{2}{5} \times \frac{1}{4} = 0{,}10, \\
P(X = 8) &= \frac{2}{5} \times \frac{3}{4} + \frac{3}{5} \times \frac{2}{4} = 0{,}60, \\
P(X = 10) &= \frac{3}{5} \times \frac{2}{4} = 0{,}30.
\end{aligned}
$$

8. Uma carta será selecionada de um baralho completo (com 52 cartas). Sejam X e Y duas variáveis aleatórias que representam, respectivamente, o número de cartas sorteadas de naipe vermelho e o número de cartas sorteadas com figuras (rei, rainha ou valete). Represente, por meio de um quadro, como X e Y se distribuem conjuntamente.

Resposta – Sejam X e Y variáveis aleatórias definidas como

$$X = \begin{cases} 1, \text{ se carta sorteada é de naipe vermelho,} \\ 0, \text{ se carta sorteada é de naipe preto.} \end{cases}$$

$$Y = \begin{cases} 1, & \text{se carta sorteada é figura,} \\ 0, & \text{se carta sorteada é número.} \end{cases}$$

Existem, para cada naipe, 3 figuras e 10 números. Dois naipes são vermelhos e dois naipes são pretos. Por exemplo, $P(X = 0, Y = 0)$ corresponde à probabilidade de a carta ser um número e ser de naipe preto. Como a probabilidade de sortear carta de naipe preto é 26/52 e a probabilidade de sortear carta com número, dado que é de naipe preto, é 20/26, então

$$P(X = 0, Y = 0) = \frac{26}{52} \times \frac{20}{26} = \frac{20}{52}.$$

De maneira análoga, são obtidas todas as probabilidades conjuntas de X e Y, conforme dispostas na Tabela 3.1.

Tabela 3.1 Probabilidades de X e Y

X	Y	Probabilidade
0	0	20/52
0	1	6/52
1	0	20/52
1	1	6/52

3.4 ▪ Python

O módulo *random* é um dos módulos da linguagem Python que pode ser utilizado para gerar números pseudo-aleatórios (não são verdadeiramente aleatórios, mas possuem algumas das propriedades dos números aleatórios). Na sequência, são mostrados alguns exemplos do uso de números aleatórios.

1. Para gerar um número real entre zero e um, basta usar a função *uniforme()*.

    ```
    import random
    print(random.uniform(0, 1))
    ```

    A seguir é mostrada uma possível saída do programa.

    ```
    0.9864764098580812
    ```

2. Escreva um programa que simula o resultado da Mega-Sena.

    ```
    from random import randint
    num = 0
    sorteio = set()
    while num < 6:
    ```

```
    x = randint(1,60)
    if x not in sorteio:
        sorteio.add(x)
        num += 1
print(sorted(sorteio))
```

O programa gera números inteiros entre 1 e 60 usando a função *randint()* (cada número tem probabilidade igual a 1/60 de ser o número gerado pela função). Se o número gerado ainda não existe no conjunto *sorteio*, ele é armazenado e a quantidade de números sorteados é incrementada por um. A função *sorted()* coloca os números sorteados em ordem crescente. Uma possível resposta do programa é:

```
[4, 10, 18, 23, 34, 45]
```

3. Como escolher aleatoriamente um número em uma lista de números primos menores que 30?

```
from random import choice
primos = [2, 3, 5, 7, 11, 13, 17, 19, 23, 29]
print(choice(primos))
```

A função *choice()* é usada para selecionar um número qualquer dentro da lista *primos* fornecida no programa. Cada número tem igual probabilidade de ser escolhido. Por exemplo, o número 7 pode ser a resposta do programa. No exemplo da Mega-Sena, seria possível resolver o problema usando uma lista com números de 1 a 60.

4. Seja X a soma do lançamento de três dados. Calcule as probabilidades de X.

```
dado = [1, 2, 3, 4, 5, 6]
resultado = dict()
for a in dado:
    for b in dado:
        for c in dado:
            valor = a + b + c
            if not resultado.get(valor):
                resultado[valor] = 0
            resultado[valor] += 1
for valor in sorted(resultado.keys()):
    print("Prob[X =", valor, "] = ", resultado[valor],"/",
        len(dado)**3)
```

Observe que o programa usa três variáveis (a, b e c) e uma lista (*dado*). Os três loops (*for*) geram todas as combinações possíveis dos dados. Os resultados da soma são armazenados na variável *resultado*. A resposta do programa é:

```
Prob[X = 3 ] =  1 / 216
Prob[X = 4 ] =  3 / 216
Prob[X = 5 ] =  6 / 216
```

```
Prob[X =  6 ] =   10 / 216
Prob[X =  7 ] =   15 / 216
Prob[X =  8 ] =   21 / 216
Prob[X =  9 ] =   25 / 216
Prob[X = 10 ] =   27 / 216
Prob[X = 11 ] =   27 / 216
Prob[X = 12 ] =   25 / 216
Prob[X = 13 ] =   21 / 216
Prob[X = 14 ] =   15 / 216
Prob[X = 15 ] =   10 / 216
Prob[X = 16 ] =    6 / 216
Prob[X = 17 ] =    3 / 216
Prob[X = 18 ] =    1 / 216
```

5. Uma moeda honesta é lançada 100.000 vezes e se verifica a quantidade de vezes que apareceu a Cara e a quantidade de vezes que apareceu a Coroa.

```
import itertools
from random import choice
moeda = ["Cara", "Coroa"]
num_cara  = 0
num_coroa = 0
for i in range(100000):
    resultado = choice(moeda)
    if resultado == "Cara":
        num_cara  += 1
    else:
        num_coroa += 1
print("Número de caras =", num_cara, ", número de coroas =",
    num_coroa)
```

A função *choice()* seleciona "Cara" ou "Coroa" com igual probabilidade em cada iteração do loop. Uma possível resposta do programa é

```
Número de caras = 49985 , número de coroas = 50015
```

Observe que, aproximadamente, metade dos lançamento deu "Cara" e a outra metade deu "Coroa". Segundo a Lei dos Grandes Números (LGN), os resultados de um experimento aleatório convergem para os valores esperados à medida que o número de tentativas aumenta. Nesse exemplo, o experimento teve 100.000 lançamentos.

Ao acessar o QR Code ao lado, você encontrará códigos em Python referentes aos exemplos que constam neste capítulo.

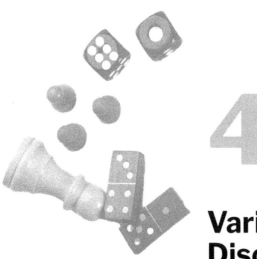

4
Variáveis Aleatórias Discretas

4.1 Introdução

Uma variável aleatória é dita discreta quando ela pode assumir um número contável de valores possíveis, isto é, quando seu espaço de variação é um conjunto finito ou infinito enumerável.

Por exemplo, suponha uma variável aleatória S representando a soma dos resultados no lançamento de dois dados. Neste caso, S pode assumir valores inteiros de 2 até 12 e, portanto, os valores são contáveis e finitos. Seu espaço de variação $\mathbb{R}_S = \{2, 3, \ldots, 12\}$ é um conjunto finito, e portanto, S é uma variável aleatória discreta.

Imagine agora uma variável aleatória T que representa o número de vezes que dois dados devem ser lançados até que a soma dos resultados seja um valor maior que 10. Neste caso, a variável aleatória T pode assumir uma quantidade infinita de valores $(1, 2, 3, \ldots)$, mas ainda são valores contáveis, ou seja, podem ser enumerados. Seu espaço de variação $\mathbb{R}_T = \{1, 2, 3, \ldots\}$ é um conjunto infinito enumerável, e portanto, T é uma variável aleatória discreta.

Com os dois exemplos acima discutidos, podemos notar que o espaço de variação de uma variável aleatória discreta corresponde a um conjunto de valores enumeráveis. A partir dos valores que a variável aleatória pode assumir e das probabilidades de ocorrência desses valores, podemos caracterizar o comportamento desta variável aleatória, ou seja, a sua **distribuição de probabilidades**. A seguir, são apresentadas as funções que caracterizam a distribuição de probabilidades de uma variável aleatória discreta e medidas de caracterização adicional usadas na análise deste tipo de variável aleatória.

4.2 Caracterização da Distribuição de Probabilidades

Função Massa de Probabilidade (FMP) de uma variável aleatória discreta X Também chamada de função de probabilidade, é denotada por p_X e expressa a probabilidade de a variável aleatória X assumir o valor no qual a função é avaliada:

$$p_X(i) = P(X = i). \tag{4.1}$$

Isto significa que a probabilidade de X assumir o valor i é igual a $p_X(i)$. Naturalmente que $p_X(i) > 0$ apenas se $i \in \mathbb{R}_X$, e a soma das probabilidades $p_X(i)$ para $i \in \mathbb{R}_X$ é igual a 1, ou seja,

$$\sum_{i \in \mathbb{R}_X} p_X(i) = 1.$$

Como exemplos, considere as FMPs das duas variáveis aleatórias discretas mostradas nas Figuras 4.1 e 4.2. A variável aleatória S é a mesma definida na Seção 4.1.

$$p_S(i) = \begin{cases} \dfrac{i-1}{36} & , \quad \text{se } i = 2, 3, \ldots, 7, \\ \dfrac{13-i}{36} & , \quad \text{se } i = 8, 9, \ldots, 12, \\ 0 & , \quad \text{nos outros casos.} \end{cases}$$

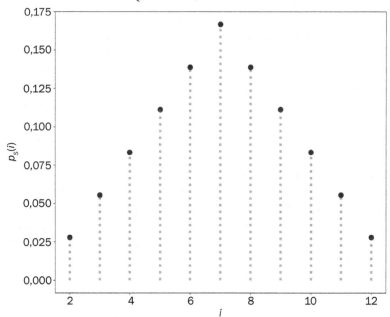

Figura 4.1 FMP da variável aleatória discreta S.

$$p_W(i) = \begin{cases} 0{,}5 & , \text{ se } i = 3, \\ 0{,}2 & , \text{ se } i = 8, \\ 0{,}3 & , \text{ se } i = 13, \\ 0 & , \text{ nos outros casos.} \end{cases}$$

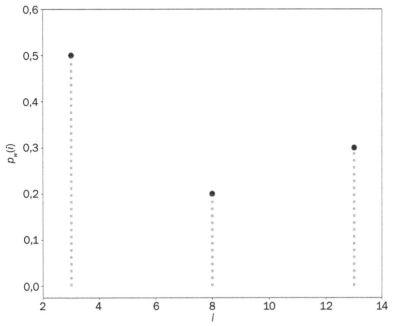

Figura 4.2 FMP da variável aleatória discreta W.

Função Distribuição Acumulada (FDA) de uma variável aleatória X Denotada por F_X, esta função calcula a probabilidade da variável aleatória X ser menor que ou igual ao valor no qual a função é avaliada.

$$F_X(k) = P(X \leq k) = \sum_{i \leq k\,:\,i \in \mathbb{R}_X} p_X(i). \tag{4.2}$$

Observe que, para $a < b$, temos

$$F_X(b) - F_X(a) = P(a < X \leq b) = \sum_{a < i \leq b\,:\,i \in \mathbb{R}_X} p_X(i). \tag{4.3}$$

Neste caso, o intervalo inclui todos os valores que são maiores que a e que não são maiores que b, ou seja, o intervalo corresponde a $(a\,;\,b]$.

A FDA da variável aleatória S é representada por

$$F_S(k) = \begin{cases} 0 & , \text{ se } k < 2, \\ \dfrac{\lfloor k \rfloor (\lfloor k \rfloor - 1)}{72} & , \text{ se } 2 \leq k < 8, \\ \dfrac{42 + (18 - \lfloor k \rfloor)(\lfloor k \rfloor - 7)}{72} & , \text{ se } 8 \leq k < 12, \\ 1 & , \text{ se } k \geq 12. \end{cases}$$

em que $\lfloor k \rfloor$ corresponde ao maior inteiro menor que ou igual a k (por exemplo, $\lfloor 2{,}5 \rfloor = 2$).

Para calcular os valores de $F_S(k)$, podemos usar a definição apresentada acima ou somar as probabilidades apresentadas na Seção 3.1. A Figura 4.3 apresenta a FDA de S.

$$\begin{aligned}
F_S(2) &= p_S(2) = 1/36, \\
F_S(3) &= p_S(2) + p_S(3) = 3/36, \\
F_S(4) &= p_S(2) + p_S(3) + p_S(4) = 6/36, \\
&\vdots \\
F_S(10) &= p_S(2) + \ldots + p_S(10) = 33/36, \\
F_S(11) &= p_S(2) + \ldots + p_S(11) = 35/36, \\
F_S(12) &= p_S(2) + \ldots + p_S(12) = 36/36 = 1.
\end{aligned}$$

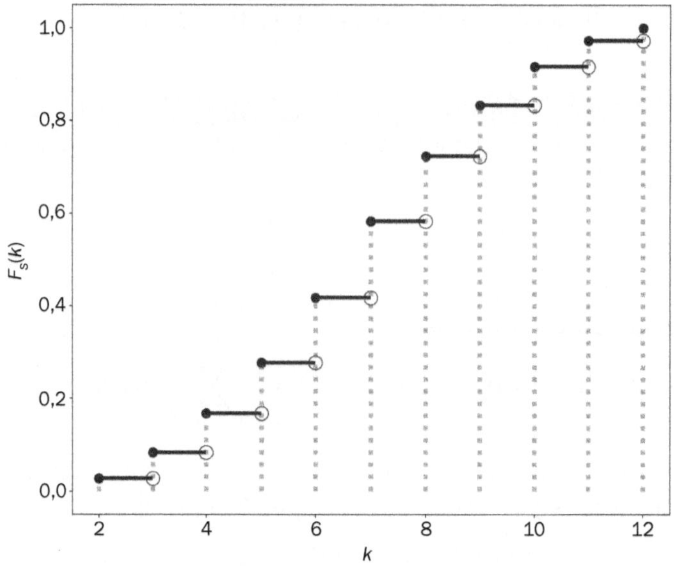

Figura 4.3 FDA da variável aleatória discreta S.

A FDA da variável aleatória W é apresentada na Figura 4.4.

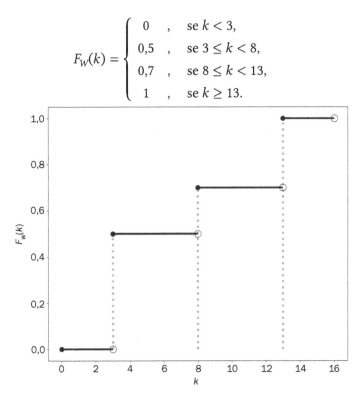

$$F_W(k) = \begin{cases} 0 & , \quad \text{se } k < 3, \\ 0{,}5 & , \quad \text{se } 3 \leq k < 8, \\ 0{,}7 & , \quad \text{se } 8 \leq k < 13, \\ 1 & , \quad \text{se } k \geq 13. \end{cases}$$

Figura 4.4 FDA da variável aleatória discreta W.

Momento de Ordem n Pode-se caracterizar o comportamento das variáveis aleatórias usando os seus momentos de ordem (especialmente os quatro primeiros momentos). O n-ésimo momento da variável aleatória discreta X é definido por

$$E[X^n] = \sum_{i \in \mathbb{R}_X} i^n p_X(i). \tag{4.4}$$

Por exemplo, os dois primeiros momentos da variável aleatória S, que representa a soma dos resultados no lançamento de dois dados, são

$$E[S^1] = 2^1 p_S(2) + 3^1 p_S(3) + \cdots + 11^1 p_S(11) + 12^1 p_S(12) = 7,$$
$$E[S^2] = 2^2 p_S(2) + 3^2 p_S(3) + \cdots + 11^2 p_S(11) + 12^2 p_S(12) \approx 54{,}83.$$

A Tabela 4.1 mostra os dois primeiros momentos das variáveis aleatórias S e W definidas nas Figuras 4.1 e 4.2.

Tabela 4.1 Momentos das variáveis aleatórias S e W

Variável Aleatória	S	W
1º Momento	7,00	7,00
2º Momento	54,83	68,00

Também é possível calcular os momentos de uma variável aleatória discreta X a partir da sua função geratriz de momentos, definida como

$$M_X(t) = E[e^{tX}] = \sum_{i \in R_X} e^{ti} p_X(i), \qquad (4.5)$$

com $t \in (-h,h)$ para algum $h \in \mathbb{R}$. Neste caso, temos

$$E[X^n] = \frac{d^n}{dt^n} M_X(t)\Big|_{t=0}. \qquad (4.6)$$

Isto significa que, para obter o n-ésimo momento de X, deve-se derivar a função geratriz de momentos n vezes em relação a t e depois fazer $t = 0$. Por exemplo, para calcular o primeiro momento da variável aleatória que representa a soma dos resultados no lançamento de dois dados, podemos fazer:

$$\begin{aligned}
M_S(t) &= \sum_{i=2}^{12} e^{ti} p_S(i) = e^{t \times 2} p_S(2) + e^{t \times 3} p_S(3) + \ldots + e^{t \times 12} p_S(12) \\
\Rightarrow \frac{d}{dt} M_S(t) &= 2e^{t \times 2} \frac{1}{36} + 3e^{t \times 3} \frac{2}{36} + \ldots + 12 e^{t \times 12} \frac{1}{36} \quad \text{(derivando com relação a } t\text{)} \\
\Rightarrow \frac{d}{dt} M_S(t)\Big|_{t=0} &= 2 \times 1 \times \frac{1}{36} + 3 \times 1 \times \frac{2}{36} + \ldots + 12 \times 1 \times \frac{1}{36} \quad \text{(fazendo } t = 0\text{)} \\
&= \frac{2}{36} + \frac{6}{36} + \ldots + \frac{12}{36} = 7.
\end{aligned}$$

Para obter o segundo momento de S, basta derivar a equação mais uma vez, antes de fazer $t = 0$.

Valor Esperado Esta é uma medida de posição, pois indica o valor em torno do qual espera-se que a variável aleatória assuma, em média. O valor esperado (ou esperança, ou ainda, média) de uma variável aleatória discreta X corresponde ao seu primeiro momento.

$$E[X] = \mu_X = \sum_{i \in R_X} i \, p_X(i). \qquad (4.7)$$

Infelizmente, a média não é suficiente para caracterizar o comportamento de uma variável aleatória. Note que as variáveis aleatórias S e T possuem a mesma média, mas a FMP e a FDA destas duas variáveis aleatórias são bem diferentes.

Variância É uma medida de dispersão que mostra o quanto a distribuição de uma variável aleatória está dispersa com relação ao valor esperado. Para uma variável aleatória X, a variância é definida como

$$Var(X) = \sigma_X^2 = E[X^2] - (E[X])^2 = \sum_{i \in \mathbb{R}_X} i^2 \, p_X(i) - (E[X])^2. \tag{4.8}$$

Podemos então dizer que a variância de X corresponde ao segundo momento de X menos o quadrado do primeiro momento (média) de X. Usando o primeiro e o segundo momentos das variáveis aleatórias S e T, mostrados na Tabela 4.1, podemos calcular

$$Var(S) = \sigma_S^2 = 54{,}83 - (7{,}00)^2 = 5{,}83,$$
$$Var(T) = \sigma_T^2 = 68{,}00 - (7{,}00)^2 = 19{,}00.$$

Desvio Padrão É também uma medida de dispersão e corresponde à raiz quadrada da variância, ou seja,

$$DP(X) = \sigma_X = \sqrt{\sigma_X^2} = \sqrt{Var(X)}. \tag{4.9}$$

Portanto, para as variáveis aleatórias S e T, temos

$$\sigma_S = \sqrt{5{,}83} = 2{,}42,$$
$$\sigma_T = \sqrt{19{,}00} = 4{,}36.$$

A vantagem do desvio padrão, com relação à variância, é que o desvio padrão é expresso na mesma unidade de medida da variável aleatória (isso facilita a interpretação e comparação). Um valor baixo de desvio padrão indica que a FMP da variável aleatória está concentrada em valores próximos do seu valor esperado. Um valor alto de desvio padrão indica que a FMP da variável aleatória está dispersa com relação ao seu valor esperado. O desvio padrão, tal como a variância, sempre assume valor positivo, exceto nos casos de constantes ou de variável aleatória do tipo degenerada, cujo espaço de variação é um conjunto unitário. Nestes casos, não há dispersão, e assim tanto o desvio padrão como a variância são iguais a zero.

Se X é uma variável aleatória discreta e g é uma função real com domínio contendo $\mathbb{R}_X$, então $Y = g(X)$ também é uma variável aleatória discreta, cujo valor esperado e variância podem ser obtidos diretamente pela distribuição de X, conforme se segue:

$$E[Y] = \mu_Y = \sum_{i \in \mathbb{R}_X} g(i) \, p_X(i), \tag{4.10}$$

$$Var(Y) = \sigma_Y^2 = \sum_{i \in \mathbb{R}_X} [g(i)]^2 \, p_X(i) - (E[Y])^2. \tag{4.11}$$

Em particular, se Y for uma função linear de X (isto é, do tipo $Y = aX + b$), não é difícil provar pelas Equações 4.10 e 4.11 que

$$E[Y] = \mu_Y = aE[X] + b, \tag{4.12}$$
$$Var(Y) = \sigma_Y^2 = a^2 Var(X). \tag{4.13}$$

Neste ponto, podemos questionar a importância de estudar o comportamento de uma variável aleatória. Para que servem medidas como média e variância? A resposta é simples: ao conhecer o comportamento de uma variável aleatória, podemos melhorar e/ou prever o comportamento do objeto que ela modela. Por exemplo, suponha que X representa o número de solicitações de páginas *web* que chegam por minuto em um servidor. Conhecendo o comportamento de X, podemos calcular o tempo médio de resposta das solicitações e prever a necessidade de aumentar o número de servidores *web*. Certamente que o estudo de X pode ser facilitado se for possível usar sua FMP, caso conhecida. Por isso, serão discutidas, a seguir, seis importantes distribuições de variáveis aleatórias discretas que podem ser usadas no estudo de algum problema do mundo real: Bernoulli, geométrica, binomial, binomial negativa, hipergeométrica e Poisson.

4.3 ▪ Bernoulli

Uma escola pública do interior do estado usa um enlace de rádio para conseguir acesso à internet para os seus alunos. Infelizmente, em razão das condições climáticas e à distância entre a escola e o ponto de acesso da rede, nem sempre a comunicação é possível. O diretor da escola observou que a probabilidade de se conseguir a comunicação em um dia qualquer é p, em que $0 \leq p \leq 1$. Logo, a probabilidade de não ter acesso à grande rede é $1 - p$. Isso significa que, se $p = 0,45 = 45\%$, há 55% de probabilidade de os alunos não conseguirem usar a internet em um determinado dia letivo.

Note que podemos representar esse problema por uma variável aleatória com espaço de variação $\{0, 1\}$, em que 1 representa o sucesso (com probabilidade p) e 0, o fracasso (com probabilidade $1 - p$). Neste tipo de experimento, denominamos "sucesso" o evento de interesse ser satisfeito. Caso contrário, ocorre "fracasso". Ou seja, no exemplo do parágrafo anterior, "sucesso" consiste em conseguir a comunicação via Internet, ao passo que não conseguir tal comunicação é tomado como "fracasso".

De maneira geral, uma variável aleatória X com espaço de variação $\mathbb{R}_X = \{0, 1\}$, em que 0 representa o "fracasso" e 1 representa o "sucesso", é dita ter distribuição de Bernoulli com parâmetro $p = P(X = 1) = P(\text{"sucesso"})$. Essa distribuição é conhecida por Bernoulli em homenagem ao matemático suíço que iniciou o estudo deste tipo de variável aleatória.

As Equações 4.14 e 4.15 mostram a FMP e a FDA para a variável aleatória de Bernoulli.

$$p_X(i) = \begin{cases} 1-p &, \text{ se } i = 0, \\ p &, \text{ se } i = 1, \\ 0 &, \text{ nos outros casos.} \end{cases} \quad (4.14)$$

$$F_X(k) = \begin{cases} 0 &, \text{ se } k < 0, \\ 1-p &, \text{ se } 0 \leq k < 1, \\ 1 &, \text{ se } k \geq 1. \end{cases} \quad (4.15)$$

A Figura 4.5 ilustra as funções acima para $p = 0{,}6$. Isto significa que a probabilidade de sucesso a cada tentativa é de 60%.

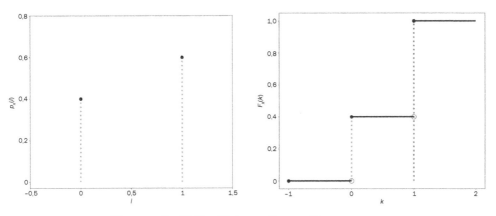

Figura 4.5 FMP e FDA para Bernoulli com $p = 0{,}6$.

A Tabela 4.2 mostra medidas calculadas para uma variável aleatória com distribuição de Bernoulli com parâmetro p.

Tabela 4.2 Medidas de uma variável aleatória discreta com distribuição de Bernoulli com parâmetro p

	Bernoulli	
1º Momento	Média	p
2º Momento	Variância	$p(1-p)$

Exemplos

1. Um pacote de dados, ao ser transmitido em um canal de comunicação, pode sofrer alguma modificação (erro) com probabilidade 2%. Qual a probabilidade de um pacote ser transmitido com sucesso?
   Resposta – Neste caso, $p = 0,98$ e $1 - p = 0,02$. Portanto, há 98% de probabilidade de que um pacote seja transmitido com sucesso. Se 1.000 pacotes são transmitidos (independentemente), espera-se que erros ocorram, em média, em 20 pacotes.

2. Uma pessoa joga uma moeda e decide ir embora da festa se o resultado for Cara. Ela ficará mais tempo na festa se o resultado for Coroa. Sabendo que a moeda não é viciada, qual a probabilidade dessa pessoa ir mais cedo para casa?
   Resposta – Neste caso, temos $p = 0,5$ e $1 - p = 0,5$. Logo, há 50% de probabilidade de essa pessoa não continuar na festa.

4.4 Geométrica

Considere que, para um usuário que usa acesso discado na Internet, a probabilidade de sucesso em obter a conexão em cada tentativa é p e de insucesso é $1-p$. A variável aleatória que conta o número de tentativas até que ocorra o primeiro sucesso é dita ter distribuição geométrica com parâmetro p. Podemos dizer que este tipo de variável aleatória corresponde ao número de experimentos de Bernoulli necessários para se obter um sucesso.

Considerando $0 < p < 1$ e $i \in \{1, 2, ...\}$, a FMP e a FDA da distribuição geométrica com parâmetro p são calculadas, respectivamente, pelas Equações 4.16 e 4.17.

$$p_X(i) = \begin{cases} (1-p)^{i-1}p & , \text{ se } i = 1, 2, ..., \\ 0 & , \text{ nos outros casos,} \end{cases} \quad (4.16)$$

$$F_X(k) = \begin{cases} 0 & , \text{ se } k < 1, \\ 1 - (1-p)^{\lfloor k \rfloor} & , \text{ se } k \geq 1, \end{cases} \qquad (4.17)$$

relembrando que $\lfloor k \rfloor$ representa a parte inteira de k, ou seja, o maior número inteiro menor ou igual a k. De fato, por meio da fórmula da soma dos primeiros $\lfloor k \rfloor$ termos de uma progressão geométrica iniciada em p e com quociente $1 - p$, não é difícil provar, para qualquer $k \geq 1$, que

$$F_X(k) = \sum_{i=1}^{\lfloor k \rfloor} (1-p)^{i-1} p = 1 - (1-p)^{\lfloor k \rfloor}.$$

A Figura 4.6 ilustra a FMP e a FDA de uma variável aleatória geométrica com $p = 0{,}6$. Note que, para este exemplo, a probabilidade de obter sucesso na primeira tentativa é de 60%. A Tabela 4.3 sintetiza algumas medidas de uma variável aleatória com distribuição geométrica com parâmetro p.

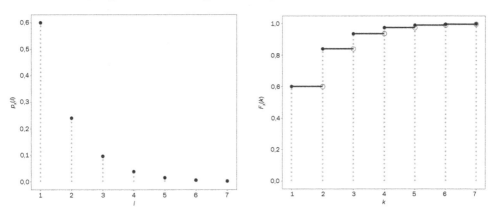

Figura 4.6 FMP e FDA de uma variável aleatória geométrica com $p = 0{,}6$.

Uma característica interessante da distribuição geométrica é a falta de memória. Vejamos o que isto significa com um exemplo. Considere X como o número de jogadas de um dado honesto até que se obtenha o número 6. Se o dado já foi jogado 2 vezes, sem que o número 6 aparecesse, qual a probabilidade de serem necessárias pelo menos mais 3 jogadas? Sabemos que o resultado de um lançamento não interfere nos lançamentos seguintes (sem memória). Portanto, podemos calcular:

$$\begin{aligned} P(X \geq 5 | X > 2) &= P(X \geq 3) = 1 - P(X < 3) \\ &= 1 - P(X = 1) - P(X = 2) \\ &= 1 - \frac{1}{6} - \frac{5}{36} = \frac{25}{36} \approx 0{,}69. \end{aligned}$$

Tabela 4.3 Medidas de uma variável aleatória com distribuição geométrica com parâmetro p

	Geométrica		
1º Momento	$\dfrac{1}{p}$	Média	$\dfrac{1}{p}$
2º Momento	$\dfrac{2-p}{p^2}$	Variância	$\dfrac{1-p}{p^2}$

De maneira geral, se X é uma variável aleatória com distribuição geométrica com parâmetro p, então para quaisquer números inteiros não negativos s e t, temos

$$P(X > s+t | X > s) = P(X > t).$$

A Figura 4.7 mostra a média, a variância e a FMP de três variáveis aleatórias seguindo distribuição geométrica com diferentes valores de p (os pontos das funções foram interligados para facilitar a visualização). Observe que a variável aleatória com a maior variância corresponde à curva que possui menores probabilidades em torno da média quando comparado às outras curvas, e que a variável aleatória com a menor variância concentra 90% de probabilidade próxima ao valor da média.

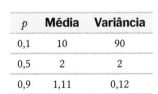

p	Média	Variância
0,1	10	90
0,5	2	2
0,9	1,11	0,12

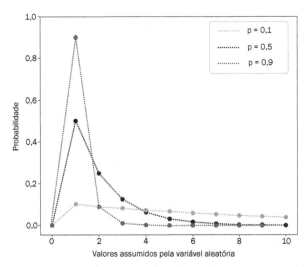

Figura 4.7 FMP com diferentes valores de p.

Exemplo 4.4a Ao lançar uma moeda viciada, existe probabilidade de 60% de ocorrer Coroa. Tal moeda será lançada sucessivamente.

- Qual a probabilidade de ocorrer Cara apenas no terceiro lançamento?
  Resposta
  $$P(X = 3) = (0,6)^2 \times 0,4 = 0,144.$$

- Qual a probabilidade de serem necessários de três a seis lançamentos para se obter Cara?
  Resposta
  $$P(3 \leq X \leq 6) = \sum_{i=3}^{6}(0{,}6)^{i-1} \times 0{,}4 \approx 0{,}313.$$

- Qual a probabilidade de serem necessários mais de seis lançamentos para se obter Cara, dado que os dois primeiros lançamentos resultaram em Coroa?
  Resposta – Uma variável aleatória que segue distribuição geométrica tem como característica a falta de memória. Isto significa que a questão quer saber a probabilidade de ocorrerem mais de quatro lançamentos da moeda antes de ocorrer uma Cara.
  $$P(X > 6 | X > 2) = P(X > 4) = 1 - \sum_{i=1}^{4}(0{,}6)^{i-1} \times 0{,}4 = 0{,}1296.$$

- Qual a probabilidade de serem necessários mais de um lançamento dado que se obtém Cara em menos de quatro lançamentos?
  Resposta – Como se trata de uma probabilidade condicional, podemos usar a Equação 2.4.
  $$\begin{aligned}P(X > 1 | X < 4) &= \frac{P(\{X > 1\} \cap \{X < 4\})}{P(X < 4)} = \frac{P(1 < X < 4)}{P(X < 4)}\\ &= \frac{P(X = 2) + P(X = 3)}{P(X = 1) + P(X = 2) + P(X = 3)}\\ &= \frac{0{,}6 \times 0{,}4 + (0{,}6)^2 \times 0{,}4}{0{,}4 + 0{,}6 \times 0{,}4 + (0{,}6)^2 \times 0{,}4} = \frac{0{,}384}{0{,}784} \approx 0{,}49.\end{aligned}$$

Exemplo 4.4b Uma conexão discada com a Internet é completada com sucesso em 80% das tentativas.

- Qual a probabilidade de se precisar de menos de cinco tentativas para obter uma conexão?
  Resposta
  $$P(X < 5) = \sum_{i=1}^{4}(0{,}2)^{i-1} \times 0{,}8 = 0{,}9984.$$

- Quantas tentativas, em média, são necessárias para se obter a conexão?
  Resposta
  $$E[X] = \frac{1}{0{,}8} = 1{,}25.$$

- Quantas tentativas, em média, terminam em fracasso até que se obtenha a conexão?
  Resposta – Note que a variável aleatória de interesse aqui é $Y = X - 1$, donde queremos obter $E[Y]$. Por meio da Equação 4.12, temos

$$E[Y] = E[X] - 1 = \frac{1}{p} - 1 = \frac{1}{0,8} - 1 = 1,25 - 1 = 0,25.$$

4.5 Binomial

Considere o laboratório de uma universidade com n máquinas que passam por manutenção todas as segundas-feiras de manhã. A probabilidade de uma máquina não apresentar qualquer tipo de problema durante a manutenção é p e a probabilidade da máquina está com algum defeito é $1 - p$. Considere também que o defeito de uma máquina não provoca defeitos nas outras máquinas do laboratório (as máquinas funcionam de maneira independente). Podemos então dizer que este exemplo corresponde a n experimentos independentes e identicamente distribuídos (iid), onde cada experimento tem distribuição Bernoulli com parâmetro p. Se a variável aleatória de interesse X corresponde ao número de sucessos obtidos nestes n experimentos, então X é uma variável aleatória binomial com parâmetros n e p. A FMP e a FDA desta distribuição são mostradas, respectivamente, nas Equações 4.18 e 4.19.

$$p_X(i) = \begin{cases} \binom{n}{i} p^i (1-p)^{n-i} &, \text{ se } i = 0,1,\ldots,n, \\ 0 &, \text{ nos outros casos.} \end{cases} \quad (4.18)$$

$$F_X(k) = \begin{cases} 0 &, \text{ se } k < 0, \\ \sum_{i=0}^{\lfloor k \rfloor} \binom{n}{i} p^i (1-p)^{n-i} &, \text{ se } 0 \leq k < n, \\ 1 &, \text{ se } k \geq n. \end{cases} \quad (4.19)$$

Como exemplo, considere uma variável aleatória binomial com $n = 20$ e $p = 0,6$. A Figura 4.8 apresenta os gráficos da FMP e da FDA para essa variável aleatória.

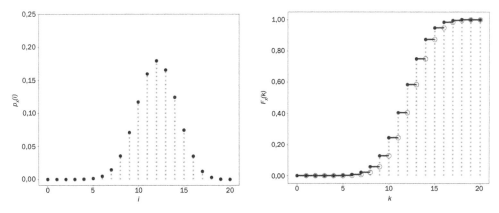

Figura 4.8 FMP e FDA para a binomial com $n = 20$ e $p = 0,6$.

A Tabela 4.4 apresenta algumas medidas de uma variável aleatória seguindo distribuição binomial com parâmetros n e p.

Tabela 4.4 Medidas de uma variável aleatória discreta binomial

Binomial			
1º Momento	np	Média	np
2º Momento	$np(1 - p + np)$	Variância	$np(1 - p)$

A Figura 4.9 apresenta os valores da média e da variância para variáveis aleatórias com distribuição binomial que possuem um mesmo valor de n e diferentes valores de p. Além disso, também são mostradas as FMPs de cada uma dessas variáveis aleatórias. Observe que a curva da função de cada variável aleatória se concentra em torno da média. É também interessante notar que a FMP da variável aleatória com $p = 0,5$, por possuir maior varância, mostra valores menores de probabilidade em torno da média com relação às outras curvas.

Exemplo 4.5a Na transmissão de 1 *bit*, erros ocorrem com probabilidade de 1%.

- Qual a probabilidade de 2 erros de *bit* ocorrerem na transmissão de 1 *byte*? Considere que as transmissões dos *bits* são independentes entre si.
  Resposta

$$P(X = 2) = \binom{8}{2}(0,99)^6(0,01)^2 \approx 0,003.$$

- Qual a probabilidade de um *byte* ser transmitido corretamente?
  Resposta

$$P(X = 0) = \binom{8}{0}(0,99)^8(0,01)^0 \approx 0,923.$$

p	Média	Variância
0,1	2	1,8
0,5	10	5,0
0,9	18	1,8

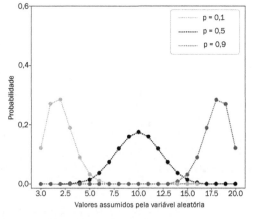

Figura 4.9 Binomiais com diferentes valores de p.

- Qual a probabilidade de, no máximo, 1 erro ocorrer na transmissão de 1 *byte*?
Resposta

$$P(X=0) + P(X=1) = \binom{8}{0}(0{,}99)^8(0{,}01)^0 + \binom{8}{1}(0{,}99)^7(0{,}01)^1 \approx 0{,}997.$$

- Em média, quantos *bits* são transmitidos com sucesso em 1 *byte*?
Resposta

$$E[X] = 8 \times 0{,}99 = 7{,}92.$$

Exemplo 4.5b Um grande sistema de banco de dados (BD) possui 5 cópias dos seus dados espalhadas pelo país. Considera-se que o sistema é eficaz quando pelo menos 3 cópias estão funcionando corretamente.

- Se a probabilidade de falha de qualquer uma dessas cópias é de 15%, qual a probabilidade de este sistema estar operando corretamente?
Resposta

$$\sum_{i=3}^{5} P(X=i) = \sum_{i=3}^{5} \binom{5}{i}(0{,}85)^i(0{,}15)^{5-i} \approx 0{,}973.$$

- Em média, quantas cópias do BD funcionam corretamente ao mesmo tempo?
Resposta

$$E[X] = 5 \times 0{,}85 = 4{,}25.$$

4.6 Binomial Negativa

Em um dia com muito problemas técnicos, uma empresa decide fazer uma cópia do banco de dados e colocar essa cópia em diferentes repositórios da internet. Sabendo que a probabilidade de transmissão dos dados ser bem-sucedida é igual a p, quantas

i tentativas são necessárias até que a empresa consiga ter r cópias armazenadas em repositórios diferentes?

Note que não sabemos o número de vezes que será necessário transmitir a cópia dos dados até se obter r sucessos. Para que o r-ésimo sucesso ocorra na i-ésima tentativa, é necessário que ocorram $r-1$ sucessos nas $i-1$ tentativas anteriores (temos um problema envolvendo distribuição binomial para as primeiras $i-1$ tentativas) e que ocorra um sucesso na i-ésima tentativa. Assuma que as tentativas de transmissão são independentes ente si. Este tipo de evento pode ser modelado pela distribuição binomial negativa com parâmetros r e p, cujas FMP e FDA podem ser vistas, respectivamente, nas Equações 4.20 e 4.21, nas quais X é uma variável aleatória do tipo "número de tentativas até que ocorra o r-ésimo sucesso", r é um número inteiro positivo e $0 < p < 1$.

$$p_X(i) = \begin{cases} \binom{i-1}{r-1} p^r (1-p)^{i-r} &, \text{ se } i = r, r+1, \ldots, \\ 0 &, \text{ nos outros casos.} \end{cases} \quad (4.20)$$

$$F_X(k) = \begin{cases} 0 &, \text{ se } k < r, \\ \sum_{i=r}^{\lfloor k \rfloor} \binom{i-1}{r-1} p^r (1-p)^{i-r} &, \text{ se } k \geq r. \end{cases} \quad (4.21)$$

A Tabela 4.5 apresenta algumas medidas de uma variável aleatória com distribuição binomial negativa com parâmetros r e p.

Tabela 4.5 Medidas de uma variável aleatória seguindo binomial negativa com parâmetros r e p

Binomial Negativa			
1º Momento	$\dfrac{r}{p}$	Média	$\dfrac{r}{p}$
2º Momento	$\dfrac{r(1+r-p)}{p^2}$	Variância	$\dfrac{r(1-p)}{p^2}$

A Figura 4.10 exemplifica a FMP e a FDA para $r = 3$, $p = 0{,}35$ e $3 \leq n \leq 15$. Isso significa que a figura mostra apenas as probabilidades de zero a 12 falhas ($0 \leq k \leq 12$) nas tentativas de transmissão dos dados. Por exemplo, $P(X = 4) \approx 0{,}08$ (ocorre apenas uma falha) e $F(4) \approx 0{,}126$ (ocorre zero ou uma falha).

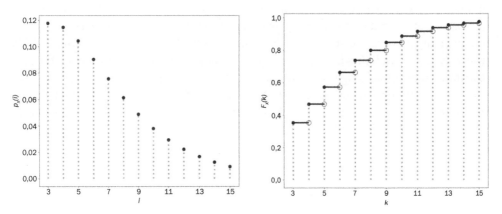

Figura 4.10 FMP e FDA da distribuição binomial negativa com $r = 3$ e $p = 0{,}35$.

Para finalizar, é importante ressaltar que a distribuição geométrica é um caso particular da binomial negativa quando $r = 1$.

Exemplo 4.6a A equipe de suporte de informática detectou que três computadores do setor de vendas estão com as placas de vídeo queimadas e que elas precisam ser substituídas. Enquanto espera a compra de novos HDs, o técnico responsável decide usar as placas de vídeo de computadores antigos. Suponha que existam 10 máquinas antigas e que a probabilidade de uma placa poder substituir uma das placas queimadas é de 40%.

- Qual a probabilidade de o técnico precisar testar cinco máquinas para encontrar as três placas?
  Resposta

$$P(X = 5) = \binom{4}{2}(0{,}4)^3(0{,}6)^2 \approx 0{,}138.$$

- Qual a probabilidade de o técnico precisar testar até cinco máquinas para encontrar as três placas?
  Resposta

$$P(3 \leq X \leq 5) = \sum_{i=3}^{5} P(X = i)$$

$$= \binom{2}{2}(0{,}4)^3(0{,}6)^0 + \binom{3}{2}(0{,}4)^3(0{,}6)^1 + \binom{4}{2}(0{,}4)^3(0{,}6)^2$$

$$\approx 0{,}064 + 0{,}115 + 0{,}138 \approx 0{,}317.$$

- Qual a probabilidade de o técnico precisar testar mais de cinco máquinas para encontrar as três placas?
Resposta

$$P(X > 5) = 1 - \sum_{i=3}^{5} P(X = i)$$

$$= 1 - \binom{2}{2}(0{,}4)^3(0{,}6)^0 - \binom{3}{2}(0{,}4)^3(0{,}6)^1 - \binom{4}{2}(0{,}4)^3(0{,}6)^2$$

$$\approx 1 - 0{,}064 - 0{,}115 - 0{,}138 \approx 0{,}683.$$

- Quantas placas, em média, precisam ser testadas para encontrar as três placas compatíveis?
Resposta – Para responder à questão, basta calcular o número médio de tentativas até o terceiro sucesso.

$$E[X] = \frac{3}{0{,}4} = 7{,}5.$$

- Qual a probabilidade de o técnico não encontrar as três placas que precisa?
Resposta – O número de placas compatíveis encontradas pode ser zero, um ou dois. Neste caso, deve-se usar uma variável aleatória X do tipo número de placas compatíveis encontradas nas 10 primeiras checagens, que, por sua vez, segue distribuição binomial com parâmetros $n = 10$ e $p = 0{,}4$.

$$P(X \leq 2) = P(X = 0) + P(X = 1) + P(X = 2)$$

$$= \binom{10}{0}(0{,}4)^0(0{,}6)^{10} + \binom{10}{1}(0{,}4)^1(0{,}6)^9 + \binom{10}{2}(0{,}4)^2(0{,}6)^8$$

$$\approx 0{,}006 + 0{,}040 + 0{,}121 \approx 0{,}167.$$

De maneira geral, se uma variável aleatória X segue distribuição binomial negativa com parâmetros r e p e uma variável aleatória Y segue distribuição binomial com parâmetros n e p, com $0 < p < 1$, $r \geq 1$ e $n \geq 1$, temos que

$$P(X > n) = P(Y < r).$$

Exemplo 4.6b Um serviço de páginas *web* é implementado com dois servidores idênticos: um servidor principal e um servidor de reserva (usado em caso de falha do primeiro servidor). A probabilidade de falha de um servidor é 0,001. Considere que as solicitações de serviço são independentes.

- Qual a probabilidade de os servidores falharem em até 4 solicitações de serviço?

Resposta – Observe que há sucesso quando um servidor falha. Assim, a questão quer saber a probabilidade de ocorrerem duas falhas em até quatro solicitações de serviço: a primeira falha sendo do servidor principal, e segunda, do servidor de reserva.

$$\begin{aligned} P(X \leq 4) &= P(X = 2) + P(X = 3) + P(X = 4) \\ &= \sum_{i=2}^{4} \binom{i-1}{1}(0{,}001)^2(0{,}999)^{i-2} \\ &\approx 1{,}000000 \times 10^{-6} + 1{,}998000 \times 10^{-6} + 2{,}994003 \times 10^{-6} \approx 5{,}992 \times 10^{-6}. \end{aligned}$$

- Após quantas solicitações se espera que os dois servidores falhem?
  Resposta – Para responder à questão, basta calcular o número médio de tentativas até o segundo sucesso, ou seja, segunda falha de servidor, que é a primeira (e única) do servidor de reserva. Portanto, o que está sendo solicitado é o valor esperado da variável aleatória X com distribuição de Pascal com parâmetros $r = 2$ e $p = 0{,}001$:

$$E[X] = \frac{2}{0{,}001} = 2000 \text{ solicitações.}$$

4.7 Hipergeométrica

Em uma aula de Arduino, o professor pediu que os n alunos, antes da aula, fossem à secretaria e pegassem, cada um, um *kit* com o material de aula. Antes de começar a aula, o professor leu um e-mail do técnico de suporte informando que dos N *kits* disponíveis, só K deles estão completos e podem ser usados em sala de aula. Portanto, $N − K$ *kits* apresentam algum tipo de problema. Qual a probabilidade de que k *kits*, entre os n *kits* retirados pelos alunos, estejam em condição de uso?

A variável aleatória de interesse para tal situação é do tipo "número de sucessos em n escolhas ao acaso e sem reposição de elementos de uma população com N elementos, dos quais K são sucessos". A distribuição hipergeométrica com parâmetros N, K e n é adequada para modelar este tipo de variável aleatória, pois

- os *kits* são classificados em dois grupos: usáveis (estão completos) e não usáveis (não estão completos), sendo cada retirada de *kit* um ensaio de Bernoulli;

- as retiradas dos *kits* são feitas sem reposição, ou seja, os ensaios não são independentes, uma vez que a probabilidade de retirar *kit* usável, tal como de retirar *kit* não usável, é influenciada pelas retiradas anteriores de *kits*.

A FMP de uma variável aleatória X com distribuição hipergeométrica com parâmetros N, K e n é mostrada pela Equação 4.22. Usando o exemplo dos *kits* de Arduino, sabemos que tanto k (número de *kits* retirados que estão completos) quanto

n (número total de *kits* retirados na secretaria) não podem ter valores maiores que N (número total de *kits* existentes na secretaria).

$$p_X(k) = \begin{cases} \dfrac{\binom{K}{k}\binom{N-K}{n-k}}{\binom{N}{n}} & , \text{ se } k = \max\{0\,;\,n+K-N\},\ldots,\min\{n\,;\,K\}, \\ \\ 0 & , \text{ nos outros casos.} \end{cases} \quad (4.22)$$

A FMP acima mostra que o espaço de variação de uma variável aleatória com esta distribuição consiste no conjunto $\{\max\{0\,;\,n+K-N\},\ldots,\min\{n\,;\,r\}\}$. Voltando ao exemplo dos *kits* de Arduino a título de ilustração, é natural imaginar que k (número de *kits* retirados que estão completos) é menor que n (número total de *kits* retirados) e também menor que K (número de *kits* completos entre os N disponíveis), uma vez que as escolhas são feitas sem reposição. Isso implica $k \leq \min\{n\,;\,K\}$. Com relação ao menor valor que k pode assumir (isto é, $\max\{0\,;\,n+K-N\}$), ele é diferente de zero apenas quando $n + K - N$ é um número positivo. Para tal, $n + K$ deve ser maior que N. Seguem alguns exemplos para maior clareza:

1. Se há $N = 100$ *kits* disponíveis, dos quais $K = 60$ estão completos e a turma tem $n = 30$ alunos, então o número de *kits* completos pegos pelos alunos será um valor inteiro de 0 até 30.

2. Se há $N = 100$ *kits* disponíveis, dos quais $K = 20$ estão completos e a turma tem $n = 30$ alunos, então o número de *kits* completos pegos pelos alunos será um valor inteiro de 0 até 20.

3. Se há $N = 50$ *kits* disponíveis, dos quais $K = 40$ estão completos e a turma tem $n = 30$ alunos, então o número de *kits* completos pegos pelos alunos será um valor inteiro de 20 até 30. De fato, é impossível a turma pegar menos de 20 *kits* completos pelo fato de ela poder pegar, no máximo, $N - K = 10$ *kits* com algum tipo de problema.

4. Se há $N = 45$ *kits* disponíveis, dos quais $K = 25$ estão completos e a turma tem $n = 30$ alunos, então o número de *kits* completos pegos pelos alunos será um valor inteiro de 10 até 25. De fato, é impossível a turma pegar menos de 10 *kits* completos pelo fato de ela poder pegar, no máximo, $N - K = 20$ *kits* com algum tipo de problema.

A FDA de uma variável aleatória com distribuição hipergeométrica com parâmetros N, K e n segue na Equação 4.23, em que $M = \max\{0\,;\,n + K - N\}$.

$$F_X(k) = \begin{cases} 0 & ,\ \text{se } k < M, \\ \sum_{j=M}^{\lfloor k \rfloor} \dfrac{\binom{K}{j}\binom{N-K}{n-j}}{\binom{N}{n}} & ,\ \text{se } M \leq k < \min\{n\,;\,K\}, \\ 1 & ,\ \text{se } k \geq \min\{n\,;\,K\}. \end{cases} \quad (4.23)$$

Para o exemplo discutido aqui, seja X o número de *kits* completos entre os 30 selecionados. Podemos verificar as probabilidades para diferentes valores de N, K e n. Suponha agora $N = 30$, $K = 20$ e $n = 10$. Isso significa que, dos 30 *kits* guardados na secretaria, 20 *kits* estão completos e adequados para o uso em sala de aula. Sabendo que 10 *kits* foram retirados pelos alunos, quantos desses *kits* estão em condição de uso? A Figura 4.11 plota a FMP e a FDA da distribuição hipergeométrica com $N = 30$, $K = 20$ e $n = 10$, de $\max\{0\,;\,n + K - N\} = 0$ até $\min\{n\,;\,K\} = 10$. Por exemplo, $P(X = 7) \approx 0{,}31$ (probabilidade de sete *kits* selecionados estarem completos) e $F_X(6) \approx 0{,}44$ (probabilidade de até seis *kits* selecionados estarem completos). Note que $F_X(k) = 1{,}0$ para $k > 10$.

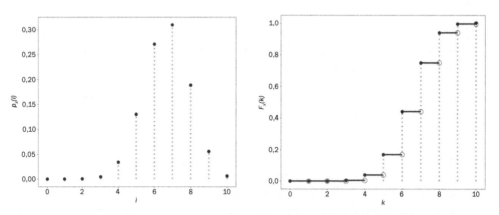

Figura 4.11 FMP e FDA da distribuição hipergeométrica com $N = 30$, $K = 20$ e $n = 10$.

Considere agora que $N = 30$, $K = 10$ e $n = 25$. Temos então 10 *kits* completos e 20 *kits* incompletos. Como $n + K - N = 5$, sabemos que a seleção terá, pelo menos, 5 *kits* completos (no máximo 20 *kits* podem estar incompletos). Ainda, como $\min n\,;\,K = 10$, a seleção terá, no máximo, 10 *kits* completos. Portanto, $\mathbb{R}_X = \{5,6,7,8,9,10\}$. Isto significa que $P(X < 5) = 0$ e $P(X > 10) = 0$. A Figura 4.12 mostra a FMP e a FDA correspondentes a este caso. Por exemplo, $P(X = 8) \approx 0{,}36$ (probabilidade de oito *kits* selecionados estarem completos) e $F_X(8) \approx 0{,}55$ (probabilidade de até oito *kits* selecionados estarem completos).

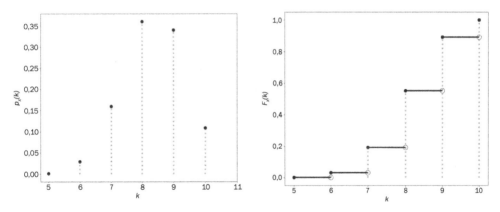

Figura 4.12 FMP e FDA distribuição hipergeométrica com $N = 30$, $K = 10$ e $n = 25$.

A Tabela 4.6 apresenta algumas medidas para uma variável aleatória com distribuição hipergeométrica com parâmetros N, K e n, em que $p = K/N$.

Tabela 4.6 Medidas de uma variável aleatória com distribuição hipergeométrica de parâmetros N, K e n

Hipergeométrica			
1º Momento	np	Média	np
2º Momento	$\dfrac{np(N(1-p) - n(1-pN))}{N-1}$	Variância	$np(1-p)\dfrac{N-n}{N-1}$

Quando $N \to \infty$ e $n/N < 0{,}10$, a distribuição hipergeométrica com parâmetros N, K e n tende para a distribuição binomial com parâmetros n e $p = K/N$. A Tabela 4.7 mostra exemplos dessa aproximação.

Tabela 4.7 Comparação entre distribuição hipergeométrica com parâmetros N, K e n e distribuição binomial com parâmetros n e $p = K/N$

	$N = 320$, $K = 30$, $n = 5$, $p = 0{,}09$					
k	0	1	2	3	4	5
Hipergeométrica	0,60929	0,31956	0,06458	0,00628	0,00029	0,00001
Binomial	0,61128	0,31618	0,06542	0,00677	0,00035	0,00001
	$N = 500$, $K = 40$, $n = 5$, $p = 0{,}08$					
k	0	1	2	3	4	5
Hipergeométrica	0,65793	0,28857	0,04925	0,00409	0,00016	0,00000
Binomial	0,65908	0,28656	0,04984	0,00433	0,00019	0,00000

Exemplo 4.7a Uma pessoa aposta em 8 números da Mega-Sena. Qual a probabilidade de essa pessoa acertar acertar o prêmio principal?
Resposta – Temos que $N = 60$ (total de números da Mega-Sena), $K = 8$ (quantidade de números apostados) e $n = 6$ (quantidade de números que serão sorteados na Mega-Sena). Como $\min\{6\,;\,8\} = 6$, podemos simplesmente usar a Equação 4.22 para responder à questão:

$$P(X \geq 6) = P(X = 6) = \frac{\binom{8}{6}\binom{60-8}{6-6}}{\binom{60}{6}} \approx 5{,}593 \times 10^{-7}.$$

Exemplo 4.7b A Unirio comprou 100 computadores da empresa A e 200 computadores da empresa B. Quatro computadores foram selecionados ao acaso e enviados para a Biblioteca Central.

- Qual a probabilidade de os quatros computadores serem da empresa A?
  Resposta – Sabemos que $N = 300$, $K = 100$ e $n = 4$. Logo,

$$P(X = 4) = \frac{\binom{100}{4}\binom{200}{0}}{\binom{300}{4}} \approx 0{,}012.$$

- Qual a probabilidade de pelo menos dois computadores serem da empresa A?
  Resposta – Usando a mesma distribuição do item anterior, temos

$$P(X \geq 2) = 1 - P(X = 0) - P(X = 1)$$

$$= 1 - \frac{\binom{100}{0}\binom{200}{4}}{\binom{300}{4}} - \frac{\binom{100}{1}\binom{200}{3}}{\binom{300}{4}}$$

$$\approx 1 - 0{,}196 - 0{,}397 \approx 0{,}407.$$

4.8 Poisson

Uma variável aleatória com distribuição de Poisson representa o número de ocorrências de um evento em um determinado período de tempo (também válida para intervalos de comprimento, superfície e volume), desde que este experimento de contagem siga o chamado processo de Poisson. Essas ocorrências são aleatórias e independentes entre si. Tal distribuição tem apenas um parâmetro, denotado por λ, que expressa o número médio de ocorrências do evento em questão no mesmo período definido na distribuição da variável aleatória

Para X uma variável aleatória seguindo distribuição de Poisson com parâmetro $\lambda > 0$, sua FMP e sua FDA são expressas nas Equações 4.24 e 4.25. A Figura 4.13 mostra a FMP e a FDA de uma variável aleatória Poisson com $\lambda = 4$. A Figura 4.14 compara as curvas da função massa de probabilidade de variáveis aleatórias Poisson com $\lambda = 10$, $\lambda = 30$ e $\lambda = 50$. Como esperado, probabilidades maiores ocorrem em torno da média para o menor λ especificado (tem também a menor variância).

A Tabela 4.8 apresenta as medidas de Poisson.

$$p_X(i) = \begin{cases} \dfrac{\lambda^i e^{-\lambda}}{i!} &, \text{ se } i = 0, 1, \ldots, \\ 0 &, \text{ nos outros casos.} \end{cases} \tag{4.24}$$

$$F_X(k) = \begin{cases} 0 &, \text{ se } k < 0, \\ \displaystyle\sum_{i=0}^{\lfloor k \rfloor} \dfrac{\lambda^i e^{-\lambda}}{i!} &, \text{ se } k \geq 0. \end{cases} \tag{4.25}$$

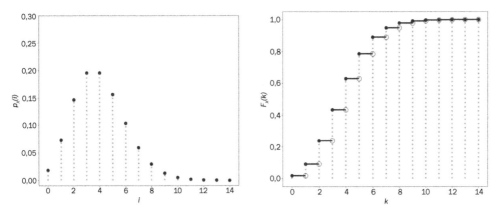

Figura 4.13 FMP e FDA de uma variável aleatória com distribuição de Poisson com $\lambda = 4$.

Tabela 4.8 Medidas de uma variável aleatória com distribuição de Poisson com parâmetro λ

Poisson			
1=q 1º Momento	λ	Média	λ
2º Momento	$\lambda + \lambda^2$	Variância	λ

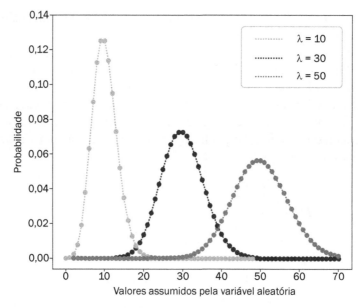

Figura 4.14 FMPs da distribuição de Poisson com diferentes valores de λ.

Quando uma variável aleatória do tipo "número de ocorrências em 1 unidade de medida" segue distribuição de Poisson com parâmetro λ, o número destas ocorrências em t unidades de medida segue distribuição de Poisson com parâmetro $\lambda \times t$.

Exemplo 4.8b Suponha que o número de carros por minuto que passam em certo trecho de uma rodovia siga distribuição Poisson com $\lambda = 2$, ou seja, em média, passam 2 carros por minuto neste trecho.

- Qual a probabilidade de que (exatamente) 5 carros passem em um determinado minuto?
  Resposta
  $$P(X = 5) = \frac{2^5 e^{-2}}{5!} \approx 0{,}036.$$

- Qual a probabilidade de que mais de 2 carros passem em um determinado minuto?
  Resposta
  $$\begin{aligned} P(X > 2) &= 1 - P(X = 0) - P(X = 1) - P(X = 2) \\ &\approx 1 - 0{,}135 - 0{,}271 - 0{,}271 = 0{,}323. \end{aligned}$$

- Qual a probabilidade de que mais de 2 carros passem em 3 minutos?
  Resposta – Neste caso, o parâmetro a ser utilizado é $\lambda \times t = 2 \times 3 = 6$.
  $$\begin{aligned} P(X > 2) &= 1 - P(X = 0) - P(X = 1) - P(X = 2) \\ &\approx 1 - 0{,}002 - 0{,}015 - 0{,}045 = 0{,}938. \end{aligned}$$

Uma observação importante é que podemos usar a distribuição de Poisson como uma aproximação da distribuição binomial quando a probabilidade de sucesso (parâmetro p) é muito pequena e o total de ensaios (parâmetro n) é muito grande. Neste caso, usa-se $\lambda = np$ como parâmetro para a distribuição (aproximada) de Poisson. Normalmente, esta substituição é feita quando $n \geq 100$ e $np \leq 10$. A Tabela 4.9 apresenta uma comparação entre as duas distribuições para $n = 100$ e $p = 0,01$.

Tabela 4.9 Comparação entre distribuições binomial e de Poisson

X	Binomial	Poisson	X	Binomial	Poisson
0	0,366032	0,367879	6	0,000463451	0,000510944
1	0,36973	0,367879	7	$6,28635 \times 10^{-5}$	$7,2992 \times 10^{-5}$
2	0,184865	0,18394	8	$7,38169e \times 10^{-6}$	$9,12399 \times 10^{-6}$
3	0,0609992	0,0613132	9	$7,62195 \times 10^{-7}$	$1,01378 \times 10^{-6}$
4	0,0149417	0,0153283	10	$7,00604 \times 10^{-8}$	$1,01378 \times 10^{-7}$
5	0,00289779	0,00306566	11	$5,79011 \times 10^{-9}$	$9,21616 \times 10^{-9}$

É importante observar que a Poisson difere da binomial em dois aspectos:

1. A distribuição binomial varia de acordo com os parâmetros n e p, enquanto a distribuição de Poisson é afetada apenas pelo parâmetro λ.

2. Uma variável aleatória com distribuição binomial assume valores entre zero e n, enquanto uma variável aleatória com distribuição Poisson pode assumir qualquer valor inteiro não negativo.

Exemplo 4.8a A Escola de Informática Aplicada recebeu 100 computadores para os laboratórios. Suponha que a probabilidade de uma determinada máquina ter defeito é 1%.

- Qual é a probabilidade de (exatamente) 3 máquinas apresentarem problemas?
  Resposta – Usando, inicialmente, a distribuição exata que modela este problema (binomial com parâmetros $n = 100$ e $p = 0,01$), temos

$$P(X = 3) = \binom{100}{3}(0,01)^3 0,99^{97} \approx 0,061.$$

Usando agora a distribuição de Poisson com $\lambda = 100 \times 0,01 = 1$, temos

$$P(X = 3) = \frac{e^{-1}}{3!} \approx 0,061.$$

- Quantas máquinas com problema se espera encontrar no lote?
  Resposta

$$E[X] = np = \lambda = 1.$$

4.9 ▪ Exercícios Resolvidos

1. Considere que uma variável aleatória discreta X possui a seguinte função de probabilidade:

$$p_X(i) = \begin{cases} \dfrac{k}{i+1} & , \quad \text{se } i = 1, 3, 5, \\ 0 & , \quad \text{nos outros casos.} \end{cases}$$

   (a) Qual o valor de k?
   Resposta – Sabemos que a soma das probabilidades é igual a 1. Então,
   $$p_X(1) + p_X(3) + p_X(5) = 1$$
   $$\frac{k}{1+1} + \frac{k}{3+1} + \frac{k}{5+1} = 1$$
   $$\frac{k}{2} + \frac{k}{4} + \frac{k}{6} = 1$$
   $$\frac{11k}{12} = 1 \Rightarrow k = \frac{12}{11}.$$

   (b) Qual a função distribuição de X?
   Resposta – Note que $p_X(1) = \frac{6}{11}$, $p_X(3) = \frac{3}{11}$ e $p_X(5) = \frac{2}{11}$. Logo,

   $$F_X(i) = \begin{cases} 0 & , \quad \text{se } i < 1, \\ \dfrac{6}{11} & , \quad \text{se } 1 \leq i < 3, \\ \dfrac{9}{11} & , \quad \text{se } 3 \leq i < 5, \\ 1 & , \quad \text{se } i \geq 5. \end{cases}$$

2. A distribuição de probabilidades do número de computadores vendidos em uma loja, por semana, é mostrada na Tabela 4.10. O lucro com cada venda é de R$ 1.200,00.

   Tabela 4.10 Probabilidade de vendas de i computadores em uma semana

i	0	1	2	3	4
$p_X(i)$	0,3	0,2	0,3	0,1	0,1

   (a) Qual o lucro esperado em uma semana?
   Resposta – O número médio de computadores vendidos por semana é (Equação 4.7):

$$E[X] = 0 \times 0{,}3 + 1 \times 0{,}2 + 2 \times 0{,}3 + 3 \times 0{,}1 + 4 \times 0{,}1 = 1{,}5.$$

Então, o lucro médio é igual a $1{,}5 \times$ R\$ 1.200,00 = R\$ 1.800,00.

(b) Qual é o desvio padrão do lucro?
Resposta – O segundo momento de X é:

$$E[X^2] = 0^2 \times 0{,}3 + 1^2 \times 0{,}2 + 2^2 \times 0{,}3 + 3^2 \times 0{,}1 + 4^2 \times 0{,}1 = 3{,}9.$$

A variância de X é calculada com o primeiro e o segundo momento de X (Equação 4.8). O desvio padrão é a raiz quadrada da variância (Equação 4.9).

$$\begin{aligned} Var[X] &= E[X^2] - E[X]^2 = 3{,}9 - (1{,}5)^2 = 1{,}65. \\ DP(X) &= \sqrt{1{,}65} \approx 1{,}28. \end{aligned}$$

Logo, o desvio padrão do preço é igual a $1{,}28 \times$ R\$ 1.200,00 = R\$ 1.536,00.

3. No segundo turno da eleição municipal, 40% da população é favorável ao candidato A. Se 10 eleitores são selecionados ao acaso, com reposição, qual a probabilidade de pelo menos 6 deles serem favoráveis ao candidato A?
Resposta – Quando um experimento consiste em uma sequência de n tentativas independentes e o resultado de cada tentativa pode ser apenas sucesso ou fracasso, usamos a distribuição binomial com parâmetros n e p quando o interesse reside no número de sucessos nestas n tentativas (lembrando que p é a probabilidade de sucesso em cada tentativa), cuja FMP segue na Equação 4.18.

$$\sum_{i=6}^{10} \binom{10}{i} (0{,}4)^i (0{,}6)^{10-i} \approx 0{,}166.$$

4. Calcule a função massa de probabilidade e a função distribuição acumulada da variável aleatória que representa o número de Caras no lançamento de três moedas.
Resposta – Seja X a variável aleatória que representa o número de Caras obtido com o lançamento de três moedas. A FMP é então definida por

$$p_X(0) = P(X=0) = \binom{3}{0}\left(\frac{1}{2}\right)^0 \left(\frac{1}{2}\right)^3 = \frac{1}{8},$$

$$p_X(1) = P(X=1) = \binom{3}{1}\left(\frac{1}{2}\right)^1 \left(\frac{1}{2}\right)^2 = \frac{3}{8},$$

$$p_X(2) = P(X=2) = \binom{3}{2}\left(\frac{1}{2}\right)^2 \left(\frac{1}{2}\right)^1 = \frac{3}{8},$$

$$p_X(3) = P(X=3) = \binom{3}{3}\left(\frac{1}{2}\right)^3 \left(\frac{1}{2}\right)^0 = \frac{1}{8}.$$

É possível então representar a FMP por

$$p_X(i) = P(X = i) = \binom{3}{i} \left(\frac{1}{2}\right)^i \left(\frac{1}{2}\right)^{3-i},$$

em que $i = 0,1,2,3$. Neste caso, a FDA de X é dada por

$$F_X(k) = \begin{cases} 0 & , \text{ se } k < 0, \\ 1/8 & , \text{ se } 0 \leq k < 1, \\ 4/8 & , \text{ se } 1 \leq k < 2, \\ 7/8 & , \text{ se } 2 \leq k < 3, \\ 1 & , \text{ se } k \geq 3. \end{cases}$$

5. Uma urna contém quatro bolas brancas, três bolas vermelhas e duas bolas azuis. Duas bolas são selecionadas aleatoriamente. Se X é o número de bolas brancas selecionadas:

   (a) Qual o espaço amostral deste experimento?
   Resposta – Sejam B a bola branca, V a bola vermelha e A a bola azul. Então

   $$\Omega = \{(B,B), (B,V), (B,A), (V,B), (V,V), (V,A), (A,B), (A,V), (A,A)\}.$$

   (b) Quais os possíveis valores de X?
   Resposta – O número de combinações possíveis para retirar duas bolas da urna corresponde a $\binom{9}{2}$. Portanto, a FMP de X é definida por

   $$P(X = 0) = \frac{\binom{5}{2}}{\binom{9}{2}} = \frac{5}{18},$$

   $$P(X = 1) = \frac{\binom{4}{1}\binom{3}{1} + \binom{4}{1}\binom{2}{1}}{\binom{9}{2}} = \frac{10}{18},$$

   $$P(X = 2) = \frac{\binom{4}{2}}{\binom{9}{2}} = \frac{3}{18}.$$

(c) Qual a probabilidade de nenhuma bola branca ser selecionada?
Resposta – Neste caso, $X = 0$. Logo, $P(X = 0) = \dfrac{5}{18}$.

6. Um número de três dígitos é escolhido aleatoriamente. Determine a função massa de probabilidade de X que corresponde à quantidade de dígitos com valor menor que 4.
Resposta – Existem 10 dígitos diferentes na base decimal: $0, 1, \ldots, 8, 9$. O que queremos verificar é a quantidade de dígitos menores que 4 em um número com 3 dígitos. Por exemplo, 531 possui 2 dígitos com valores menores que 4. Considerando que os números sempre têm três dígitos (as posições à esquerda do número são preenchidas com zero), sabemos que a probabilidade de um dígito, escolhido aleatoriamente, ser menor que 4 é igual a 4/10, e que a probabilidade de um dígito ser maior que ou igual a 4 é igual a 6/10. Logo, basta usar a FMP da distribuição binomial com parâmetros $n = 3$ e $p = 4/10$ para responder à questão.

$$P(X = 0) = \binom{3}{0}\left(\frac{4}{10}\right)^0\left(\frac{6}{10}\right)^3 = 0{,}216,$$

$$P(X = 1) = \binom{3}{1}\left(\frac{4}{10}\right)^1\left(\frac{6}{10}\right)^2 = 0{,}432,$$

$$P(X = 2) = \binom{3}{2}\left(\frac{4}{10}\right)^2\left(\frac{6}{10}\right)^1 = 0{,}288,$$

$$P(X = 3) = \binom{3}{3}\left(\frac{4}{10}\right)^3\left(\frac{6}{10}\right)^0 = 0{,}064.$$

7. Suponha que uma moeda, que tem probabilidade 0,6 de mostrar Cara, é lançada cinco vezes. Seja X o número de Caras que aparece nos lançamentos. Determine a função massa de probabilidade de X.
Resposta – A variável aleatória X tem distribuição binomial com parâmetros $n = 5$ e $p = 0{,}6$, logo sua FMP é dada pela Equação 4.18.

$$P(X = i) = \binom{5}{i}(0{,}6)^i(0{,}4)^{(5-i)},$$

com $i = 0, 1, \ldots, 5$.

8. Seja X uma variável aleatória que representa a diferença entre o número de Caras e o número de Coroas obtida quando uma moeda é lançada 10 vezes. Quais são os possíveis valores de X? Qual a função massa de probabilidade de X?

Resposta – Como serão realizados 10 lançamentos da moeda, obter i Caras implica obter $10-i$ Coroas, para $i = 0,1,\ldots,10$. Portanto, o conjunto de valores possíveis para X é

$$\{i-(10-i) : i = 0,1,\ldots,10\} = \{10, 8, 6, 4, 2, 0, -2, -4, -6, -8, -10\}.$$

Considerando que a moeda não é viciada, a probabilidade de obter uma Cara ou de obter uma Coroa é igual a $1/2$. Além disso, denotando por Y a variável aleatória que expressa o número de caras obtidas, temos que esta segue distribuição binomial com parâmetros $n = 10$ e $p = 1/2$, de forma que, para $i = 0, 1, 2, \ldots, 10$,

$$P(X = i - (10 - i)) = P(X = 2i - 10) = P(Y = i).$$

Portanto, basta usar a Equação 4.18 para obter a FMP de X:

$$p_X(2i-10) = P(X = 2i - 10) = \binom{10}{i}\left(\frac{1}{2}\right)^i \left(\frac{1}{2}\right)^{10-i},$$

para $i = 0, 1, 2, \ldots, 10$.

9. Obtenha a função massa de probabilidade de X, cuja função de distribuição acumulada é dada por:

$$F_X(k) = \begin{cases} 0 & , \text{ se } k < 0, \\ 1/4 & , \text{ se } 0 \leq k < 1, \\ 1/2 & , \text{ se } 1 \leq k < 2, \\ 2/3 & , \text{ se } 2 \leq k < 3, \\ 1 & , \text{ se } 3 \leq k < \infty. \end{cases}$$

Resposta – Como a função de distribuição acumulada de X só "salta" nos elementos do conjunto $\{0,1,2,3\}$, então X só pode assumir estes valores, e como se trata de um conjunto de números inteiros consecutivos, temos $P(X = k+1) = F_X(k+1) - F_X(k)$, para $k = 0,1,2$, além de $P(X = 0) = 1/4$. Logo, a FMP de X é definida por

$$\begin{aligned} p_X(1) = P(X = 0) &= 1/4, \\ p_X(2) = P(X = 1) &= 1/4, \\ p_X(3) = P(X = 2) &= 1/6, \\ p_X(4) = P(X = 3) &= 1/3. \end{aligned}$$

10. Considere a função distribuição acumulada da variável aleatória X a seguir, em que X só assume valores inteiros.

$$F_X(k) = \begin{cases} 0 & , \text{ se } k < 0, \\ \dfrac{k^2}{50} & , \text{ se } 0 \leq k < 5, \\ -\dfrac{k^2}{50} + \dfrac{2k}{5} - 1 & , \text{ se } 5 \leq k < 10, \\ 1 & , \text{ se } k \geq 10. \end{cases}$$

Calcule:

(a) $P(X \leq 2)$
Resposta – $P(X \leq 2) = F_X(2) = \dfrac{2^2}{50} = 0{,}08.$

(b) $P(X > 2)$
Resposta – $P(X > 2) = 1 - F_X(2) = 1 - 0{,}08 = 0{,}92.$

(c) $P(2 < X \leq 7)$
Resposta – $P(2 < X \leq 7) = F_X(7) - F_X(2) = (-\dfrac{7^2}{50} + \dfrac{14}{5} - 1) - \dfrac{4}{50} = 0{,}74.$

11. Seja X uma variável aleatória que pode assumir apenas os valores inteiros 1, 2, 3 e 4 e que possui a seguinte função massa de probabilidade:

$$P(X = i) = i \times k.$$

(a) Qual o valor de k?
Resposta – Sabemos que a soma das probabilidades $P(X = i)$ em todo o espaço de variação de X é igual a 1. Logo,

$$\sum_{i=1}^{4}(i \times k) = 1$$

$$k + 2k + 3k + 4k = 1$$

$$10k = 1$$

$$k = 0{,}1.$$

(b) $P(X \leq 3)$
Resposta – $P(X \leq 3) = P(X = 1) + P(X = 2) + P(X = 3) = 0{,}6.$

(c) $P(X = 2 \mid X \leq 3)$
Resposta – Para responder a esta questão, primeiramente é necessário usar a fórmula da probabilidade condicional (Equação 2.4).

$$P(X = 2 \mid X \leq 3) = \dfrac{P(X = 2)}{P(X \leq 3)} = \dfrac{0{,}2}{0{,}6} \approx 0{,}333.$$

12. A probabilidade de um aluno de graduação passar na disciplina de Álgebra Linear é 0,65. Em uma turma com 18 alunos, qual a probabilidade:

    (a) de (exatamente) 5 alunos serem aprovados?
    (b) de no máximo 5 alunos serem aprovados?
    (c) de mais de 5 alunos serem aprovados?
    (d) de todos os alunos serem aprovados?

    Resposta – Seja X a variável aleatória que representa o número de alunos aprovados em Álgebra Linear na turma, que segue distribuição binomial com parâmetros $n = 18$ (pois há 18 alunos na turma) e $p = 0,65$, que é a probabilidade de sucesso (aprovação) para cada aluno.

    (a) $P(X = 5) = \binom{18}{5}(0,65)^5(0,35)^{13} \approx 0,00118.$

    (b) $P(X \leq 5) = \sum_{i=0}^{5} \binom{18}{i}(0,65)^i(0,35)^{18-i} \approx 0,00144.$

    (c) $P(X > 5) = \sum_{i=6}^{18} \binom{18}{i}(0,65)^i(0,35)^{18-i} = 1 - P(X \leq 5) \approx 1 - 0,00144 = 0,99856.$

    (d) $P(X = 18) = \binom{18}{18}(0,65)^{18}(0,35)^0 \approx 0,00043.$

13. O professor de Sistemas Operacionais fez a prova final com 10 questões objetivas, onde cada questão vale 1,0 ponto e tem 4 alternativas. Um aluno precisa de nota sete para passar na matéria, mas não se preparou para a prova. Qual a probabilidade de esse aluno conseguir ser aprovado em Sistemas Operacionais "chutando" todas as questões?

    Resposta – Para conseguir aprovação, o aluno precisa acertar pelo menos 7 questões. Como ele marcará sua resposta em cada questão no "chute", a probabilidade de acertar cada questão é 1/4 e de errar é 3/4. Portanto, o número de questões X que este aluno acertará é uma variável aleatória que segue distribuição binomial com parâmetros $n = 10$ e $p = 1/4$, e a probabilidade solicitada é

    $$P(X \geq 7) = \sum_{i=7}^{10} \binom{10}{i}(0,25)^i(0,75)^{10-i} \approx 0,004.$$

14. Seja X o número de lançamentos feitos com um dado até que o número 3 apareça. Qual a probabilidade de X ser:

    (a) igual a 1?
    (b) igual a 2?
    (c) maior ou igual a 3?

    Resposta – Temos que X segue distribuição geométrica com probabilidade de sucesso igual a 1/6. Logo, basta usar a Equação 4.16 para responder à questão.

    (a) $P(X = 1) = \left(\dfrac{5}{6}\right)^0 \left(\dfrac{1}{6}\right) \approx 0{,}167$.

    (b) $P(X = 2) = \left(\dfrac{5}{6}\right)^1 \left(\dfrac{1}{6}\right) \approx 0{,}139$.

    (c) $P(X \geq 3) = 1 - P(X = 1) - P(X = 2) \approx 1 - 0{,}167 - 0{,}139 \approx 0{,}694$.

15. Um casal recém-casado deseja ter duas meninas, não importa o número de meninos que nasçam. Considere que existe igual probabilidade de uma criança ser menino ou menina, e considere probabilidade nula de gestação múltipla (gêmeos, trigêmeos etc.).

    (a) Qual a probabilidade de o casal ter (exatamente) 3 meninos antes do nascimento da segunda filha?
    (b) Qual a probabilidade de o casal ter no máximo 4 filhos (meninos e meninas)?
    (c) Qual o número esperado de filhos para este casal?

    Resposta – Para uma variável aleatória X representando o número de gestações até o nascimento da segunda menina, temos que ela segue distribuição binomial negativa com $r = 2$ e $p = 0{,}5$ (igual probabilidade de ser menino ou de ser menina), cuja FMP segue na Equação 4.20.

    (a) $P(X = 5) = \dbinom{4}{1}(0{,}5)^2(0{,}5)^3 = 0{,}125$.

    (b) O casal pode ter zero, um ou dois meninos, além das duas meninas.

    $$\begin{aligned}
    F_X(4) &= \sum_{i=2}^{4} P(X = i) \\
    &= \dbinom{1}{1}(0{,}5)^2(0{,}5)^0 + \dbinom{2}{1}(0{,}5)^2(0{,}5)^1 + \dbinom{3}{1}(0{,}5)^2(0{,}5)^2 \\
    &= 0{,}25 + 0{,}25 + 0{,}1875 = 0{,}6875.
    \end{aligned}$$

    (c) $E[X] = \dfrac{2}{0{,}5} = 4$ filhos.

16. Em um torneio de xadrez, todos os jogadores se enfrentam e um competidor é eliminado após a terceira derrota. Suponha que um determinado competidor tem 30% de probabilidade de vencer uma partida.

    (a) Qual a probabilidade do competidor ser eliminado sem ganhar qualquer partida?
    Resposta – Temos que o número de partidas disputadas até a 3ª derrota segue distribuição binomial negativa (Equação 4.20) com $r = 3$ e $p = 0,7$. Note que, para este problema, o sucesso ocorre quando o competidor perde a partida, e representando por X a variável aleatória em questão, a probabilidade solicitada é

    $$P(X = 3) = \binom{2}{2}(0,7)^3(0,3)^0 = 0,343.$$

    (b) Qual a probabilidade de o competidor vencer no máximo duas partidas antes de ser eliminado?
    Resposta – O competidor pode vencer de zero a duas partidas, sendo a probabilidade solicitada equivalente à probabilidade de o competidor disputar no máximo cinco partidas antes de ser eliminado.

    $$\begin{aligned} F_X(5) &= \sum_{i=3}^{5} P(X = i) \\ &= \binom{2}{2}(0,7)^3(0,3)^0 + \binom{3}{2}(0,7)^3(0,3)^1 + \binom{4}{2}(0,7)^3(0,3)^2 \\ &\approx 0,343 + 0,309 + 0,185 \approx 0,837. \end{aligned}$$

    (c) Qual o número esperado de partidas que o competidor participa antes de ser eliminado?
    Resposta – Basta usar o valor esperado da distribuição binomial negativa com parâmetros $r = 3$ e $p = 0,7$.

    $$E[X] = \frac{3}{0,7} \approx 4,3 \text{ partidas.}$$

17. A turma da disciplina de Linguagens de Programação do curso de Sistemas de Informação é composta de 25 homens e 15 mulheres. O professor da matéria decide sortear um aluno por aula para competir em um jogo de programação. Se o aluno vencer o jogo, ele ganha um ponto na média final. Sabendo que a disciplina é ministrada 3 vezes por semana, responda às questões a seguir.

    (a) Se um mesmo aluno pode ser selecionado mais de uma vez, qual a probabilidade de todos os alunos selecionados em determinada semana serem homens?

Resposta – Seja X a variável aleatória que representa o número de aulas que um homem é selecionado na semana em questão, a qual segue distribuição binomial com parâmetros $n = 3$ e $p = 25/40 = 0{,}625$. Para $i \in \{0,1,2,3\}$,

$$P(X = i) = \binom{3}{i}(0{,}625)^i(0{,}375)^{3-i}.$$

A probabilidade de apenas homens serem selecionados nos três dias é

$$P(X = 3) = \binom{3}{3}(0{,}625)^3(0{,}375)^0 \approx 0{,}24.$$

(b) Se um mesmo aluno não pode ser selecionado mais de uma vez, qual a probabilidade de o aluno selecionado ser homem em todos os três dias?
Resposta – Agora a variável aleatória X segue distribuição hipergeométrica com $N = 40$, $K = 25$ e $n = 3$. Para $i \in \{0,1,2,3\}$,

$$P(X = i) = \frac{\binom{25}{i}\binom{15}{3-i}}{\binom{40}{3}}.$$

A probabilidade de apenas homens serem selecionados nos três dias é

$$P(X = 3) = \frac{\binom{25}{3}\binom{15}{0}}{\binom{40}{3}} \approx 0{,}23.$$

18. Uma grande companhia lançou dois tipos de computadores voltados para ambientes de monitoramento de riscos. O primeiro tipo de computador possui 2 CPUs independentes, enquanto o segundo tipo possui 4 CPUs independentes. Considere que, para o sistema funcionar corretamente, é preciso que pelo menos metade das CPUs do computador estejam funcionando. Se p é a probabilidade de uma CPU trabalhar sem erros, para quais valores de p é preferível usar a máquina de 4 CPUs?

    Resposta – O primeiro tipo de computador funciona corretamente com 1 ou 2 CPUs trabalhando sem erros, e o número de CPUs trabalhando sem erros neste tipo segue distribuição binomial com $n = 2$. A probabilidade de funcionar corretamente é

    $$\begin{aligned} P_2(sucesso) &= \sum_{i=1}^{2} \binom{2}{i} p^i (1-p)^{2-i} \\ &= 2p(1-p) + p^2. \end{aligned}$$

Por outro lado, a probabilidade de o sistema com 4 CPUs funcionar corretamente é dada pela probabilidade de uma variável aleatória que segue distribuição binomial com $n = 4$ assumir valor maior ou igual a 2:

$$P_4(sucesso) = \sum_{i=2}^{4} \binom{4}{i} p^i (1-p)^{4-i}$$

$$= 6p^2(1-p)^2 + 4p^3(1-p) + p^4.$$

Para que seja mais vantajoso investir em uma máquina de 4 CPUs, precisamos que

$$P_4(sucesso) > P_2(sucesso)$$

$$6p^2(1-p)^2 + 4p^3(1-p) + p^4 > 2p(1-p) + p^2$$

$$3p^3 - 8p^2 + 7p - 2 > 0$$

$$(p-1)^2(3p-2) > 0.$$

Como o primeiro termo da equação acima é sempre positivo (assumindo que $0 < p < 1$), precisamos que

$$3p - 2 > 0 \Rightarrow p > \frac{2}{3}.$$

Portanto, é preferível usar a máquina de 4 CPUs quando $p > 2/3$.

Considere $p = 1/2$ (valor inferior a $2/3$). Nesse caso, temos $P_2(sucesso) = 0{,}75$ e $P_4(sucesso) = 0{,}6875$, logo $P_2(sucesso) > P_4(sucesso)$. Mas, se $p = 4/5$ (valor superior a $2/3$), temos $P_4(sucesso) > P_2(sucesso)$, pois $P_2(sucesso) = 0{,}96$ e $P_4(sucesso) = 0{,}9728$. Em particular, se $p = 2/3$, então $P_2(sucesso) = P_4(sucesso) \approx 0{,}8889$.

19. O gerente de uma grande empresa verificou que em 10 anos foi registrada a perda de 60 computadores (roubos, acidentes etc). Ele também observou que estas perdas seguiam uma distribuição de Poisson.

    (a) Qual o valor de λ para o número de computadores perdidos por ano?
    Resposta – Podemos definir λ como o número médio de computadores perdidos por ano.
    $$\lambda = \frac{60}{10} = 6.$$

    (b) Qual a probabilidade de nenhuma perda de computador ser registrada no próximo ano?
    Resposta – Para responder, basta usar a Equação 4.24.
    $$P(X = 0) = \frac{6^0 e^{-6}}{0!} = e^{-6} \approx 0{,}002.$$

(c) Qual a probabilidade de ocorrer a perda de (exatamente) 5 computadores no próximo ano?
Resposta – Novamente, basta usar a Equação 4.24.

$$P(X = 5) = \frac{6^5 e^{-6}}{5!} \approx 0{,}16.$$

(d) Qual a probabilidade de ocorrer a perda de pelo menos 4 computadores no próximo ano?
Resposta – Neste caso, é preciso considerar vários valores da Equação 4.24.

$$P(X \geq 4) = 1 - P(X \leq 3) = 1 - \sum_{i=0}^{3} \frac{6^i e^{-6}}{i!} \approx 1 - 0{,}15 \approx 0{,}85.$$

20. A equipe de suporte de um *site* de hospedagem recebe, em média, 3 *e-mails* por minuto. Além disso, sabe-se que o número de *e-mails* recebidos por minuto segue distribuição de Poisson. Qual a probabilidade da chegada de (exatamente) 8 mensagens em 2 minutos?
Resposta – Para o tempo de 2 minutos, temos $\lambda = 3 \times 2 = 6$. Então,

$$P(X = 8) = \frac{6^8 e^{-6}}{8!} \approx 0{,}103.$$

21. Em uma fábrica, a probabilidade de um HD ser produzido com defeito é 0,01. Em uma amostra de 300 HDs, qual a probabilidade de encontrarmos exatamente 5 HDs defeituosos?
Resposta – Podemos responder à questão usando a distribuição binomial com parâmetros $n = 300$ e $p = 0{,}01$.

$$P(X = 5) = \binom{300}{5} (0{,}01)^5 (0{,}99)^{295} \approx 0{,}101.$$

Mas como $n \geq 100$ e $np \leq 10$, também é razoável usar a aproximação pela distribuição de Poisson com parâmetro $\lambda = 0{,}01 \times 300 = 3$ (número médio de HDs defeituosos).

$$P(X = 5) \approx \frac{3^5 e^{-3}}{5!} \approx 0{,}101.$$

22. Uma amostra de 30 peças é retirada de um lote de 100 peças de um máquina que possui índice de defeitos de 5%. Qual a probabilidade de a amostra possuir (exatamente) 3 peças defeituosas?
Resposta – A resposta a este problema pode ser obtida pela distribuição binomial com parâmetros $n = 30$ e $p = 0{,}05$.

$$P(X = 3) = \binom{30}{3} (0{,}05)^3 (0{,}95)^{27} \approx 0{,}127.$$

Também é possível usar a aproximação pela distribuição de Poisson com parâmetro $\lambda = 30 \times 0{,}05 = 1{,}5$.

$$P(X = 3) \approx \frac{(1{,}5)^3 e^{-1{,}5}}{3!} \approx 0{,}126.$$

23. Suponha que o número de *spams* recebidos por um usuário a cada dia é uma variável aleatória que segue distribuição de Poisson com parâmetro $\lambda = 5$.

    (a) Qual a probabilidade de o usuário receber nenhum *spam* hoje?
    (b) Qual a probabilidade de o usuário receber (exatamente) três *spams* hoje?
    (c) Qual a probabilidade de o usuário receber cinco ou mais *spams* hoje?
    (d) Qual a probabilidade de o usuário receber cinco ou mais *spams* dado que ele já recebeu um *spam* hoje?

    Resposta – Seja X a variável aleatória que representa o número de *spams* recebidos diariamente, que segue distribuição de Poisson com $\lambda = 5$. Podemos então usar a Equação 4.24 para obter as respostas dos itens acima.

    (a) $P(X = 0) = \dfrac{5^0 e^{-5}}{0!} = e^{-5} \approx 0{,}0067.$

    (b) $P(X = 3) = \dfrac{5^3 e^{-5}}{3!} = e^{-5} \approx 0{,}1408.$

    (c) $P(X \geq 5) = \sum_{i=5}^{\infty} \dfrac{5^i e^{-5}}{i!} = 1 - \sum_{i=0}^{4} \dfrac{5^i e^{-5}}{i!} \approx 0{,}5595.$

    (d) $P(X \geq 5 \mid X \geq 1) = \dfrac{P(X \geq 5)}{P(X \geq 1)} = \dfrac{P(X \geq 5)}{1 - P(X = 0)} \approx \dfrac{0{,}5595}{1 - 0{,}0067} \approx 0{,}5633.$

24. O número de vezes que uma pessoa contrai gripe em um dado ano é uma variável aleatória que segue distribuição de Poisson com parâmetro $\lambda = 5$. Suponha que um novo remédio promete reduzir o parâmetro Poisson para $\lambda = 2$ para 80% da população. Para os outros 20% da população a nova droga é ineficaz. Se um indivíduo toma a nova droga durante um ano e tem (exatamente) 2 gripes, qual a probabilidade de a droga ter sido benéfica para ele?

    Resposta – Sejam A o evento que uma pessoa tem duas gripes por ano e B o evento que o remédio é eficaz. Se a droga é eficaz, então a probabilidade de um indivíduo ter (exatamente) 2 gripes ao ano é calculada por meio da distribuição de Poisson com $\lambda = 2$.

    $$P(A|B) = \frac{2^2 e^{-2}}{2!} = 2e^{-2} \approx 0{,}271.$$

    Se a droga não é eficaz, a probabilidade de esse indivíduo ter (exatamente) 2 gripes ao ano é calculada por meio da distribuição de Poisson com $\lambda = 5$.

    $$P(A|B^C) = \frac{5^2 e^{-5}}{2!} = 12{,}5 e^{-5} \approx 0{,}084.$$

Sabemos que 80% da população é beneficiada pela droga, ou seja, $P(B) = 0{,}80$. Logo, basta usar a Fórmula de Bayes (Equação 2.8) para responder à questão.

$$P(B|A) = \frac{P(A|B)P(B)}{P(A|B)P(B) + P(A|B^C)P(B^C)}$$

$$= \frac{0{,}271 \times 0{,}80}{0{,}271 \times 0{,}80 + 0{,}084 \times 0{,}20} \approx 0{,}93.$$

25. Suponha que usuários compartilhem um enlace de 1 Gbps e que cada usuário precise de 100 Mbps para transmitir, mas que transmitam apenas durante 10% do tempo.

    (a) Quando é utilizada comutação de circuitos, quantos usuários podem ser aceitos em um determinado momento?
    Resposta – Neste caso, o canal é dividido e cada 100 Mbps é alocado exclusivamente a um usuário. Logo, só é possível ter 10 usuários em um determinado momento.

    (b) Quando é utilizada a comutação de pacotes, qual a probabilidade de um dado usuário estar transmitindo?
    Resposta – Como cada usuário só transmite durante 10% do tempo em que está usando o canal, a probabilidade procurada é igual a 0,10.

    (c) Suponha que existam 50 usuários e que se esteja usando comutação de pacotes. Qual a probabilidade de 20 ou mais usuários estarem transmitindo simultaneamente?
    Resposta – Temos, neste caso, o interesse em uma variável aleatória X que segue distribuição binomial com parâmetros $n = 50$ e $p = 0{,}10$, e a probabilidade solicitada é calculada usando a Equação 4.18.

    $$P(X \geq 20) = \sum_{i=20}^{50} \binom{50}{i} (0{,}10)^i (0{,}90)^{50-i} \approx 2{,}37 \times 10^{-8}.$$

4.10 ▪ Python

A linguagem Python possui vários módulos que podem ser usados com as variáveis aleatórias discretas. A seguir, são mostrados alguns exemplos discutidos neste capítulo.

1. Implemente a Questão 2 dos Exercícios Resolvidos.

```
import locale
locale.setlocale(locale.LC_ALL, 'pt_BR.UTF-8')
p = [0.3, 0.2, 0.3, 0.1, 0.1]
lucro = 1200
# média
EX = 0
for i in range(5):
```

```
        EX += i * p[i]
print("E[X] =", EX)
# Segundo momento
EX2 = 0
for i in range(5):
    EX2 += i**2 * p[i]
print("E[X2] =", EX2)
# Variância
VARX = EX2 - EX**2
print("VARX =", VARX)
# Desvio padrão
DPX = round(pow(VARX, 1/2),2)
print("DPX =", DPX)
# Lucro médio
valor = EX * lucro
print("Lucro médio =", locale.currency(valor, grouping=True,
    symbol=True))
# Desvio padrão médio
valor = DPX * lucro
print("Desvio padrão do lucro =", locale.currency(valor,
    grouping=True, symbol=True))
```

O programa confirma o resultado mostrado anteriormente na solução da questão.

```
E[X] = 1.5
E[X2] = 3.9
VARX = 1.65
DPX = 1.28
Lucro médio = R$ 1.800,00
Desvio padrão do lucro = R$ 1.536,00
```

2. Calcule a FMP, a FDA, a média e a variância de uma distribuição de Bernoulli com $p = 0,6$ (Figura 4.5).

```
from scipy.stats import bernoulli
import numpy as np
p = 0.6
x = np.arange(0, 1.2, 0.2)
fmp = bernoulli.pmf(x, p)
print(fmp)
fda = bernoulli.cdf(x, p)
print(fda)
media, var = bernoulli.stats(p, moments='mv')
print("Média = ", media)
print("Variância = ", var)
```

A função *bernoulli.pmf(x, p)* retorna, para a variável aleatória X de Bernoulli, a probabilidade $p_X(x)$ com parâmetro p. A função *bernoulli.stats(p, moments='mv')* retorna a média e a variância de X. Observe que só existem duas probabilidades diferentes de zero para a função *bernoulli.pmf()*: a probabilidade de a variável aleatória ser igual a zero é 0,4 (*fracasso*) e a probabilidade de a variável aleatória ser igual a 1,0 é 0,6 (*sucesso*). A resposta do programa é:

```
[0.4 0.  0.  0.  0.  0.6]
[0.4 0.4 0.4 0.4 0.4 1. ]
Média    =   0.6
Variância =  0.24
```

3. Calcule a FMP, a FDA, a média e a variância de uma distribuição geométrica com $p = 0{,}6$ (Figura 4.6).

```
from scipy.stats import geom
import numpy as np
p = 0.6
x = np.arange(0, 8, 1)
fmp = geom.pmf(x, p)
print(fmp)
fda = geom.cdf(x, p)
print(fda)
media, var = geom.stats(p, moments='mv')
print("Média = ", media)
print("Variância = ", var)
```

As funções *geom.pmf(x, p)* e *geom.cdf(x, p)* calculam, respectivamente, a FMP e a FDA de uma variável aleatória com distribuição geométrica e parâmetro p. A função *geom.stats(p, moments='mv')* retorna a média e a variância da variável aleatória. Na sequência, a resposta do programa.

```
[0.          0.6         0.24        0.096       0.0384      0.01536
 0.006144    0.0024576]
[0.          0.6         0.84        0.936       0.9744      0.98976
 0.995904    0.9983616]
Média    =   1.6666666666666667
Variância =  1.1111111111111114
```

4. Calcule a FMP, a FDA, a média e a variância de uma distribuição binomial com $n = 20$ e $p = 0{,}6$ (Figura 4.8).

```
from scipy.stats import binom
import numpy as np
n = 20
p = 0.6
x = np.arange(0, 21, 1)
fmp = binom.pmf(x, n, p)
print(fmp)
fda = binom.cdf(x, n, p)
print(fda)
media, var = binom.stats(n, p, moments='mv')
print("Média = ", media)
print("Variância = ", var)
```

As funções *binom.pmf(x, n, p)* e *binom.cdf(x, n, p)* calculam, respectivamente, a FMP e a FDA de uma variável aleatória com distribuição binomial e parâmetros n e p. A função *binom.stats(n, p, moments='mv')* retorna a média e a variância da variável aleatória. A resposta do programa é:

```
[1.09951163e-08  3.29853488e-07  4.70041221e-06  4.23037099e-05
 2.69686150e-04  1.29449352e-03  4.85435071e-03  1.45630521e-02
 3.54974396e-02  7.09948791e-02  1.17141551e-01  1.59738478e-01
 1.79705788e-01  1.65882266e-01  1.24411699e-01  7.46470195e-02
 3.49907904e-02  1.23496907e-02  3.08742268e-03  4.87487792e-04
 3.65615844e-05]
[1.09951163e-08  3.40848605e-07  5.04126081e-06  4.73449707e-05
 3.17031121e-04  1.61152464e-03  6.46587535e-03  2.10289275e-02
 5.65263670e-02  1.27521246e-01  2.44662797e-01  4.04401275e-01
 5.84107062e-01  7.49989328e-01  8.74401027e-01  9.49048047e-01
 9.84038837e-01  9.96388528e-01  9.99475951e-01  9.99963438e-01
 1.00000000e+00]
Média    =   12.0
Variância =    4.800000000000001
```

5. Calcule a FMP, a FDA, a média e a variância de uma distribuição binomial negativa com $r = 3$ e $p = 0{,}35$ (Figura 4.10).

```
from scipy.stats import nbinom
import numpy as np
r = 3
p = 0.35
x = np.arange(0, 13, 1)
fmp = nbinom.pmf(x, r, p)
print(fmp)
fda = nbinom.cdf(x, r, p)
print(fda)
media, var = nbinom.stats(r, p, moments='mv')
print("Média = ", media)
print("Variância = ", var)
```

As funções *nbinom.pmf(x, r, p)* e *nbinom.cdf(x, r, p)* calculam, respectivamente, a FMP e a FDA de uma variável aleatória com distribuição binomial negativa e parâmetros r e p. A função *nbinom.stats(r, p, moments='mv')* retorna a média e a variância da variável aleatória. A resposta do programa é mostrada a seguir.

```
[0.042875    0.08360625 0.10868813 0.11774547 0.11480183
    0.10446967
 0.09054038 0.07566589 0.06147853 0.04884128 0.0380962
    0.02926481
 0.02219248]
[0.042875    0.12648125 0.23516937 0.35291484 0.46771668
    0.57218634
 0.66272672 0.73839261 0.79987114 0.84871242 0.88680862
    0.91607343
 0.9382659  ]
```

```
Média  =   5.571428571428572
Variância =   15.91836734693878
```

6. Calcule a FMP, a FDA, a média e a variância de uma distribuição hipergeométrica com $N = 30$, $K = 20$ e $n = 10$ (Figura 4.11).

```python
from scipy.stats import hypergeom
import numpy as np
N = 30
K = 20
n = 10
x = np.arange(0, n+1)
fmp = hypergeom.pmf(x, N, K, n)
print(fmp)
fda = hypergeom.cdf(x, N, K, n)
print(fda)
media, var = hypergeom.stats(N, K, n, moments='mv')
print("Média = ", media)
print("Variância = ", var)
```

As funções *hypergeom.pmf(x, N, K, n)* e *hypergeom.cdf(x, N, K, n)* calculam, respectivamente, a FMP e a FDA de uma variável aleatória com distribuição hipergeométrica e parâmetros N, K e n. A função *hypergeom.stats(N, K, n, moments='mv')* retorna a média e a variância da variável aleatória. A resposta do programa é:

```
[3.32833916e-08  6.65667832e-06  2.84572998e-04  4.55316797e-03
 3.38641868e-02  1.30038477e-01  2.70913494e-01  3.09615422e-01
 1.88671898e-01  5.59027845e-02  6.14930630e-03]
[3.32833916e-08  6.68996171e-06  2.91262960e-04  4.84443093e-03
 3.87086177e-02  1.68747095e-01  4.39660589e-01  7.49276011e-01
 9.37947909e-01  9.93850694e-01  1.00000000e+00]
Média  =   6.666666666666666
Variância =   1.5325670498084292
```

7. Calcule a FMP, a FDA, a média e a variância de uma distribuição de Poisson com $\mu = 4$ (Figura 4.13).

```python
from scipy.stats import poisson
import numpy as np
mu = 4
x = np.arange(0, 15)
fmp = poisson.pmf(x, mu)
print(fmp)
fda = poisson.cdf(x, mu)
print(fda)
media, var = poisson.stats(mu, moments='mv')
print("Média = ", media)
print("Variância = ", var)
```

As funções *poisson.pmf* e *poisson.cdf(x, mu)* calculam, respectivamente, a FMP e a FDA de uma variável aleatória com distribuição Poisson e parâmetro μ. A função *poisson.stats(mu, moments='mv')* retorna a média e a variância da variável aleatória. O programa fornece a seguinte saída:

```
[1.83156389e-02  7.32625556e-02  1.46525111e-01  1.95366815e-01
 1.95366815e-01  1.56293452e-01  1.04195635e-01  5.95403626e-02
 2.97701813e-02  1.32311917e-02  5.29247668e-03  1.92453697e-03
 6.41512324e-04  1.97388408e-04  5.63966879e-05]
[0.01831564  0.09157819  0.23810331  0.43347012  0.62883694
    0.78513039
 0.88932602  0.94886638  0.97863657  0.99186776  0.99716023
    0.99908477
 0.99972628  0.99992367  0.99998007]
Média    =    4.0
Variância =    4.0
```

8. Simule 100.000 lançamentos de dois dados calculando a média e a variância da soma dos dois dados.

```
from random import choice
import math
Dado = [1, 2, 3, 4, 5, 6]
Qtde = [0, 0, 0, 0, 0, 0, 0, 0, 0, 0, 0]
for i in range(0, 100000):
    res1 = choice(Dado)
    res2 = choice(Dado)
    Qtde[res1 + res2- 2] += 1
j = 2
Momento1 = 0
Momento2 = 0
for i in Qtde:
    print("Valor", j, "apareceu", i, "vezes -", i/100000, "%")
    Momento1 += j * (i/100000)
    Momento2 += pow(j,2) * (i/100000)
    j += 1
media   = Momento1
Desvio = math.sqrt(Momento2 - pow(Momento1, 2))
print("Média =",media,)
print("Desvio Padrão =",Desvio)
```

Dois dados são jogados e a soma dos dois dados é armazenada na lista *Qtde[]* (a soma 2 é armazenada na posição zero da lista, a soma 3 é armazenada na posição 1 da lista, e assim por diante). Em seguida, são calculados o primeiro e o segundo momento. Assim, a média e a variância da simulação podem ser definidas. A seguir, uma possível resposta do programa.

```
Valor 2 apareceu 2842 vezes - 0.02842 %
Valor 3 apareceu 5593 vezes - 0.05593 %
Valor 4 apareceu 8272 vezes - 0.08272 %
Valor 5 apareceu 11246 vezes - 0.11246 %
Valor 6 apareceu 13810 vezes - 0.1381 %
Valor 7 apareceu 16600 vezes - 0.166 %
Valor 8 apareceu 13880 vezes - 0.1388 %
Valor 9 apareceu 11086 vezes - 0.11086 %
Valor 10 apareceu 8522 vezes - 0.08522 %
Valor 11 apareceu 5406 vezes - 0.05406 %
Valor 12 apareceu 2743 vezes - 0.02743 %
Média = 6.992570000000001
Desvio Padrão = 2.416128058506004
```

9. Gere o gráfico com a FMP de Poisson com $\mu = 20$ e com a FMP de Poisson com $\mu = 5$.

```
from scipy.stats import poisson
import numpy as np
import matplotlib.pyplot as plt

fig, ax = plt.subplots(1, 1, figsize=(12, 10))
plt.ylabel("$p_X(i)$", fontsize="24")
plt.xlabel("$i$", fontsize="24")
plt.tick_params(axis='x', labelsize=22)
plt.tick_params(axis='y', labelsize=22)
x = np.arange(0, 100, 1)
y = poisson.pmf(x, mu=20, loc=40)
plt.plot(x, y, label="Poisson: mu=20", linewidth=2)
y = poisson.pmf(x, mu=5, loc=40)
plt.plot(x, y, label="Poisson: mu=5", linewidth=2)
plt.legend(loc="upper right", fontsize=26)
plt.show()
```

O exemplo usa a função *poisson.pmf()*, onde o parâmetro *loc=i* desloca as funções *i* posições no eixo *x*. Isso permite visualizar melhor as duas funções. O gráfico gerado pelo programa com duas FMPs de Poisson é mostrado na Figura 4.15.

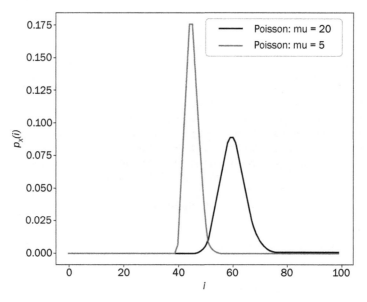

Figura 4.15 FMPs de Poisson.

10. Gerar a Figura 4.1 que mostra a PMF da soma do lançamento de dois dados.

```
# Plota FMP
import numpy as np
import matplotlib.pyplot as plt

X = np.arange(2, 13)
Y = [1/36, 2/36, 3/36, 4/36, 5/36, 6/36, 5/36, 4/36, 3/36,
    2/36, 1/36]

fig, ax = plt.subplots(1, 1, figsize=(12, 10))
ax.plot(X, Y, "bo", ms=10)
plt.ylabel("p$_S$(i)", fontsize="28")
plt.xlabel("i", fontsize="28")
plt.tick_params(axis="x", labelsize=20)
plt.tick_params(axis="y", labelsize=20)
ax.vlines(X, 0, Y, colors='r', lw=5, alpha=0.5, ls=":")
y_ticks = [0, 0.025, 0.050, 0.075, 0.1, 0.125, 0.150, 0.175]
ax.set_yticks(y_ticks)
ax.set_yticklabels(["0,000", "0,025", "0,050", "0,075",
    "0,100",
        "0,125", "0,150", "0,175"])
plt.show()
```

11. Calcule os três primeiros itens da Tabela 4.9 que compara as distribuições binomial e de Poisson.

```
import numpy as np
from scipy.stats import binom
from scipy.stats import poisson
```

```
n = 100
p = 0.01
l = n * p
X  = np.arange(0, 3)
Y1 = binom.pmf(X, n, p)
Y2 = poisson.pmf(X,l)
for i in range(0, 3):
    print("*** i = ", i)
    print("Binomial  \t= ", Y1[i])
    print("Poisson   \t= ", Y2[i])
    print("Diferença \t= ", abs(Y1[i] - Y2[i]))
```

Resposta do programa:

```
*** i =  0
Binomial       =  0.3660323412732292
Poisson        =  0.36787944117144233
Diferença      =  0.0018470998982131337
*** i =  1
Binomial       =  0.36972963764972666
Poisson        =  0.36787944117144233
Diferença      =  0.0018501964782843272
*** i =  2
Binomial       =  0.18486481882486344
Poisson        =  0.18393972058572114
Diferença      =  0.0009250982391423024
```

12. Faça um gráfico comparando as distribuições binomial e de Poisson (Tabela 4.9).

```
from scipy.stats import binom
from scipy.stats import poisson
import matplotlib.pyplot as plt
import numpy as np

fig, ax = plt.subplots(1, 1, figsize=(12, 10))
# Binomial
n = 100
p = 0.1
r_values = list(range(20))
dist = [binom.pmf(r, n, p) for r in r_values ]
plt.bar(r_values, dist, label="Binomial")

# Poisson
x = np.arange(0, 20, 1)
y = poisson.pmf(x, mu=10)
plt.plot(x, y, label="Poisson", color="red", linewidth = "3")

plt.legend(loc="upper left", fontsize=26)
plt.tick_params(axis='x', labelsize=22)
plt.tick_params(axis='y', labelsize=22)
plt.show()
```

O gráfico gerado pelo programa com as distribuições binomial e de Poisson é mostrado na Figura 4.16.

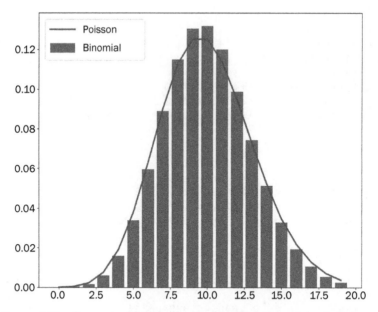

Figura 4.16 Comparação entre as distribuições binomial e de Poisson.

13. Simule 100.000 lançamentos de um dado viciado (as faces do dado não possuem igual probabilidade de aparecer quando o dado é lançado).

```
import random
Dado = [1, 2, 3, 4, 5, 6]
pesos = [0.05, 0.2, 0.2, 0.4, 0.1, 0.05]
Qtde = [0, 0, 0, 0, 0, 0]
for i in range(0, 100000):
    res = random.choices(Dado, pesos)
    Qtde[res[0] - 1] += 1
for i in range(0, 6):
    print("Valor", i + 1, ":", Qtde[i], "vezes" )
```

O resultado mostra que cada fase do dado aparece de acordo com o peso definido. Assim, a face 4, que tem peso 40%, aparece cerca de 40 mil vezes em 100 mil lançamentos.

```
Valor 1 : 4901 vezes
Valor 2 : 20044 vezes
Valor 3 : 20128 vezes
Valor 4 : 40033 vezes
Valor 5 : 9973 vezes
Valor 6 : 4921 vezes
```

14. Apresente duas maneiras de calcular a FDA da binomial negativa da Figura 4.10.

```
import numpy as np
from scipy.stats import nbinom
import scipy.special as sc
r = 3
p = 0.35
X1 = np.arange(0, 13)
Y1 = nbinom.cdf(X1, r, p)
print(Y1)
X2 = np.arange(1, 14)
Y2 = sc.betainc(r, X2, p)
print(Y2)
```

Inicialmente, o cálculo é feito usando a Equação 4.21. Em seguida, é usada a função Beta Incompleta Regularizada para obter uma aproximação para a FDA. As duas soluções são idênticas para o caso estudado. A resposta do programa é:

```
[0.042875   0.12648125 0.23516937 0.35291484 0.46771668
 0.57218634 0.66272672 0.73839261 0.79987114 0.84871242
 0.88680862 0.91607343    0.9382659 ]
[0.042875   0.12648125 0.23516937 0.35291484 0.46771668
 0.57218634 0.66272672 0.73839261 0.79987114 0.84871242
 0.88680862 0.91607343 0.9382659 ]
```

15. Gere o gráfico da FMP da binomial negativa da Figura 4.10.

```
import numpy as np
from scipy.stats import nbinom
import matplotlib.pyplot as plt
X = np.arange(3, 30)
r = 3
p = 0.35
nbinom_pd = nbinom.pmf(X, r, p)
fig, ax = plt.subplots(1, 1, figsize=(8, 6))
plt.xlabel("X", fontsize="12")
ax.vlines(X, 0, nbinom_pd, colors='b', lw=5, alpha=0.5,
    label="Binomial Negativa")
plt.legend(loc="upper right")
plt.show()
```

O gráfico gerado pelo programa é mostrado na Figura 4.17.

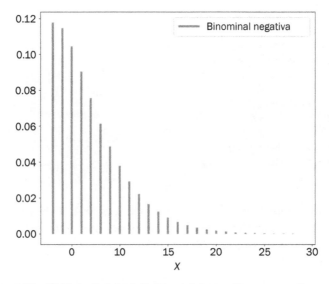

Figura 4.17 FMP da distribuição binomial negativa com $r=3$ e $p=0,35$.

Ao acessar o QR Code ao lado, você encontrará códigos em Python referentes aos exemplos que constam neste capítulo.

Variáveis Aleatórias Contínuas

5.1 • Introdução

Uma variável aleatória é dita contínua quando o conjunto de valores que ela pode assumir é incontável, ou seja, pode assumir qualquer valor dentro de um determinado intervalo de números reais. Por exemplo, considere que X representa o intervalo entre as chegadas de dois pedidos de conexão a um servidor FTP. São valores possíveis para X: 1 min e 32 s; 2 dias, 4 horas, 29 min e 2 s; 1 hora, 5 min e 21 s etc. Ou seja, não há como enumerar o conjunto de valores possíveis de X, pois o intervalo entre dois pedidos de conexão pode ter a precisão de dias ou de milissegundos (ou uma precisão ainda maior).

Este capítulo apresenta, inicialmente, as funções e medidas que caracterizam as variáveis aleatórias contínuas. Em seguida, são discutidas com mais detalhes as variáveis aleatórias com distribuição uniforme, exponencial, Erlang e normal.

5.2 • Caracterização da Distribuição de Probabilidades

Função Densidade de Probabilidade (FDP) No Capítulo 4, dissemos que o comportamento de uma variável aleatória discreta pode ser representado pela sua Função Massa de Probabilidade (**FMP**) que consiste nas probabilidades de ocorrência de cada valor possível para esta variável aleatória. Já o comportamento de uma variável aleatória contínua X pode ser representado pela sua **FDP**: uma função não negativa e denotada por f_X.

Os valores sob a curva da FDP de uma variável aleatória contínua são os valores possíveis que esta pode assumir. Para calcular a probabilidade de uma variável aleatória contínua assumir algum valor dentro de um intervalo, é preciso calcular a área entre o eixo horizontal e sua FDP, de um extremo ao outro do intervalo (o que

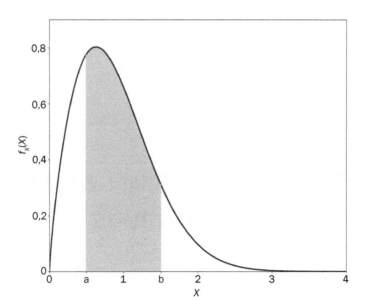

Figura 5.1 Área sombreada corresponde a $P(a \leq X \leq b)$.

leva à necessidade de integração). Por exemplo, a Figura 5.1 ilustra a FDP de uma variável aleatória contínua e a área sombreada no gráfico representa:

$$P(a \leq X \leq b) = \int_a^b f_X(x)dx. \tag{5.1}$$

Note que, para todo $k \in \mathbb{R}$,

$$P(X = k) = \int_k^k f_X(x)dx = 0,$$

o que pode parecer contraditório quando $k \in \mathbb{R}_X$. Todavia, o evento $\{X = k\}$ expressa X assumir de forma "cravada" o valor k, com a precisão de infinitas casas decimais – o que, do ponto de vista matemático, é impossível de se garantir. Como consequência, a inclusão ou não dos extremos do intervalo $[a;b]$ não modifica a probabilidade na Equação 5.1, ou seja:

$$P(a \leq X \leq b) = P(a < X \leq b) = P(a \leq X < b) = P(a < X < b).$$

O espaço de variação (ou suporte) $\mathbb{R}_X$ de uma variável aleatória contínua X (isto é, o conjunto de valores que tal variável aleatória pode assumir) é o conjunto de valores x tal que a FDP de X avaliada em x é positiva:

$$\mathbb{R}_X = \{x \in \mathbb{R} \ : \ f_X(x) > 0\}.$$

Não é difícil concluir que tanto a integral de f_X em toda a reta real como a integral de f_X em $\mathbb{R}_X$ são iguais a 1:

$$\int_{-\infty}^{\infty} f_X(x)dx = \int_{\mathbb{R}_X} f_X(x)dx = 1.$$

Função Distribuição Acumulada (FDA) A FDA de uma variável aleatória contínua X com FDP f_X é calculada como

$$F_X(k) = P(X \leq k) = P(X < k) = \int_{-\infty}^{k} f_X(x)dx, \qquad (5.2)$$

em que a segunda passagem se dá pelo fato de que $P(X = k) = 0$ para todo $k \in \mathbb{R}$.

Em particular, probabilidades como no primeiro membro da Equação 5.1 podem ser calculadas em termos da FDA da seguinte maneira:

$$P(a \leq X \leq b) = F_X(b) - F_X(a).$$

Pela propriedade de eventos complementares, é direto concluir que, para todo $k \in \mathbb{R}$,

$$P(X \geq k) = P(X > k) = 1 - P(X \leq k) = 1 - F_X(k).$$

Com base na Equação 5.2, que mostra como obter a FDA a partir da FDP, é possível concluir que a FDP pode ser obtida por meio da FDA derivando esta nos pontos onde ela é diferenciável:

$$f_X(x) = \frac{d}{dx} F_X(x). \qquad (5.3)$$

Portanto, o conhecimento de uma destas duas funções (FDP ou FDA) de uma variável aleatória contínua permite a obtenção da outra. Dessa maneira, ambas caracterizam a distribuição de probabilidades de uma variável aleatória contínua.

Momento de Ordem n, Média e Variância O n-ésimo momento de uma variável aleatória contínua X com FDP f_X é dado por

$$E[X^n] = \int_{-\infty}^{\infty} x^n f_X(x)dx. \qquad (5.4)$$

Portanto, seus primeiro e segundo momentos são

$$E[X] = \int_{-\infty}^{\infty} x f_X(x)dx \quad \text{e} \quad E[X^2] = \int_{-\infty}^{\infty} x^2 f_X(x)dx.$$

Além disso, já vimos no Capítulo 4 que a média (também referenciada como valor esperado ou esperança) corresponde ao primeiro momento, e que a variância corresponde ao segundo momento menos o quadrado do primeiro momento (Equação 4.8):

$$Var(X) = E[X^2] - (E[X])^2.$$

Também foi visto no mesmo capítulo que é possível calcular os momentos de uma variável aleatória a partir da sua função geratriz de momentos. Para X uma variável aleatória contínua, tal função é definida por

$$M_X(t) = E[e^{tX}] = \int_{-\infty}^{\infty} e^{tx} f_X(x)dx, \qquad (5.5)$$

com $t \in (-h,h)$ para algum $h \in \mathbb{R}$, e para todo $n \in \mathbb{N}$,

$$E[X^n] = \frac{d^n}{dt^n} M_X(t)\Big|_{t=0}. \tag{5.6}$$

Ou seja, para obter o n-ésimo momento de X via função geratriz de momentos, deve-se derivá-la n vezes com relação a t e depois avaliá-la em $t = 0$. Por exemplo, seja X uma variável aleatória contínua com FDP dada por

$$f_X(x) = \begin{cases} 2e^{-2x} & , \text{ se } x \geq 0, \\ 0 & , \text{ se } x < 0. \end{cases}$$

Note que o cálculo do valor esperado (primeiro momento) de X pela Equação 5.4 demanda integração por partes, ao passo que a integral na Equação 5.5 é mais simples de resolver:

$$M_X(t) = \int_0^\infty e^{tx} \times 2e^{-2x} dx = 2 \int_0^\infty e^{-(2-t)x} dx = \frac{2}{2-t}$$

para $t < 2$. Derivando com relação a t, chega-se em

$$\frac{d}{dt} M_X(t) = \frac{d}{dt}\left(\frac{2}{2-t}\right) = \frac{d}{dt} 2(2-t)^{-1} = 2(-1)(1-t)^{-2}(-1) = \frac{2}{(2-t)^2}.$$

Segue que

$$E[X] = \frac{d}{dt} M_X(t)\Big|_{t=0} = \frac{2}{(2-0)^2} = \frac{1}{2}.$$

Se X é uma variável aleatória contínua e g é uma função real com domínio contendo $\mathbb{R}_X$, então $Y = g(X)$ pode ser uma variável aleatória discreta ou contínua, a depender da imagem de g no espaço de variação de X. Qualquer que seja a natureza de $Y = g(X)$, seu valor esperado e sua variância podem ser obtidos diretamente pela distribuição de X, conforme segue:

$$E[Y] = \mu_Y = \int_{-\infty}^{\infty} g(x) f_X(x) dx, \tag{5.7}$$

$$Var(Y) = \sigma_Y^2 = \int_{-\infty}^{\infty} [g(x)]^2 f_X(x) dx - (E[Y])^2. \tag{5.8}$$

Neste capítulo, são discutidas quatro importantes distribuições de variáveis aleatórias contínuas para a área de Computação: uniforme, exponencial, Erlang e normal.

5.3 ▪ Uniforme

Função Densidade de Probabilidade Uma variável aleatória X é uniformemente distribuída no intervalo $[\alpha\,;\,\beta]$ se a sua FDP é dada por

$$f_X(x) = \begin{cases} \dfrac{1}{\beta - \alpha} & , \text{ se } \alpha \leq x \leq \beta, \\ 0 & , \text{ para os outros valores de } x. \end{cases} \tag{5.9}$$

A distribuição uniforme também pode ser definida em um intervalo aberto ou semiaberto (do tipo $(\alpha; \beta)$, $[\alpha; \beta)$ ou $(\alpha; \beta]$), mas $f_X(x)$ permanece como o inverso da amplitude do intervalo, para x dentro do intervalo em questão (e zero, para outros valores de x).

Função Distribuição Acumulada A FDA de uma variável aleatória X com distribuição uniforme no intervalo $[\alpha\,;\,\beta]$ é dada por

$$F_X(k) = \begin{cases} 0 & ,\quad \text{se } k < \alpha, \\ \dfrac{k-\alpha}{\beta-\alpha} & ,\quad \text{se } \alpha \leq k < \beta, \\ 1 & ,\quad \text{se } k \geq \beta. \end{cases} \qquad (5.10)$$

A Figura 5.2 mostra a FMP e a FDA de uma variável aleatória contínua uniforme com $\alpha = 1$ e $\beta = 3$. Note que o primeiro gráfico é um segmento de reta horizontal de $x = 1$ até $x = 3$. Isso significa que, para intervalos de mesma amplitude contidos em $[1\,;\,3]$, a probabilidade de a variável aleatória assumir valores dentro de cada um deles é a mesma (p. ex.: $P(1{,}5 \leq X \leq 2) = P(2 \leq X \leq 2{,}5)$). Uma vez que a FDP de uma variável aleatória contínua X expressa a taxa de variação da FDA de X (Equação 5.3), o segundo gráfico é um reta diagonal, que parte de α para β no eixo x e de zero para 1 no eixo y. De fato, o espaço de variação de X é $\mathbb{R}_X = [1\,;\,3]$, o que explica o fato de a FDA deixar de ser nula apenas quando alcança $x = 1$ e manter-se constante em 1 (100%) a partir de $x = 3$.

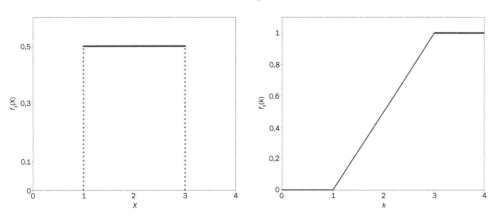

Figura 5.2 FMP e FDA de uma variável aleatória contínua uniforme com $\alpha = 1$ e $\beta = 3$.

Para este exemplo, podemos calcular:

- $P(X < 2) = F_X(2) = \dfrac{2-1}{3-1} = \dfrac{1}{2} = 0{,}5.$

- $P(X > 2) = 1 - P(X \leq 2) = 1 - P(X < 2) = 1 - \dfrac{1}{2} = \dfrac{1}{2} = 0{,}5.$

- $P(1{,}5 < X < 3) = F_X(3) - F_X(1{,}5) = 1 - \dfrac{1{,}5 - 1}{3 - 1} = 1 - \dfrac{0{,}5}{2} = \dfrac{1{,}5}{2} = 0{,}75.$

Média e Variância Como já discutido, precisamos calcular o primeiro e o segundo momentos de uma variável aleatória para obter a média e a variância. A Tabela 5.1 apresenta algumas medidas de variável aleatória contínua com distribuição uniforme no intervalo $[\alpha\ ;\ \beta]$.

Tabela 5.1 Medidas de uma variável aleatória contínua com distribuição uniforme em $[\alpha, \beta]$

	Uniforme		
1º Momento	$\dfrac{\beta + \alpha}{2}$	Média	$\dfrac{\beta + \alpha}{2}$
2º Momento	$\dfrac{\alpha^2 + \alpha\beta + \beta^2}{3}$	Variância	$\dfrac{(\beta - \alpha)^2}{12}$

A Figura 5.3 mostra a FDP de variáveis aleatórias com distribuição uniforme de média zero e diferentes valores de α e β.

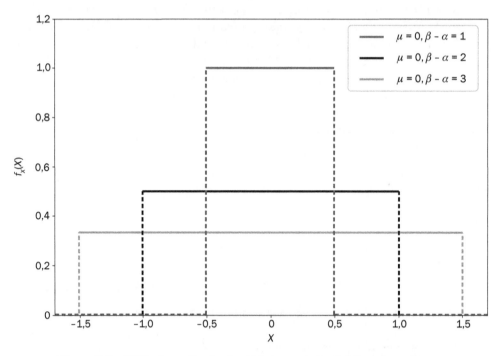

Figura 5.3 FDPs de variáveis aleatórias seguindo distribuição uniforme com a mesma média em diferentes intervalos.

Exemplo 5.3a Suponha que X seja uma variável aleatória uniformemente distribuída no intervalo $[-2\,;\,2]$. Responda:

- Qual a média de X?
  Resposta

$$E[X] = \frac{2-2}{2} = 0.$$

- Qual a variância de X?
  Resposta

$$Var(X) = \frac{(\beta - \alpha)^2}{12} = \frac{(2+2)^2}{12} \approx 1{,}33.$$

- Qual o valor de a de modo que $P(-a < X < a) = 0{,}8$?
  Resposta – Usando a definição da FDA (Equação 5.10), temos que

$$F_X(a) - F_X(-a) = \frac{a - \alpha}{\beta - \alpha} - \frac{-a - \alpha}{\beta - \alpha} = \frac{a+2}{4} - \frac{-a+2}{4} = \frac{a}{2}.$$

Portanto, precisamos que $\dfrac{a}{2} = 0{,}8$, ou seja, $a = 1{,}6$.

Exemplo 5.3b Trens do MetrôRio chegam na estação de Botafogo, em direção à Pavuna, pontualmente às 6h00 e às 6h15. Se a chegada de um determinado passageiro nesta estação é uniformemente distribuído entre 5h45 e 6h15, responda:

- Qual a probabilidade de esse passageiro esperar menos de 10 minutos?
  Resposta – Queremos calcular a probabilidade de ele chegar entre 5h50 e 6h00 para pegar o trem das 6h00 ou chegar entre 6h05 e 6h15 para pegar o trem das 6h15. Considere que X é a variável aleatória uniforme que representa o tempo (em minutos) decorrido de 5h45 até a chegada do passageiro na estação. Nesse caso, temos que X é uma variável aleatória uniformemente distribuída com $\alpha = 0$ e $\beta = 30$. Basta então usar a FDA da distribuição uniforme (Equação 5.10).

$$\begin{aligned}P(5 < X < 15) + P(20 < X < 30) &= (F_X(15) - F_X(5)) + (F_X(30) - F_X(20)) \\ &= \left(\frac{1}{2} - \frac{1}{6}\right) + \left(1 - \frac{2}{3}\right) = \frac{2}{3} \approx 0{,}666.\end{aligned}$$

- Qual a probabilidade de o passageiro não conseguir pegar o primeiro trem?
  Resposta – Isto só acontecerá se o passageiro chegar entre 6h00 e 6h15.

$$P(X > 15) = 1 - F_X(15) = 1 - \frac{1}{2} = 0{,}5.$$

5.4 Exponencial

Função Densidade de Probabilidade Uma variável aleatória contínua X é dita ter distribuição exponencial com parâmetro λ se sua FDP, para $\lambda > 0$, é dada por

$$f_X(x) = \begin{cases} \lambda e^{-\lambda x} & , \text{ se } x \geq 0, \\ 0 & , \text{ se } x < 0. \end{cases} \qquad (5.11)$$

Função Distribuição Acumulada A FDA de uma variável aleatória X exponencialmente distribuída com parâmetro λ, que pode ser obtida a partir da sua função densidade f_X, é dada por

$$F_X(k) = \begin{cases} 1 - e^{-\lambda k} & , \text{ se } k \geq 0, \\ 0 & , \text{ se } k < 0. \end{cases} \qquad (5.12)$$

Para $\lambda = 2$, por exemplo, é possível calcular

- $P(X \leq 1) = F_X(1) = 1 - e^{-2\times 1} \approx 1 - 0{,}135 \approx 0{,}865$.
- $P(X > 1) = 1 - F_X(1) \approx 0{,}135$.
- $P(1 < X < 3) = F_X(3) - F_X(1) = e^{-2\times 1} - e^{-2\times 3} \approx 0{,}135 - 0{,}0025 \approx 0{,}1325$.

Média e Variância A Tabela 5.2 apresenta algumas medidas da variável aleatória exponencial como os dois primeiros momentos, a média e a variância. Note que λ pode ser interpretado como o inverso da média.

Tabela 5.2 Medidas de uma variável aleatória contínua exponencial com parâmetro λ

	Exponencial		
1º Momento	$\frac{1}{\lambda}$	Média	$\frac{1}{\lambda}$
2º Momento	$\frac{2}{\lambda^2}$	Variância	$\frac{1}{\lambda^2}$

A Figura 5.4 mostra a FDP e a FDA de variáveis aleatórias exponenciais parametrizadas por diferentes valores de λ. Podemos fazer duas observações: 1) a curva começa no ponto $(0, \lambda)$ e decai rapidamente até chegar próxima ao eixo x, onde se prolonga até o infinito sem encontrar o eixo das abscissas; 2) quanto maior o valor do parâmetro λ, mais rapidamente a curva da FDP cai com relação ao eixo y.

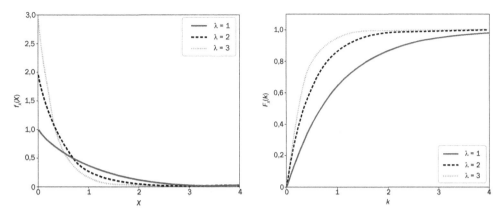

Figura 5.4 FDPs e FDAs da distribuição exponencial com diferentes valores de λ.

Falta de Memória da Distribuição Exponencial Uma variável aleatória contínua X é dita sem memória (*memoryless*), se

$$P(X > s+t \mid X > t) = P(X > s) \text{ para quaisquer } s, t \geq 0.$$

Se X é uma variável aleatória seguindo distribuição exponencial com parâmetro λ, então

$$\begin{aligned}
P(X > s+t \mid X > t) &= \frac{P(X > s+t, X > t)}{P(X > t)} = \frac{P(X > s+t)}{P(X > t)} \\
&= \frac{1 - F_X(s+t)}{1 - F_X(t)} = \frac{e^{-\lambda(s+t)}}{e^{-\lambda t}} \\
&= \frac{e^{-\lambda s} e^{-\lambda t}}{e^{-\lambda t}} = e^{-\lambda s} = P(X > s).
\end{aligned}$$

Portanto, uma variável aleatória exponencial não tem memória.

Exponencial e Poisson É importante observar que existe uma relação entre a distribuição exponencial e a distribuição de Poisson. Quando a distribuição de Poisson modela o número de eventos em um intervalo de tempo, a exponencial representa o intervalo entre esses eventos, e vice-versa.

Por exemplo, sejam $N(t)$ a quantidade de pacotes que chegam em um roteador no intervalo $[0; t]$ e $X(n)$ o intervalo entre a chegada do $(n-1)$-ésimo pacote e a chegada do n-ésimo pacote. Assim, se $X(1) = 2$ e $X(2) = 3$, o primeiro pacote chega no tempo 2 no roteador, enquanto o segundo pacote chega no tempo 5. Isso significa que, neste caso, $N(2) = 1$ e $N(5) = 2$.

Considere que as chegadas dos pacotes no roteador por unidade de tempo obedecem a uma distribuição de Poisson com parâmetro λ. Queremos então provar que as variáveis aleatórias $X(n), n = 1, 2, \ldots$ possuem distribuição exponencial.

A chegada do primeiro pacote ocorrer após o tempo t é equivalente a nenhuma chegada de pacote ocorrer no intervalo $[0; t]$, ou seja,

$$P(X(1) > t) = P(N(t) = 0) = e^{-\lambda t}.$$

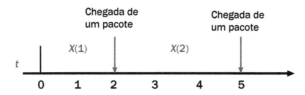

Figura 5.5 Chegadas de pacotes com distribuição de Poisson.

Note que $X(1)$ tem distribuição exponencial com parâmetro λ. Agora, assuma que $X(1) = t_1$. Para qualquer valor real positivo t, o evento $\{N(t_1 + t) - N(t_1) = 0\}$ expressa "nenhuma ocorrência em $(t_1 ; t_1 + t]$", cuja probabilidade depende apenas da amplitude de $(t_1 ; t_1 + t]$ e do parâmetro λ, sendo a mesma do evento $\{N(t) = 0\}$. Portanto,

$$P(X(2) > t \mid X(1) = t_1) = P(N(t_1 + t) - N(t_1) = 0 \mid X(1) = t_1) = P(N(t) = 0) = e^{-\lambda t}.$$

Note que $e^{-\lambda t}$ não depende de t_1, o que implica $P(X(2) > t \mid X(1) = t_1) = P(X(2) > t)$. Podemos concluir que $X(2)$ também segue distribuição exponencial com parâmetro λ e que $X(1)$ e $X(2)$ são independentes, isto é, o valor que uma delas assume não modifica a distribuição de probabilidades da outra. Analogamente, para $n > 2$, temos

$$P(X(n) > t \mid X(1) = t_1, \ldots, X(n-1) = t_{n-1}) = P\left(N\left(\sum_{i=1}^{n-1} t_i + t\right) - N\left(\sum_{i=1}^{n-1} t_i\right) = 0\right)$$
$$= P(N(t) = 0) = e^{-\lambda t}.$$

Portanto, $X(n)$, $n = 1, 2, \ldots$ são variáveis aleatórias independentes seguindo, cada uma, distribuição exponencial com parâmetro λ.

Exemplo 5.4a O tempo (em horas) necessário para reparar um computador é uma variável aleatória exponencialmente distribuída com parâmetro $\lambda = 1/2$. Calcule:

- O tempo médio de reparo de um computador.
  Resposta – Sabemos que $E[X] = 1/\lambda$. Logo, em média, um computador é consertado em 2 horas.

- A probabilidade de que o tempo de vida de reparo exceda 2 horas.
  Resposta – Por meio da FDA da distribuição exponencial (Equação 5.12) com $\lambda = 1/2$,

$$P(X > 2) = 1 - P(X \leq 2) = 1 - (1 - e^{-\frac{1}{2} \times 2}) = e^{-1} \approx 0{,}368.$$

- A probabilidade condicional de que o tempo de reparo será maior que cinco horas dado que a duração excede três horas.
  Resposta – Sabemos que a distribuição exponencial não tem memória. Logo,

$$P(X > 5 \mid X > 3) = P(X > 3 + 2 \mid X > 3) = P(X > 2) = e^{-1} \approx 0{,}368.$$

Exemplo 5.4b A vida média de um componente eletrônico segue uma distribuição exponencial com média de 1.000 horas. Suponha que o custo de fabricação desse item seja R$ 10,00 e que o preço de venda seja R$ 25,00. O fabricante garante total devolução se o componente durar menos de 900 horas. Qual o lucro esperado por componente?

Resposta – Neste exemplo temos $\lambda = 1/1000$. O fabricante terá prejuízo de R$ 10,00 se o componente tiver uma vida útil menor que 900 horas e terá lucro de R$ 15,00 se o componente tiver uma vida igual a ou maior que 900 horas. Seja Y a variável aleatória que designa esse lucro. Temos que Y é uma função da variável aleatória X, e seu valor esperado é dado por

$$E[Y] = \int_{-\infty}^{900} (-10) f_X(x) dx + \int_{900}^{\infty} 15 f_X(x) dx = -10 \times P(X < 900) + 15 \times P(X \geq 900).$$

Como

$$P(X < 900) = F_X(900) = 1 - e^{-\frac{1}{1000} \times 900} = 1 - e^{-0,9} \approx 1 - 0,407 \approx 0,593$$

e

$$P(X \geq 900) = 1 - P(X < 900) \approx 1 - 0,593 \approx 0,407,$$

o lucro esperado na venda de um destes componentes elétricos é

$$E[Y] \approx -R\$\ 10,00 \times 0,593 + R\$\ 15,00 \times 0,407 \approx R\$\ 0,18.$$

5.5 Erlang

Função Densidade de Probabilidade A FDP de uma variável aleatória com distribuição de Erlang com parâmetros n e λ é dada por

$$f_X(x) = \begin{cases} \dfrac{\lambda^n x^{n-1} e^{-\lambda x}}{(n-1)!} & ,\ \text{se } x \geq 0, \\ 0 & ,\ \text{se } x < 0. \end{cases} \quad (5.13)$$

em que n é um valor inteiro maior que zero e λ é um número real positivo.

Função Distribuição Acumulada A FDA de uma variável aleatória com distribuição de Erlang com parâmetros n e λ é dada por

$$F_X(k) = \begin{cases} 0 & ,\ \text{se } k < 0, \\ 1 - e^{-\lambda k} \sum_{i=0}^{n-1} \dfrac{(\lambda k)^i}{i!} & ,\ \text{se } k \geq 0. \end{cases} \quad (5.14)$$

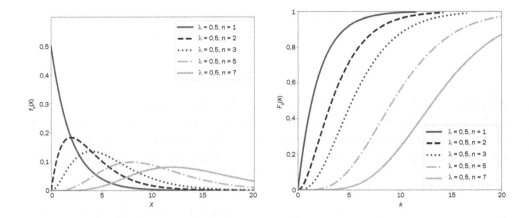

Figura 5.6 FDP e FDA da distribuição de Erlang com $\lambda = 0{,}5$ e diferentes valores de n.

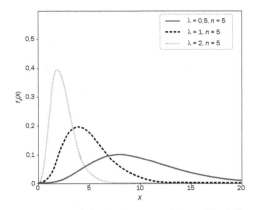

Figura 5.7 FDP da distribuição de Erlang com $n = 5$ e diferentes valores de λ.

A Figura 5.6 mostra a FDP e a FDA da distribuição de Erlang para vários valores do parâmetro n quando $\lambda = 0{,}5$. Note que a FDP com $n = 1$ é igual a FDP de uma variável aleatória exponencial com o mesmo valor de λ. A Figura 5.7 apresenta a FDP da distribuição de Erlang para vários valores de λ quando $n = 5$.

Média e Variância Sabemos que a média corresponde ao primeiro momento da variável aleatória e que a variância é calculada usando os dois primeiros momentos da variável. A Tabela 5.3 apresenta algumas medidas de uma variável aleatória com distribuição de Erlang com parâmetros n e λ.

Tabela 5.3 Medidas de uma variável aleatória com distribuição de Erlang com parâmetros n e λ

	Erlang		
1º Momento	$\frac{n}{\lambda}$	Média	$\frac{n}{\lambda}$
2º Momento	$\frac{n(n+1)}{\lambda^2}$	Variância	$\frac{n}{\lambda^2}$

Note que a média corresponde à soma das médias de n variáveis aleatórias exponenciais com parâmetro λ em comum, assim como a variância corresponde à soma das variâncias de n variáveis aleatórias exponenciais com parâmetro λ em comum. Isto não é uma coincidência. O modelo proposto inicialmente por Agner Krarup Erlang (1878-1929) visava estudar os retardos no tráfego telefônico considerando que a voz passava por n estágios (independentes entre si) e que cada estágio seguia uma distribuição exponencial com um parâmetro λ em comum. O tempo total acumulado nestes n estágios segue distribuição de Erlang com parâmetros n e λ.

Figura 5.8 Ilustrando distribuição de Erlang como n etapas exponenciais com parâmetro λ.

Exemplo 5.5a João chega em um banco e encontra apenas um caixa funcionando. Ele nota que uma pessoa está sendo atendida e que duas pessoas estão esperando na fila. Suponha que o tempo de atendimento no caixa é uma variável aleatória exponencialmente distribuída com média de dois minutos. Pergunta-se:

- Qual a probabilidade de João levar mais de cinco minutos para ser atendido?
  Resposta – Primeiramente, cabe destacar que não importa há quanto tempo a pessoa em atendimento está no caixa, por conta da propriedade de falta de memória da distribuição exponencial. Como há três pessoas para serem atendidas antes de João e o tempo de atendimento de cada uma delas segue distribuição exponencial com parâmetro $\lambda = 1/2$, então o tempo total de atendimento destas três pessoas (ou seja, o tempo que João demorará para seu atendimento ser iniciado) segue distribuição de Erlang com $n = 3$ e $\lambda = 1/2$. Denotando esta variável aleatória por X, temos

$$P(X > 5) = 1 - P(X \leq 5) = 1 - F_X(5) = e^{-0.5 \times 5} \sum_{i=0}^{2} \frac{(0.5 \times 5)^i}{i!} \approx 0.544.$$

- Qual a probabilidade de João esperar menos de três minutos para ser atendido?
  Resposta – A variável aleatória de interesse é a mesma do item anterior, com a probabilidade solicitada calculada a seguir.

$$P(X < 3) = F_X(3) = 1 - e^{-0,5 \times 3} \sum_{i=0}^{2} \frac{(0,5 \times 3)^i}{i!} \approx 0,191.$$

- Qual a probabilidade de João ficar mais de 10 minutos no banco?
  Resposta – Para responder a essa pergunta, precisamos incluir o tempo de atendimento de João no caixa. Logo, a variável aleatória a ser considerada aqui tem distribuição de Erlang com $n = 4$ e $\lambda = 1/2$. Representando-a por Y, temos

$$P(Y > 10) = 1 - P(Y \leq 10) = 1 - F_Y(10) = e^{-0,5 \times 10} \sum_{i=0}^{3} \frac{(0,5 \times 10)^i}{i!} \approx 0,265.$$

Exemplo 5.5b O tempo entre a passagem de carros consecutivos por um certo radar segue distribuição exponencial com média de cinco minutos. O tempo transcorrido do instante inicial até a passagem do 1º carro pelo radar segue esta mesma distribuição. Responda:

- Qual a probabilidade de que pelo menos 20 carros passem pelo radar em uma hora?
  Resposta – Como o tempo entre a passagem de carros consecutivos pelo radar segue distribuição exponencial com $\lambda = 1/5$, o tempo X até a passagem do 20º carro pelo radar segue distribuição de Erlang com $n = 20$ e $\lambda = 1/5 = 0,2$. A probabilidade solicitada é

$$P(X \leq 60) = F_X(60) = 1 - e^{-0,2 \times 60} \sum_{i=0}^{19} \frac{(0,2 \times 60)^i}{i!} \approx 0,021.$$

- Quanto tempo de observação, em média, é necessário para ver 20 carros passarem pelo radar?
  Resposta – Basta usar a média conforme descrito na Tabela 5.3 com $n = 20$ e $\lambda = 0,2$ para responder a esta pergunta.

$$E[X] = \frac{20}{0,2} = 100 \text{ minutos}.$$

5.6 Normal

Função Densidade de Probabilidade Uma variável aleatória X é dita ter distribuição normal com parâmetros μ e σ quando a sua FDP é dada por

$$f_X(x) = \frac{1}{\sigma\sqrt{2\pi}} e^{-(x-\mu)^2/(2\sigma^2)}, \quad -\infty < x < \infty. \tag{5.15}$$

É importante fazermos algumas observações com relação a essa distribuição.

- Os parâmetros μ e σ correspondem, respectivamente, à média e ao desvio padrão de X.
- A distribuição normal com parâmetros $\mu = 0$ e $\sigma = 1$ é chamada de distribuição **normal padrão** ou **normal reduzida**. É comum o uso da letra Z para denotar uma variável aleatória com esta distribuição.
- A distribuição normal também é conhecida como distribuição gaussiana em homenagem ao matemático alemão Karl Friedrich Gauss (1777-1855).

A FDP da distribuição normal com média μ e desvio padrão σ é simétrica com relação à reta vertical que passa por $x = \mu$. Isso significa que a área entre o eixo horizontal e a curva de densidade, de k unidades à esquerda de μ até μ, é igual à área entre o eixo horizontal e a curva de densidade, de μ até k unidades à direita de μ. Ou seja, $P(\mu - k < X < \mu) = P(\mu < X < \mu + k)$, para todo $k > 0$. Além disso, tal curva tem sempre o formato de sino. Para melhor entender estas características, veja as Figuras 5.9 e 5.10. Ambas mostram a FDP da distribuição normal: a primeira com $\mu = 0$ e $\sigma = 1$ e, a segunda, com $\mu = 4$ e $\sigma = 2$. Tanto o primeiro como o segundo gráfico apresentam o formato de sino, apesar das diferentes escalas nos eixos x e y dos gráficos. Note que a FDP da Figura 5.9 tem um pico mais alto ($f_X(0) \approx 0{,}40$) e é mais concentrada em torno da reta $x = 0$, ao passo que a FDP da Figura 5.10 tem pico menor ($f_X(4) \approx 0{,}20$) e é mais dispersa com relação à reta $x = 4$, apresentando um comportamento mais "achatado".

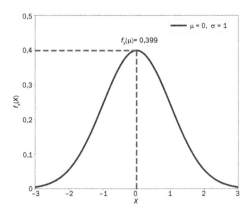

Figura 5.9 FDP da distribuição normal com $\mu = 0$ e $\sigma = 1$.

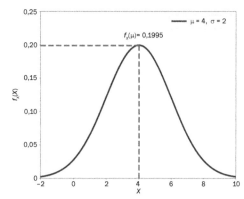

Figura 5.10 FDP da distribuição normal com $\mu = 4$ e $\sigma = 2$.

A Figura 5.11 compara a FDP de três variáveis aleatórias normalmente distribuídas com diferentes valores de μ e σ (note que a curva contínua (em cinza) representa a distribuição normal padrão). Enquanto o parâmetro μ regula a posição central da curva de densidade, que é onde ela atinge seu maior valor, o parâmetro σ controla sua "abertura": quanto maior σ, mais achatada será a curva, e quanto menor σ, mais concentrada em torno de $x = \mu$ será a FDP. Cabe ressaltar que quanto mais achatada for a FDP, menor será o seu valor máximo, uma vez que a área total entre o eixo horizontal e a FDP é obrigatoriamente igual a 1, quaisquer que sejam μ e σ.

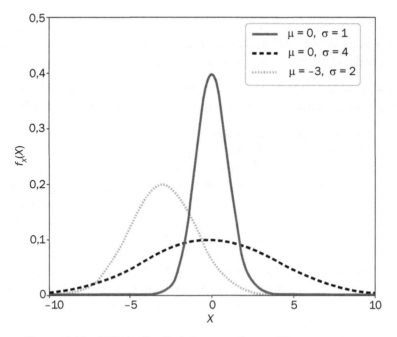

Figura 5.11 FDP da distribuição normal com diferentes valores para os parâmetros μ e σ^2.

A Figura 5.12 ilustra a FDP de uma distribuição normal genérica. Os valores das áreas encontradas entre o eixo horizontal e a FDP, de $\mu - k\sigma$ até $\mu + k\sigma$, para $k \in \{1,2,3\}$ seguem apresentadas na parte inferior da Figura 5.12 e na Tabela 5.4, quaisquer que sejam μ e σ. Essas áreas equivalem às probabilidades $P(\mu - k\sigma < X < \mu + k\sigma)$, para $k \in \{1,2,3\}$.

Tabela 5.4 Áreas entre o eixo horizontal e a FDP da distribuição normal de parâmetros μ e σ

Área	Proporção
$\mu - \sigma$ a $\mu + \sigma$	68,3%
$\mu - 2\sigma$ a $\mu + 2\sigma$	95,5%
$\mu - 3\sigma$ a $\mu + 3\sigma$	99,7%

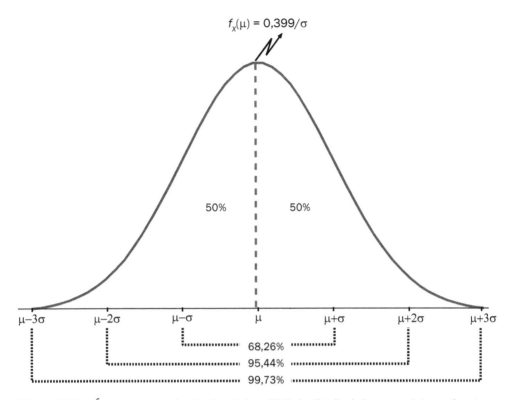

Figura 5.12 Áreas entre o eixo horizontal e a FDP da distribuição normal de parâmetros μ e σ, de $\mu - k\sigma$ a $\mu + k\sigma$ para $k \in \{1,2,3\}$.

Função Distribuição Acumulada Para X uma variável aleatória normalmente distribuída com média μ e desvio padrão σ, a partir das Equações 5.2 e 5.15, podemos escrever sua FDA, para qualquer $k \in \mathbb{R}$, como:

$$F_X(k) = \frac{1}{\sigma\sqrt{2\pi}} \int_{-\infty}^{k} e^{-(x-\mu)^2/(2\sigma^2)} dx.$$

Não é possível resolver a integral acima de forma analítica. Entretanto, no caso particular da distribuição normal padrão, métodos numéricos são capazes de resolver tal integral com razoável precisão. Seja Z uma variável aleatória com distribuição normal padrão, cuja FDA é dada por

$$\Phi(k) = F_Z(k) = \frac{1}{\sqrt{2\pi}} \int_{-\infty}^{k} e^{-u^2/2} du.$$

Apesar de a notação F_Z ser natural, a FDA da normal padrão é tradicionalmente representada pela letra grega Φ. A Tabela 5.5 traz os valores obtidos, via métodos numéricos, para $\Phi(z)$, arredondados para quatro casas decimais, para z de 0,00 até 3,49, com salto de 0,01.

Tabela 5.5 Probabilidades acumuladas da distribuição normal padrão

z	0,00	0,01	0,02	0,03	0,04	0,05	0,06	0,07	0,08	0,09
0,0	0,5000	0,5040	0,5080	0,5120	0,5160	0,5199	0,5239	0,5279	0,5319	0,5359
0,1	0,5398	0,5438	0,5478	0,5517	0,5557	0,5596	0,5636	0,5675	0,5714	0,5753
0,2	0,5793	0,5832	0,5871	0,5910	0,5948	0,5987	0,6026	0,6064	0,6103	0,6141
0,3	0,6179	0,6217	0,6255	0,6293	0,6331	0,6368	0,6406	0,6443	0,6480	0,6517
0,4	0,6554	0,6591	0,6628	0,6664	0,6700	0,6736	0,6772	0,6808	0,6844	0,6879
0,5	0,6915	0,6950	0,6985	0,7019	0,7054	0,7088	0,7123	0,7157	0,7190	0,7224
0,6	0,7257	0,7291	0,7324	0,7357	0,7389	0,7422	0,7454	0,7486	0,7517	0,7549
0,7	0,7580	0,7611	0,7642	0,7673	0,7704	0,7734	0,7764	0,7794	0,7823	0,7852
0,8	0,7881	0,7910	0,7939	0,7967	0,7995	0,8023	0,8051	0,8078	0,8106	0,8133
0,9	0,8159	0,8186	0,8212	0,8238	0,8264	0,8289	0,8315	0,8340	0,8365	0,8389
1,0	0,8413	0,8438	0,8461	0,8485	0,8508	0,8531	0,8554	0,8577	0,8599	0,8621
1,1	0,8643	0,8665	0,8686	0,8708	0,8729	0,8749	0,8770	0,8790	0,8810	0,8830
1,2	0,8849	0,8869	0,8888	0,8907	0,8925	0,8944	0,8962	0,8980	0,8997	0,9015
1,3	0,9032	0,9049	0,9066	0,9082	0,9099	0,9115	0,9131	0,9147	0,9162	0,9177
1,4	0,9192	0,9207	0,9222	0,9236	0,9251	0,9265	0,9279	0,9292	0,9306	0,9319
1,5	0,9332	0,9345	0,9357	0,9370	0,9382	0,9394	0,9406	0,9418	0,9429	0,9441
1,6	0,9452	0,9463	0,9474	0,9484	0,9495	0,9505	0,9515	0,9525	0,9535	0,9545
1,7	0,9554	0,9564	0,9573	0,9582	0,9591	0,9599	0,9608	0,9616	0,9625	0,9633
1,8	0,9641	0,9649	0,9656	0,9664	0,9671	0,9678	0,9686	0,9693	0,9699	0,9706
1,9	0,9713	0,9719	0,9726	0,9732	0,9738	0,9744	0,9750	0,9756	0,9761	0,9767
2,0	0,9772	0,9778	0,9783	0,9788	0,9793	0,9798	0,9803	0,9808	0,9812	0,9817
2,1	0,9821	0,9826	0,9830	0,9834	0,9838	0,9842	0,9846	0,9850	0,9854	0,9857
2,2	0,9861	0,9864	0,9868	0,9871	0,9875	0,9878	0,9881	0,9884	0,9887	0,9890
2,3	0,9893	0,9896	0,9898	0,9901	0,9904	0,9906	0,9909	0,9911	0,9913	0,9916
2,4	0,9918	0,9920	0,9922	0,9925	0,9927	0,9929	0,9931	0,9932	0,9934	0,9936
2,5	0,9938	0,9940	0,9941	0,9943	0,9945	0,9946	0,9948	0,9949	0,9951	0,9952
2,6	0,9953	0,9955	0,9956	0,9957	0,9959	0,9960	0,9961	0,9962	0,9963	0,9964
2,7	0,9965	0,9966	0,9967	0,9968	0,9969	0,9970	0,9971	0,9972	0,9973	0,9974
2,8	0,9974	0,9975	0,9976	0,9977	0,9977	0,9978	0,9979	0,9979	0,9980	0,9981
2,9	0,9981	0,9982	0,9982	0,9983	0,9984	0,9984	0,9985	0,9985	0,9986	0,9986
3,0	0,9987	0,9987	0,9987	0,9988	0,9988	0,9989	0,9989	0,9989	0,9990	0,9990
3,1	0,9990	0,9991	0,9991	0,9991	0,9992	0,9992	0,9992	0,9992	0,9993	0,9993
3,2	0,9993	0,9993	0,9994	0,9994	0,9994	0,9994	0,9994	0,9995	0,9995	0,9995
3,3	0,9995	0,9995	0,9995	0,9996	0,9996	0,9996	0,9996	0,9996	0,9996	0,9997
3,4	0,9997	0,9997	0,9997	0,9997	0,9997	0,9997	0,9997	0,9997	0,9997	0,9998

A primeira coluna da Tabela 5.5 expressa a parte inteira e a primeira casa decimal de z, ao passo que a primeira linha traz a segunda casa decimal de z, ambas enfatizadas em negrito. Todas as outras células comportam probabilidades acumuladas. Para obter, por exemplo, a probabilidade acumulada pela distribuição normal padrão no ponto 1,96, isto é, $\Phi(1{,}96) = P(Z \leq 1{,}96)$, basta buscar a célula na qual a linha iniciada em "1,9" e a coluna iniciada em "0,06" se encontram:

$$\Phi(1{,}96) = 0{,}9750.$$

Note que a Tabela 5.5 fornece probabilidades acumuladas da distribuição normal padrão apenas em valores positivos de z. Como obter, portanto, $\Phi(z)$ para $z < 0$? Basta recorrer à simetria da FDP da distribuição normal padrão em torno de zero para concluir que

$$\Phi(-z) = 1 - \Phi(z). \tag{5.16}$$

Por meio do exemplo a seguir, a Equação 5.16 fica mais clara. Imagine que o objetivo é obter a área sombreada na Figura 5.13, ou seja, queremos $P(Z \leq -1)$. A Figura 5.14 ilustra $P(Z \leq 1)$ em sua área sombreada, enquanto a área sombreada na Figura 5.15 representa $P(Z > 1)$.

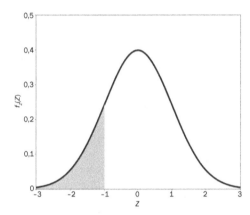

Figura 5.13 Área sombreada é $\Phi(-1)$.

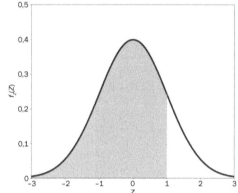

Figura 5.14 Área sombreada é $\Phi(1)$.

Sabemos que $P(Z \leq 1) + P(Z > 1) = 1$ e $P(Z \leq -1) = P(Z > 1)$. Portanto, temos $P(Z \leq -1) = 1 - P(Z \leq 1)$, que é a Equação 5.16 com $z = 1$. Podemos então calcular $\Phi(-1) = 1 - \Phi(1) = 1 - 0{,}8413 = 0{,}1587$. Adicionalmente, podemos calcular $P(-1 < Z < 1)$ removendo, da área sombreada na Figura 5.14, a área sombreada na Figura 5.13, ou seja, $P(-1 < Z < 1) = \Phi(1) - \Phi(-1) = 0{,}8413 - 0{,}1587 = 0{,}6826$. Por fim, a Figura 5.16 mostra exemplos de FDAs da distribuição normal com média igual a zero e diferentes valores do desvio padrão. A curva contínua (em cinza) representa a FDA da normal padrão.

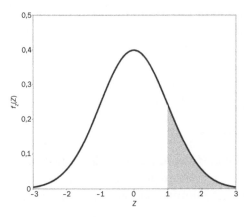

Figura 5.15 Área sombreada é $1 - \Phi(1)$.

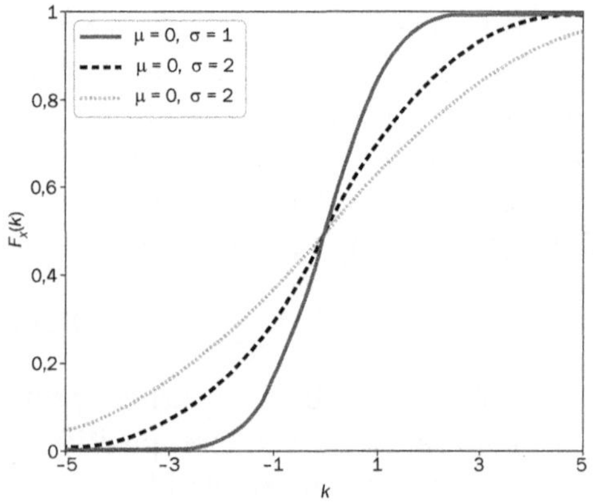

Figura 5.16 Exemplos de FDAs da distribuição normal com $\mu = 0$.

Com o que foi visto até o momento, é possível obter qualquer probabilidade associada a uma variável aleatória com distribuição normal padrão, direta ou indiretamente, pela Tabela 5.5. Mas como obter probabilidades associadas a uma variável aleatória X normalmente distribuída com $\mu \neq 0$ e/ou $\sigma \neq 1$? A chamada técnica de padronização estabelece uma relação de equivalência da distribuição normal com quaisquer parâmetros μ e σ com a distribuição normal padrão.

Técnica de Padronização Para X uma variável aleatória normalmente distribuída com média μ e desvio padrão σ e Z uma variável aleatória com distribuição normal padrão, X está para x da mesma forma que Z está para $(x - \mu)/\sigma$. Portanto,

$$P(X < x) = \Phi\left(\frac{x - \mu}{\sigma}\right),$$
$$P(X > x) = 1 - \Phi\left(\frac{x - \mu}{\sigma}\right),$$
$$P(x_1 < X < x_2) = \Phi\left(\frac{x_2 - \mu}{\sigma}\right) - \Phi\left(\frac{x_1 - \mu}{\sigma}\right).$$

As Figuras de 5.17 a 5.21 apresentam exemplos de obtenção de probabilidades associadas a uma variável aleatória X normalmente distribuída com $\mu = 4$ e $\sigma = 2$, com Z denotando uma variável aleatória com distribuição normal padrão.

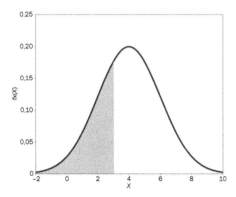

$$P(X<3) = P\left(Z < \frac{3-4}{2}\right)$$
$$= P(Z < -0{,}5)$$
$$= \Phi(-0{,}5)$$
$$= 1 - \Phi(0{,}5)$$
$$= 1 - 0{,}6915$$
$$= 0{,}3085.$$

Figura 5.17 $P(X < 3)$ com $\mu = 4$ e $\sigma = 2$.

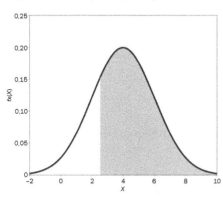

$$P(X<6) = P\left(Z < \frac{6-4}{2}\right)$$
$$= P(Z < 1)$$
$$= \Phi(1)$$
$$= 0{,}8413.$$

Figura 5.18 $P(X < 6)$ com $\mu = 4$ e $\sigma = 2$.

$$P(X>2{,}55) = P\left(Z > \frac{2{,}55-4}{2}\right)$$
$$= P(Z > -0{,}73)$$
$$= 1 - P(Z < -0{,}73)$$
$$= 1 - \Phi(-0{,}73)$$
$$= 1 - (1 - \Phi(0{,}73))$$
$$= \Phi(0{,}73)$$
$$= 0{,}7673.$$

Figura 5.19 $P(X > 2{,}55)$ com $\mu = 4$ e $\sigma = 2$.

Tabela 5.6 Medidas de uma variável aleatória normalmente distribuída com parâmetros μ e σ

	Normal		
1º Momento	μ	Média	μ
2º Momento	$\mu^2 + \sigma^2$	Variância	σ^2

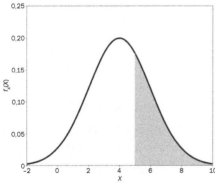

$$P(X > 5) = P\left(Z > \frac{5-4}{2}\right)$$
$$= P(Z > 0,5)$$
$$= 1 - P(Z < 0,5)$$
$$= 1 - \Phi(0,5)$$
$$= 0,3085.$$

Figura 5.20 $P(X > 5)$ com $\mu = 4$ e $\sigma = 2$.

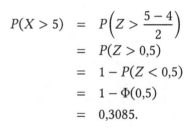

$$P(3 < X < 6) = P\left(\frac{3-4}{2} < Z < \frac{6-4}{2}\right)$$
$$= P(-0,5 < Z < 1)$$
$$= \Phi(1) - \Phi(-0,5)$$
$$= \Phi(1) - (1 - \Phi(0,5))$$
$$= 0,8413 - 0,3085$$
$$= 0,5328.$$

Figura 5.21 $P(3 < X < 6)$ com $\mu = 4$ e $\sigma = 2$.

Média e Variância Como esperado, uma variável aleatória normalmente distribuída de parâmetros μ e σ tem média μ e a variância é igual a σ^2. A Tabela 5.6 resume algumas medidas desta distribuição.

Exemplo 5.6a Suponha que o tempo necessário para atendimento de clientes em uma fila de banco siga distribuição normal com média de 10 minutos e desvio padrão de dois minutos.

- Qual é a probabilidade de que um atendimento dure menos de 8 minutos?
  Resposta – Seja X a variável aleatória que representa o tempo de atendimento do cliente, normalmente distribuída com $\mu = 10$ e $\sigma = 2$. Após utilizar a técnica de padronização, basta aplicar a Equação 5.16 e consultar a Tabela 5.5.

$$P(X < 8) = P\left(Z < \frac{8-10}{2}\right) = P(Z < -1) = 1 - \Phi(1) = 1 - 0,8413 = 0,1587.$$

- Qual a probabilidade de que um atendimento dure mais do que 13 minutos?
  Resposta

$$P(X > 13) = P\left(Z > \frac{13-10}{2}\right) = P(Z > 1,5) = 1 - \Phi(1,5) = 1 - 0,9332 = 0,0668.$$

- Qual a probabilidade de que um atendimento dure entre oito e 13 minutos?
  Resposta

  $P(8 < X < 13) = P(-1 < Z < 1{,}5) = \Phi(1{,}5) - \Phi(-1) = 0{,}9332 - (1 - 0{,}8413) = 0{,}7745.$

- Qual o tempo mínimo de atendimento de 80% dos clientes?
  Resposta – Precisamos descobrir o valor k de forma que a probabilidade de X ser maior que k corresponda a 80%. Note que a probabilidade mais próxima de 80% na Tabela 5.5 é 0,7995, que se dá no encontro da linha iniciada em 0,8 e da coluna iniciada em 0,04, ou seja, $\Phi(0{,}84) = 0{,}7995 \approx 0{,}80$. Portanto,

  $$P(X > k) = 0{,}80 \Rightarrow P\left(Z > \frac{k-10}{2}\right) \approx \Phi(0{,}84) \Rightarrow 1 - P\left(Z \leq \frac{k-10}{2}\right) \approx \Phi(0{,}84).$$

  Aplicando a Equação 5.16 em $P(Z \leq (k-10)/2)$, concluímos que

  $$\Phi\left(\frac{-(k-10)}{2}\right) \approx \Phi(0{,}84) \Rightarrow \frac{10-k}{2} \approx 0{,}84 \Rightarrow k \approx 8{,}32.$$

  Isso significa que 80% dos atendimentos levam, pelo menos, 8,32 minutos.

Exemplo 5.6b Uma companhia produz *notebooks* e *desktops* e dá garantia de devolução do dinheiro caso algum computador apresente defeito grave em até 12 meses. Suponha que o tempo até a ocorrência de defeito grave siga distribuição normal com média de 12 meses e desvio padrão de 2 meses para *notebooks* e com média de 18 meses e desvio padrão de 3 meses para *desktops*. O custo para produzir um *notebook* é de R$ 3.000,00, enquanto seu preço de venda é R$ 5.000,00. O custo de produção de um *desktop* é R$ 2.500,00 e o seu preço de venda é R$ 5.000,00.

- Qual a probabilidade de restituição dos *notebooks* e dos *desktops*?
  Resposta – Sejam X_1 a variável aleatória que representa o tempo até ocorrência de defeito grave em *notebooks* (normal com $\mu = 12$ e $\sigma = 2$) e X_2 a variável aleatória que representa o tempo até ocorrência de defeito grave em *desktops* (normal com $\mu = 18$ e $\sigma = 3$). A probabilidade de restituição de cada tipo de computador é calculada a seguir.

  $$P(X_1 < 12) = P(Z < 0) = \Phi(0) = 0{,}5000,$$
  $$P(X_2 < 12) = P(Z < -2) = \Phi(-2) = 1 - \Phi(2) = 1 - 0{,}9772 = 0{,}0288.$$

- Qual o lucro médio da companhia na venda de *notebooks* e na venda de *desktops*?
  Resposta – Sejam Y_1 e Y_2 as variáveis aleatórias que representam o lucro na venda de um *notebook* e de um *desktop*. Temos que Y_1 e Y_2 são funções das variáveis aleatórias X_1 e X_2, respectivamente. Os lucros médios solicitados são dados por

  $$E[Y_1] = \int_{-\infty}^{12} (-3000) f_{X_1}(x) dx + \int_{12}^{\infty} (5000 - 3000) f_{X_1}(x) dx$$

e
$$E[Y_2] = \int_{-\infty}^{12} (-2500) f_{X_2}(x) dx + \int_{12}^{\infty} (5000 - 2500) f_{X_2}(x) dx,$$

o que equivale a

$$E[Y_1] = -3000 \times P(X_1 < 12) + 2000 \times P(X_1 \geq 12)$$

e

$$E[Y_2] = -2500 \times P(X_2 < 12) + 2500 \times P(X_2 \geq 12).$$

No item anterior, foram calculadas as probabilidades de ocorrer um erro grave nos equipamentos antes de 12 meses. Então,

$$P(X_1 \geq 12) = 1 - P(X_1 < 12) = 1 - 0{,}5000 = 0{,}500,$$
$$P(X_2 \geq 12) = 1 - P(X_2 < 12) = 1 - 0{,}0288 = 0{,}9772.$$

Logo,

$$E[Y_1] = -R\$\ 3.000{,}00 \times 0{,}5000 + R\$\ 2.000{,}00 \times 0{,}5000 = -R\$\ 500{,}00,$$
$$E[Y_2] = -R\$\ 2.500{,}00 \times 0{,}0288 + R\$\ 2.500{,}00 \times 0{,}9772 = R\$\ 2.371{,}00.$$

- Para a empresa, é melhor vender *notebook* ou *desktop*?
  Resposta – É melhor vender *desktops*, pois a empresa tem, em média, prejuízo com os *notebooks*.

Aproximação da Distribuição Binomial pela Normal A distribuição normal pode ser usada para obter uma aproximação para a distribuição binomial (abordada na Seção 4.5) de parâmetros n e p quando n é grande. Neste caso, temos distribuição normal com $\mu = np$ e $\sigma = \sqrt{np(1-p)}$.

O problema é que estamos usando uma distribuição contínua (normal) para obter os valores aproximados de probabilidades de uma variável aleatória discreta (a qual segue distribuição binomial com parâmetros n e p). Sabemos que a probabilidade de uma variável aleatória contínua assumir valores dentro de um intervalo corresponde à área entre o eixo horizontal e sua FDP limitada neste intervalo, enquanto a probabilidade de uma variável aleatória discreta corresponde a um ponto em sua FMP. Para conseguir fazer essa aproximação, um valor inteiro k associado à distribuição binomial é substituído pelo intervalo de $k - 0{,}5$ a $k + 0{,}5$ na distribuição normal. Chama-se isto de **correção de continuidade**. A Tabela 5.7 mostra como esta correção deve ser feita.

Como exemplo, considere uma variável aleatória seguindo distribuição binomial com $n = 100$ e $p = 0{,}4$. A Tabela 5.8 mostra os valores obtidos com as duas distribuições (exata e aproximada) para $P(X = k)$ com $k \in \{35, 36, \ldots, 45, 46\}$.

Tabela 5.7 Correção de continuidade para a aproximação da distribuição binomial pela distribuição normal

Binomial	Normal
$P(X = k)$	$P(k - 0{,}5 \leq X \leq k + 0{,}5)$
$P(X < k)$	$P(X \leq k - 0{,}5)$
$P(X \leq k)$	$P(X \leq k + 0{,}5)$
$P(X > k)$	$P(X \geq k + 0{,}5)$
$P(X \geq k)$	$P(X \geq k - 0{,}5)$

Tabela 5.8 Aproximação da binomial com parâmetros $n = 100$ e $p = 0{,}4$ pela normal com parâmetros $\mu = 40$ e $\sigma = \sqrt{24}$

k	Binomial	Normal	k	Binomial	Normal
35	0,04913	0,04740	41	0,07929	0,08190
36	0,05914	0,06010	42	0,07421	0,07330
37	0,06820	0,06610	43	0,06673	0,06610
38	0,07538	0,07330	44	0,05763	0,06010
39	0,07989	0,08190	45	0,04781	0,04740
40	0,08122	0,07960	46	0,03811	0,03960

5.7 ▪ Exercícios Resolvidos

1. O tempo que um funcionário de uma empresa fica nas redes sociais é uma variável aleatória X cuja FDP é dada pela Figura 5.22.

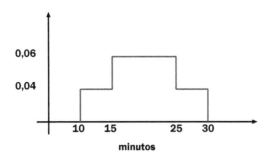

Figura 5.22 Função densidade de probabilidade.

Calcule a probabilidade de um usuário ficar nas redes sociais:

(a) Por até 20 minutos.
   Resposta – $P(X \leq 20) = 5 \times 0{,}04 + 5 \times 0{,}06 = 0{,}5$.

(b) Por mais de 15 minutos.
   Resposta – $P(X > 15) = 10 \times 0{,}06 + 5 \times 0{,}04 = 0{,}8$.

(c) Entre 15 e 25 minutos.
   Resposta – $P(15 \leq X \leq 25) = 10 \times 0{,}06 = 0{,}6$.
(d) Por mais de 27 minutos.
   Resposta – $P(X > 27) = 3 \times 0{,}04 = 0{,}12$.

2. Seja X uma variável aleatória com a seguinte FDP

$$f_X(x) = \begin{cases} c(2x - x^2) &, \text{ se } 0 < x < 1, \\ 0 &, \text{ nos outros casos.} \end{cases}$$

(a) Qual é o valor de c?
   Resposta – Basta igualar a 1 a área entre o eixo horizontal e a FDP.

$$\int_0^1 c(2x - x^2)dx = 1$$

$$\left(c\int_0^1 2x\,dx\right) - \left(c\int_0^1 x^2 dx\right) = 1$$

$$\left(2c\frac{x^2}{2}\Big|_0^1\right) - \left(c\frac{x^3}{3}\Big|_0^1\right) = 1$$

$$c - \frac{c}{3} = 1$$

$$c = \frac{3}{2}.$$

Logo, a FDP apresentada na questão é

$$f_X(x) = \begin{cases} \dfrac{3}{2}(2x - x^2) &, \text{ se } 0 < x < 1, \\ 0 &, \text{ nos outros casos.} \end{cases}$$

(b) Qual é a função de distribuição acumulada de X?
   Resposta – Para $0 < k < 1$,

$$F_X(k) = \int_0^k \frac{3}{2}(2x - x^2)dx = \frac{3}{2}k^2\left(1 - \frac{k}{3}\right).$$

Portanto, temos

$$F_X(k) = \begin{cases} 0 &, \text{ se } k \leq 0, \\ \dfrac{3}{2}k^2\left(1 - \dfrac{k}{3}\right) &, \text{ se } 0 < k < 1, \\ 1 &, \text{ se } k \geq 1. \end{cases}$$

(c) Calcule $P(X < 0{,}5)$.
   Resposta – $P(X < 0{,}5) = F_X(0{,}5) = \dfrac{3}{2}(0{,}5)^2\left(1 - \dfrac{0{,}5}{3}\right) = 0{,}3125$.

(d) Calcule $P(0{,}5 < X < 0{,}7)$.
   Resposta – $P(0{,}5 < X < 0{,}7) = F_X(0{,}7) - F_X(0{,}5) \approx 0{,}5635 - 0{,}3125 \approx 0{,}251$.

(e) Calcule $P(X > 0{,}7)$.
   Resposta – $P(X > 0{,}7) = 1 - F_X(0{,}7) \approx 1 - 0{,}5635 \approx 0{,}4365$.

Note que a soma dos três últimos itens, como esperado, é igual a 1.

3. Se X é uniformemente distribuído sobre (0 ; 10), calcule as seguintes probabilidades:

   (a) $P(X < 3)$.
   (b) $P(3 < X < 7)$.
   (c) $P(X > 7)$.

   Resposta – A FDA para esta distribuição é obtida com a Equação 5.10.

   $$F_X(k) = \begin{cases} 0 & , \text{ se } k \leq 0, \\ \dfrac{k}{10} & , \text{ se } 0 < k < 1, \\ 1 & , \text{ se } k \geq 1. \end{cases}$$

   Podemos agora responder aos itens da questão.

   (a) $P(X < 3) = F_X(3) = \dfrac{3}{10}$.
   (b) $P(3 < X < 7) = F_X(7) - F_X(3) = \dfrac{7}{10} - \dfrac{3}{10} = \dfrac{4}{10}$.
   (c) $P(X > 7) = 1 - F_X(7) = 1 - \dfrac{7}{10} = \dfrac{3}{10}$.

4. Seja X uma variável aleatória contínua que representa a espessura (em milímetros) de uma placa de metal. Sabendo que X é uniformemente distribuído em [10,5 ; 12], responda:

   (a) Qual a probabilidade de uma determinada placa ter a espessura entre 11 mm e 11,5 mm?
   Resposta – $P(11 < X < 11{,}5) = \dfrac{11{,}5 - 11}{1{,}5} \approx 0{,}333$.

   (b) Qual o valor médio e a variância da espessura da placa?
   Resposta – Usando a Tabela 5.1, temos

   $$E[X] = \dfrac{12 + 10{,}5}{2} = 11{,}25 \quad \text{e} \quad Var(X) = \dfrac{(12 - 10{,}5)^2}{12} = 0{,}1875.$$

5. O tempo entre duas panes consecutivas de computadores no laboratório de informática é exponencialmente distribuído com média de 18 dias.

(a) Supondo que o mês de março começou nesse instante, qual a probabilidade de a próxima pane ocorrer ainda em março?
Resposta – Em média, uma falha ocorre a cada 18 dias, logo a taxa de falha (por dia) é igual a 1/18. Seja X a variável aleatória que representa os intervalos (em dias) entre falhas consecutivas, cuja distribuição é exponencial com parâmetro $\lambda = 1/18$. Em particular, esta também é a distribuição do tempo (em dias) até a primeira pane. Como março tem 31 dias, a questão quer saber a probabilidade de X ser menor que 31. De acordo com a Equação 5.12, temos $\lambda = 1/18$ e

$$P(X < 31) = 1 - e^{-31/18} \approx 1 - e^{-1,72} \approx 0,821.$$

(b) Em média, quantas panes ocorrerão nos computadores no mês de março?
Resposta – Como discutido na Seção 5.4, se X, conforme definida no item anterior, segue distribuição exponencial com $\lambda = 1/18$, então o número de panes em um único dia no mês de março segue distribuição de Poisson com o mesmo parâmetro (uma vez que, em média, ocorre 1 pane a cada 18 dias, ou seja, taxa de 1/18 por dia). Seja Y a variável aleatória que representa o número de panes no mês de março. Como discutido na Seção 4.8, Y segue distribuição de Poisson com parâmetro $31 \times \lambda = 31 \times 1/18 = 31/18$. Como, na distribuição de Poisson, parâmetro e valor esperado (média) são iguais, segue que

$$E[Y] = \frac{31}{18} \approx 1,72 \text{ panes em março.}$$

(c) Qual a probabilidade de não ocorrerem problemas com os computadores no mês de março?
Resposta – A variável aleatória de interesse é a mesma variável aleatória Y definida no item anterior, que segue distribuição de Poisson com parâmetro 31/18. A probabilidade solicitada é $P(Y = 0)$. Nesse caso, basta usar a Equação 4.24 para responder à questão:

$$P(Y = 0) = \frac{(31/18)^0 e^{-31/18}}{0!} = e^{-31/18} \approx e^{-1,72} \approx 0,179.$$

Note que o evento $Y = 0$ é equivalente ao evento $X > 31$, uma vez que, considerando o primeiro instante de março como instante inicial, nenhuma pane ocorre em março se, e somente se, a primeira pane ocorre de abril em diante (ou seja, após os 31 dias de março).

6. A Linguagem Python tem a função *random( )*, que gera números pseudo-aleatórios entre 0 e 1 usando a distribuição uniforme. Qual a probabilidade de um número gerado estar entre 0,75 e 0,85?
Resposta – Considere X a variável aleatória uniforme que representa o nú-

mero pseudo-aleatório gerado pelo função *random( )*. A FDA de X é obtida com a Equação 5.10.

$$F_X(k) = \begin{cases} 0 & , \text{ se } k \leq 0, \\ k & , \text{ se } 0 < k < 1, \\ 1 & , \text{ se } k \geq 1. \end{cases}$$

Portanto,

$$P(0{,}75 < X < 0{,}85) = F_X(0{,}85) - F_X(0{,}75) = 0{,}85 - 0{,}75 = 0{,}10.$$

7. Se X é uma variável aleatória seguindo distribuição exponencial com $\lambda = 2$, calcule:

   (a) $P(X < 2)$.
   (b) $P(X > 1)$.
   (c) $P(1 < X < 3)$.

   Resposta – A FDA da distribuição exponencial com parâmetro λ é mostrada na Equação 5.12. Portanto, temos

   $$F_X(k) = \begin{cases} 0 & , \text{ se } k < 0, \\ 1 - e^{-2k} & , \text{ se } k \geq 0. \end{cases}$$

   Logo, as respostas aos itens da questão podem ser facilmente obtidas.

   (a) $P(X < 2) = F_X(2) = 1 - e^{-4} \approx 0{,}982$.
   (b) $P(X > 1) = 1 - F_X(1) = 1 - (1 - e^{-2}) \approx 0{,}135$.
   (c) $P(1 < X < 3) = F_X(3) - F_X(1) = (1 - e^{-6}) - (1 - e^{-2}) \approx 0{,}133$.

8. Considere que o tempo de atendimento, em minutos, da fila de um banco é uma variável aleatória exponencialmente distribuída com parâmetro $\lambda = 1/8$. Você chega no banco logo após outra pessoa e terá que esperar que esta pessoa seja atendida primeiro. Calcule a probabilidade de você esperar:

   (a) mais de 8 minutos;
   (b) menos de 10 minutos;
   (c) entre 6 e 9 minutos.

   Resposta – Neste caso, a FDA é representada por

   $$F_X(k) = \begin{cases} 0 & , \text{ se } k < 0, \\ 1 - e^{-k/8} & , \text{ se } k \geq 0. \end{cases}$$

   Agora é só usar a FDA para obter as respostas das questões.

(a) $P(X > 8) = 1 - F_X(8) = 1 - (1 - e^{-1}) \approx 0{,}368$.

(b) $P(X < 10) = F_X(10) = 1 - e^{-10/8} \approx 0{,}713$.

(c) $P(6 < X < 9) = F_X(9) - F_X(6) = (1 - e^{-9/8}) - (1 - e^{-6/8}) \approx 0{,}148$.

9. Considere que o número de chamadas em um serviço 24 horas siga distribuição de Poisson com média de 0,8 chamada por dia. Qual a probabilidade de passar mais de dois dias até ocorrer uma chamada?

   Resposta – Sabemos que o intervalo entre eventos sucessivos cujo número de ocorrências é modelado pela distribuição de Poisson segue distribuição exponencial. Seja X a variável aleatória que representa o intervalo (em dias) entre chamadas. Então,

   $$E[X] = 1/0{,}8 = 1{,}25 \text{ dia} \quad \text{e} \quad \lambda = 0{,}8.$$

   Logo,
   $$P(X > 2) = 1 - F_X(2) = 1 - (1 - e^{-0{,}8 \times 2}) = e^{-1{,}6} \approx 0{,}202.$$

10. Suponha que o número de quilômetros que a bateria de um carro dura é exponencialmente distribuído com média de 20.000 quilômetros. Qual a probabilidade de se completar uma viagem, sem precisar trocar a bateria, se a distância a ser percorrida é de:

    (a) 10.000 km?

    (b) 20.000 km?

    (c) 25.000 km sabendo que já foram percorridos 20.000 km nesta viagem?

    Resposta – Considere que X é a variável aleatória exponencialmente distribuída que representa a vida útil da bateria (em milhares de km). Nesse caso, temos $E[X] = 1/\lambda = 20$ e $\lambda = 1/20$. A FDA de X é então dada por

    $$F_X(k) = \begin{cases} 0 & , \text{ se } k < 0, \\ 1 - e^{-k/20} & , \text{ se } k \geq 0. \end{cases}$$

    Basta usar a FDA acima para responder aos itens da questão.

    (a) $P(X > 10) = 1 - F_X(10) = 1 - (1 - e^{-10/20}) \approx 0{,}607$.

    (b) $P(X > 20) = 1 - F_X(20) = 1 - (1 - e^{-20/20}) \approx 0{,}368$.

    (c) $P(X > 25 | X > 20) = P(X > 5) = 1 - F_X(5) = 1 - (1 - e^{-5/20}) \approx 0{,}779$.

11. Uma mensagem, ao entrar em um roteador, espera um tempo na fila de entrada, gasta um tempo no processamento de roteamento e depois espera um tempo na fila de saída. Considere que este processo corresponde a uma distribuição de Erlang de três estágios com $\lambda = 0{,}6$ e tempo medido em milissegundos. Qual a probabilidade de a mensagem ficar mais de 2 milissegundos no roteador? Qual o tempo médio de uma mensagem no roteador?

Resposta – Seja X a variável aleatória que representa o tempo de uma mensagem no roteador, que segue distribuição de Erlang com $n = 3$ e $\lambda = 0{,}6$. Usando a Equação 5.14, temos

$$F_X(k) = \begin{cases} 0 & , \text{ se } k < 0, \\ 1 - e^{-0{,}6k} \sum_{i=0}^{2} \dfrac{(0{,}6k)^i}{i!} & , \text{ se } k \geq 0. \end{cases}$$

Logo,

$$P(X > 2) = 1 - F_X(2) = e^{-1{,}2} + 1{,}2 e^{-1{,}2} + \frac{(1{,}2)^2 e^{-1{,}2}}{2} \approx 0{,}879.$$

O tempo médio de uma mensagem no roteador é

$$E[X] = \frac{3}{0{,}6} = 5 \text{ milissegundos.}$$

12. Em uma fábrica, a montagem de uma peça passa por cinco estágios. A duração de cada estágio segue uma distribuição exponencial com média de 10 minutos. Qual a probabilidade de que uma peça seja montada em até 1 hora? Qual a probabilidade de que a montagem leve mais que 45 minutos? Qual o tempo médio de montagem de uma peça?

    Resposta – Seja X a variável aleatória que representa o tempo total de montagem, em minutos. Temos que X segue distribuição de Erlang com $n = 5$ e $\lambda = 0{,}1$. A FDA é então representada por

    $$F_X(k) = \begin{cases} 0 & , \text{ se } k < 0, \\ 1 - e^{-0{,}1k} \sum_{i=0}^{4} \dfrac{(0{,}1k)^i}{i!} & , \text{ se } k \geq 0. \end{cases}$$

    Precisamos, inicialmente, calcular a probabilidade de uma peça ser montada em até 60 minutos.

    $$F_X(60) = 1 - e^{-6} \sum_{i=0}^{4} \frac{(6)^i}{i!} = 1 - e^{-6}\left(1 + 6 + \frac{6^2}{2} + \frac{6^3}{6} + \frac{6^4}{24}\right) \approx 0{,}715.$$

    Para responder à segunda pergunta, temos que calcular $P(X > 45)$.

    $$1 - F_X(45) = 1 - \left(1 - e^{-4{,}5}\sum_{i=0}^{4}\frac{(4{,}5)^i}{i!}\right) = e^{-4{,}5}\left(1 + 4{,}5 + \frac{4{,}5^2}{2} + \frac{4{,}5^3}{6} + \frac{4{,}5^4}{24}\right) \approx 0{,}468.$$

    O tempo médio de montagem de uma peça é dado pela razão dos parâmetros $n = 5$ e $\lambda = 0{,}1$ da distribuição de X ou, ainda, pela soma dos tempos médios de cada um dos cinco estágios (cada qual exponencialmente distribuído com $\lambda = 0{,}1$).

    $$E[X] = \frac{5}{0{,}1} = 5 \times 10 \text{ minutos} = 50 \text{ minutos.}$$

13. O suporte de uma empresa observou que os intervalos entre falhas em um *firewall* seguem distribuição exponencial com média de 0,82 falha por ano. Qual a probabilidade de o equipamento não apresentar falhas no próximo ano?
    Resposta – Seja X a variável aleatória que representa o intervalo entre falhas no *firewall*. Em média, temos 0,82 falha por ano. Isto significa que o intervalo médio entre falhas é igual $1/0,82$ ano. Como $E[X] = 1/\lambda = 1/0,82$, temos $\lambda = 0,82$. Portanto, basta usar a Equação 5.12 para responder a esta questão.

    $$P(X > 1) = 1 - F_X(1) = 1 - (1 - e^{-0,82}) = e^{-0,82} \approx 0,44.$$

14. A vida útil de um *smartphone* segue distribuição exponencial com média de 10.000 horas. Após quantas horas se espera que um aparelho tenha falhado com 30% de probabilidade?
    Resposta – Seja X a variável aleatória que corresponde à vida útil de um *smartphone*, exponencialmente distribuída com $\lambda = 1/10.000$. Queremos saber o valor de k de forma que uma falha ocorra antes de k horas com 30% de probabilidade.

    $$\begin{aligned} F_X(k) = 1 - e^{-k/10.000} &= 0,30 \\ e^{-k/10.000} &= 0,70 \\ k &\approx 3.567 \text{ horas.} \end{aligned}$$

15. Se X é uma variável aleatória seguindo distribuição normal com $\mu = 10$ e $\sigma = 3$, calcule:

    (a) $P(X < 15)$.
    (b) $P(X > 5)$.
    (c) $P(4 < X < 16)$.

    Resposta – Utilizando a técnica de padronização, aplicando a Equação 5.16 (quando necessário) e consultando a Tabela 5.5, temos

    (a) $P(X < 15) = P\left(Z < \frac{15-10}{3}\right) \approx \Phi(1,67) \approx 0,9525$.
    (b) $P(X > 5) = P\left(Z > \frac{5-10}{3}\right) \approx 1 - P(Z < -1,67) = \Phi(1,67) \approx 0,9525$.
    (c) $P(4 < X < 16) = P(-2 < Z < 2) = \Phi(2) - \Phi(-2) = 2\Phi(2) - 1 \approx 0,9544$.

16. A vida média útil de um *notebook* segue distribuição normal com média de dois anos e com desvio padrão de seis meses. Cada *notebook* tem garantia de 18 meses contra qualquer defeito. Se são vendidos 10.000 computadores, em torno de quantos desses equipamentos vão precisar de conserto antes do final da garantia?
    Resposta – Considere X como a variável aleatória que representa a vida útil (em meses) de um *notebook*. Neste caso, temos $\mu = 24$ meses e $\sigma = 6$ meses.

    $$P(X < 18) = P\left(Z < \frac{18-24}{6}\right) = \Phi(-1) = 1 - \Phi(1) \approx 0,1587.$$

Se foram vendidos 10.000 *notebooks*, então cerca de

$$10.000 \times 0{,}1587 = 1.587 \ notebooks$$

precisarão de conserto antes do fim da garantia.

17. A renda média das famílias de uma cidade é de R$ 3.500,00 com desvio padrão de R$ 600,00. Sabe-se que a renda das famílias segue uma distribuição normal. Qual a probabilidade de uma família, escolhida aleatoriamente, ter uma renda entre R$ 3.000,00 e R$ 4.200,00?
    Resposta – Seja X a variável aleatória que representa a renda da família sorteada, que segue distribuição normal com $\mu = 3.500$ e $\sigma = 600$, e Z denotando variável aleatória com distribuição normal padrão. Logo,

$$\begin{aligned} P(3000 < X < 4200) &= P\left(\frac{3000 - 3500}{600} < Z < \frac{4200 - 3500}{600}\right) \\ &= P\left(\frac{-5}{6} < Z < \frac{7}{6}\right) \\ &\approx P(-0{,}83 < Z < 1{,}17) \\ &= \Phi(1{,}17) - \Phi(-0{,}83) \\ &= \Phi(1{,}17) - (1 - \Phi(0{,}83)) \\ &= \Phi(1{,}17) + \Phi(0{,}83) - 1 \\ &= 0{,}8790 + 0{,}7967 - 1 = 0{,}6757. \end{aligned}$$

18. A altura dos alunos do curso de Matemática segue uma distribuição normal com média de 1,70 m e desvio padrão de 10 cm.

    (a) Qual a probabilidade de um aluno ter uma altura maior que 1,90 m?
    Resposta – Seja X a variável aleatória que representa a altura (em centímetros) de um aluno selecionado aleatoriamente, que segue distribuição normal com $\mu = 170$ cm e $\sigma = 10$ cm, e Z uma variável aleatória com distribuição normal padrão. Logo,

    $$P(X > 190) = P\left(Z > \frac{190 - 170}{10}\right) = P(Z > 2) = 1 - \Phi(2) = 1 - 0{,}9772 = 0{,}0228.$$

    (b) Qual a probabilidade de um aluno ter uma altura menor que 1,65 m?
    Resposta – Similarmente, podemos calcular

    $$P(X < 165) = P\left(Z < \frac{165 - 170}{10}\right) = \Phi(-0{,}5) = 1 - \Phi(0{,}5) = 1 - 0{,}6915 = 0{,}3085.$$

19. O tempo gasto na prova de Probabilidade da turma do terceiro período do curso de Computação segue distribuição normal com média de 100 minutos e desvio padrão igual a 20 minutos.

    (a) Qual a probabilidade de um aluno terminar a prova antes de 80 minutos?
    Resposta – Seja X a variável aleatória que representa o tempo gasto (em

minutos) na prova, que segue distribuição normal com $\mu = 100$ minutos e $\sigma = 20$ minutos, e Z uma variável aleatória com distribuição normal padrão. Então,

$$P(X < 80) = P\left(Z < \frac{80 - 100}{20}\right) = \Phi(-1) = 1-\Phi(1) = 1-0{,}8413 = 0{,}1587.$$

(b) Qual a probabilidade de um aluno terminar a prova depois de 100 minutos?

Resposta – Note que 100 minutos é a média μ. Como metade da área entre o eixo horizontal e a curva da FDP da distribuição normal está à direita da reta vertical que passa por $x = \mu$ e a outra metade está à esquerda desta reta, a resposta da questão é 100%/2 = 50%. De fato,

$$P(X > 100) = P\left(Z > \frac{100 - 100}{20}\right) = P(Z > 0) = 1 - \Phi(0) = 0{,}5.$$

(c) Qual deve ser o prazo da prova de forma que 90% dos alunos consigam terminá-la dentro do prazo?

Resposta – A questão quer saber o valor de x de forma que $P(X \leq x) = 0{,}90$. Logo,

$$P\left(Z \leq \frac{x - 100}{20}\right) = \Phi\left(\frac{x - 100}{20}\right) = 0{,}90.$$

Neste caso, precisamos do valor de z tal que $\Phi(z) = 0{,}90$ e igualá-lo a $(x-100)/20$ para determinar o valor de x. No corpo da Tabela 5.5, não há a probabilidade $0{,}90 = 0{,}9000$. A mais próxima de $0{,}90$ é $0{,}8997$, associada a $z = 1{,}28$. Portanto, temos $\Phi(1{,}28) \approx 0{,}90$ e, consequentemente,

$$\frac{x - 100}{20} \approx 1{,}28 \Rightarrow x \approx 125{,}6 \text{ minutos} = 125 \text{ minutos e } 36 \text{ segundos}.$$

20. Jaguaretama, interior do Ceará, é considerado um dos municípios mais quentes do país. Considere que o índice pluviométrico anual na região segue distribuição normal com média de 782 mm e desvio padrão de 200 mm.

(a) Qual a probabilidade de que o índice pluviométrico do próximo ano seja maior que 900 mm?
Resposta – $P(X > 900) = P(Z > 0{,}59) = 1 - \Phi(0{,}59) \approx 1 - 0{,}7224 \approx 0{,}2776.$

(b) Qual a probabilidade de que nos próximos 10 anos, em exatamente dois anos, o índice pluviométrico seja maior que 900 mm?
Resposta – Neste caso, precisamos fazer uma combinação (Seção 1.7) de dois elementos em 10 e usar a probabilidade calculada no item anterior.

$$\binom{10}{2}(0{,}2776)^2(1 - 0{,}2776)^8 \approx 0{,}257.$$

(c) Qual a probabilidade que nos próximos dez anos não ocorra um índice pluviométrico maior que 900 mm/ano ? Quais suposições são necessárias para resolver este problema?
Resposta – É preciso supor que o índice pluviométrico de um ano não influencia os índices pluviométricos dos outros anos. Portanto, é preciso considerar que há independência entre os dez índices pluviométricos. A probabilidade solicitada é

$$(1 - 0{,}2776)^{10} \approx 0{,}039.$$

21. Suponha que o peso das mulheres cariocas segue distribuição normal com média de 60 kg e desvio padrão de 12 kg e que o peso dos homens cariocas segue distribuição normal com média de 70 kg e desvio padrão de 16 kg. Qual a probabilidade de uma mulher carioca selecionada ao acaso ter mais de 75 kg? Qual a probabilidade de um homem carioca selecionado ao acaso ter mais de 90 kg?
Resposta – Seja X a variável aleatória que representa o peso de uma mulher na região estudada e seja Y a variável aleatória que representa o peso de um homem nesta mesma região.

$$P(X > 75) = P\left(Z > \frac{75 - 60}{12}\right) = 1 - \Phi(1{,}25) \approx 0{,}106$$

e

$$P(Y > 90) = P\left(Z > \frac{90 - 70}{16}\right) = 1 - \Phi(1{,}25) \approx 0{,}106.$$

Portanto, existe igual probabilidade de selecionar uma mulher carioca com mais de 75 kg e um homem carioca com mais de 90 kg.

22. Os salários dos professores de uma instituição são distribuídos normalmente em torno da média de R$ 8.000,00 e desvio padrão de R$ 1.000,00. Calcule a probabilidade de um professor ter um salário entre R$ 8.500,00 e R$ 10.000,00.
Resposta – Seja X a variável aleatória que representa o salário de um professor.

$$P(8.500 < X < 10.000) = P(0{,}5 < Z < 2) = \Phi(2) - \Phi(0{,}5) \approx 0{,}9772 - 0{,}6915 \approx 0{,}286.$$

23. Seja X uma variável aleatória seguindo distribuição normal com $\mu = 5$. Considere que $P(X > 7) = 0{,}4$. Qual o valor aproximado de $Var(X)$?
Resposta – É preciso primeiro encontrar o valor do desvio padrão (σ), uma vez que $Var(X) = \sigma^2$.

$$\begin{aligned}
P(X > 7) &= 0{,}4 \\
P\left(Z > \frac{7-5}{\sigma}\right) &= 0{,}4 \\
P\left(Z > \frac{2}{\sigma}\right) &= 0{,}4 \\
1 - \Phi\left(\frac{2}{\sigma}\right) &= 0{,}4 \\
\Phi\left(\frac{2}{\sigma}\right) &= 0{,}6.
\end{aligned}$$

Consultando a Tabela 5.5, temos

$$\frac{2}{\sigma} \approx 0{,}25 \quad \Rightarrow \quad \sigma \approx 8.$$

Portanto, $Var(X) = 64$.

24. Seja X uma variável aleatória normalmente distribuída com média 10 e variância 4. Ache o valor k de modo que $P(X > k) = 0{,}2$.
    Resposta – Atente ao fato de que a variância é igual a 4, e não o desvio padrão. Solução análoga à solução do exercício anterior, com $\mu = 10$ e $\sigma = 2$.

$$\begin{aligned} P(X > k) &= 0{,}2 \\ P\left(Z > \frac{k-10}{2}\right) &= 0{,}2 \\ 1 - \Phi\left(\frac{k-10}{2}\right) &= 0{,}2 \\ \Phi\left(\frac{k-10}{2}\right) &= 0{,}8 \\ \frac{k-10}{2} &= 0{,}84 \\ k &= 11{,}68. \end{aligned}$$

25. Uma professora começa a aula pontualmente às 18h00 e não aceita que os alunos entrem depois do início da aula. Sabendo que o tempo de viagem entre o local do seu trabalho e a universidade é normalmente distribuído com média de 30 minutos e desvio padrão de 5 minutos, até que horário você pode ficar trabalhando de modo a garantir com 95% de probabilidade que não chegará atrasado na aula?
    Resposta – Seja X a variável aleatória que representa o tempo gasto para percorrer o trajeto do trabalho para a universidade. Portanto, X segue distribuição normal $\mu = 30$ minutos e $\sigma = 5$ minutos e queremos o valor de k tal que $P(X < k) = 0{,}95$.

$$\begin{aligned} P(X < k) &= 0{,}95 \\ P\left(Z < \frac{k-30}{5}\right) &= 0{,}95 \\ \Phi\left(\frac{k-30}{5}\right) &= 0{,}95. \end{aligned}$$

Assim,

$$\begin{aligned} \frac{k-30}{5} &= 1{,}64 \\ k &= 38{,}2. \end{aligned}$$

Assim, para garantir, com 95% de probabilidade que você não chegará atrasado à aula, você precisa sair pelo menos 38,2 minutos antes do horário da aula.

5.8 Python

A linguagem Python possui vários módulos que podem ser usados com as variáveis aleatórias contínuas. A seguir, são mostrados alguns exemplos discutidos neste capítulo.

1. Calcule as probabilidades de uma variável aleatória de distribuição exponencial com parâmetro $\lambda = 2$.

```
from scipy.stats import expon
taxa = 2
x1 = 1
y1 = expon.cdf(x1, 0, 1/taxa)
print("P(X <= 1) =", y1)
print("P(X > 1) =", 1 - y1)
x2 = 3
y2 = expon.cdf(x2, 0, 1/taxa)
print("P(1 < X < 3) =", y2 - y1)
```

A função *expon.cdf(x, 0, 1/λ)* retorna $P(X \leq x)$. O segundo parâmetro indica um deslocamento do eixo x no cálculo da probabilidade. Por padrão, este valor é zero. Observe que este exemplo é discutido na Seção 5.4.

```
P(X <= 1) = 0.8646647167633873
P(X > 1) = 0.1353352832366127
P(1 < X < 3) = 0.13285653105994633
```

2. Calcule os primeiros três itens da segunda linha e os primeiros três itens da segunda coluna da Tabela 5.5.

```
from scipy.stats import norm
media = 0
dp = 1
x = 0.1
resposta = ""
for i in range(3):
    valor = round(norm.cdf(x, media, dp),4)
    resposta += "z(" + str(round(x,2)) + ") = " + str(valor)
        + "  "
    x += 0.01
print(resposta)

x = 0.01
resposta = ""
for i in range(3):
    valor = round(norm.cdf(x, media, dp),4)
    resposta += "z(" + str(round(x,2)) + ") = " + str(valor)
        + "  "
    x += 0.1
print(resposta)
```

O método *norm.cdf(x, 0, 1)* retorna $P(X < x)$, em que X é uma variável aleatória com distribuição normal, $\mu = 0$ e $\sigma = 1$.

```
z(0.1)  = 0.5398   z(0.11) = 0.5438   z(0.12) = 0.5478
z(0.01) = 0.504    z(0.11) = 0.5438   z(0.21) = 0.5832
```

3. Calcule as probabilidades da distribuição normal mostradas nas Figuras de 5.17 a 5.21.

```
from scipy.stats import norm
media = 4
dp = 2
x = 3
y = norm.cdf(x, media, dp)
print("P(X < 3) =", y)
x = 6
y = norm.cdf(x, media, dp)
print("P(X < 6) =",y)
x = 2.55
y = norm.cdf(x, media, dp)
print("P(X > 2,55) =",1 - y)
x = 5
y = norm.cdf(x, media, dp)
print("P(X > 5) =",1 - y)
x1 =3
x2 = 6
y1 = norm.cdf(x1, media, dp)
y2 = norm.cdf(x2, media, dp)
print("P(3 < X < 6) =", y2 - y1)
```

O programa usa a função *norm.cdf(x)* que retorna $P(X < x)$, ou seja, o valor de $\Phi(\frac{x-\mu}{\sigma})$ da Tabela 5.5. Como discutido anteriormente, μ é a média e σ é o desvio padrão da distribuição normal. A resposta do programa confirma os cálculos mostrados anteriormente neste capítulo.

```
P(X < 3) = 0.3085375387259869
P(X < 6) = 0.8413447460685429
P(X > 2,55) = 0.7657739847873051
P(X > 5) = 0.3085375387259869
P(3 < X < 6) = 0.532807207342556
```

4. O consumo diário de copos descartáveis no Departamento de Informática é uma distribuição normal de média 150 copos e desvio padrão de 20 copos.
a) Qual a probabilidade de o consumo estar compreendido entre 130 e 180 copos em um determinado dia?
b) Quantos copos devem estar disponíveis de modo a assegurar o consumo em 90% dos casos?

```
from scipy.stats import norm
from statistics import NormalDist
media = 150
dp = 20

x1 = 130
y1 = norm.cdf(x1, media, dp)
x2 = 180
y2 = norm.cdf(x2, media, dp)
print("a) P(130 < X < 180) =", round(y2-y1,2))

num = round(NormalDist(mu=media, sigma=dp).inv_cdf(0.90),2)
print("b) Número de copos (90%) =", num)
```

A função *norm.cdf()* retorna $P(X < x)$ e a função *inv_cdf()* retorna o valor de X que tem a probabilidade menor que o valor informado como argumento.

```
a) P(130 < X < 180) = 0.77
b) Número de copos (90%) = 175.63
```

5. A renda média das famílias de uma cidade é de R$ 3.500,00 com desvio padrão de R$ 600,00. Sabe-se que a renda das famílias segue uma distribuição normal. Qual a probabilidade de uma família, escolhida aleatoriamente, ter uma renda entre R$ 3.000,00 e R$ 4.200,00 (Questão 17 dos Exercícios Resolvidos)?

```
from scipy.stats import norm
media = 3500
dp = 600
x1 = 3000
x2 = 4200
y1 = norm.cdf(x1, media, dp)
y2 = norm.cdf(x2, media, dp)
print("P(3.000 < X < 4.200) =", y2 - y1)
```

A resposta do programa possui uma diferença a partir da quarta casa decimal. Isto se deve ao fato de a Tabela 5.5 só trabalhar com duas casas decimais.

```
P(3.000 < X < 4.200) = 0.6759991144619757
```

6. O tempo gasto na prova de Probabilidade da turma do terceiro período do curso de Computação segue distribuição normal com média de 100 minutos e desvio padrão de 20 minutos. Qual deve ser o prazo da prova de forma que 90% dos alunos consigam terminá-la dentro do prazo (Item c da Questão 19 dos Exercícios Resolvidos)?

```
from statistics import NormalDist
tempo = round(NormalDist(mu=100, sigma=20).inv_cdf(0.90),1)
print("Tempo de prova deve ser de", tempo, "minutos.")
```

A classe *NormalDist()* retorna um objeto que representa a distribuição normal com determinada média e desvio padrão. O método *inv_cdf()* do objeto retorna o valor da variável aleatória para a qual a probabilidade é menor que o valor informado como argumento. A resposta fornecida pelo programa é:

```
Tempo de prova deve ser de 125.6 minutos.
```

7. Seja *X* uma variável aleatória normalmente distribuída com média 10 e variância 4. Ache o valor *k* de forma que $P(X > k) = 0,2$ (Questão 24 dos Exercícios Resolvidos).

```
from statistics import NormalDist
k = round(NormalDist(mu=10, sigma=2).inv_cdf(0.80),2)
print("Valor de k é", k)
```

Sabemos que $P(X \leq k) = 1 - P(X > k) = 0,8$ e que $\sigma = \sqrt{4} = 2$. Basta usar esses parâmetros no programa para responder à questão.

```
Valor de k é 11.68
```

8. Calcular a FDP, a FDA, a média e a variância de uma distribuição uniforme com $\alpha = 1$ e $\beta = 3$ (Figura 5.2).

```
import numpy as np
from scipy.stats import uniform
alpha = 1
beta  = 3
tam   = 10
uniforme = uniform(loc=alpha, scale=beta-alpha)
x = np.linspace(uniforme.ppf(0), uniforme.ppf(1), tam)
fdp = uniforme.pdf(x)
print(fdp)
fda = uniforme.cdf(x)
print(fda)
media, var = uniform.stats(loc=alpha, scale=beta-alpha,
    moments='mv')
print("Média = ", media)
print("Variância = ", var)
```

A função *ppf(0)* retorna o maior valor do eixo das abscissas onde existe 0% de dados à esquerda (só existem dados à direita). Neste caso, o valor retornado é 1 (valor de *α*). A função *ppf(1)* retorna o menor valor do eixo das abscissas onde 100% dos dados estão à esquerda (não existem dados à direita). A função *linspace(1, 3, 10)* calcula então dez pontos igualmente distribuídos entre os valores 1 e 3 do eixo das abscissas: 1,0; 1,22; 1.44; 1,66; 1,88; 2,11; 2,33; 2,55; 2,77; 3,0. São esses os valores usados para calcular a FDP e a FDA da distribuição.

Resposta do programa:

```
[0.5 0.5 0.5 0.5 0.5 0.5 0.5 0.5 0.5 0.5]
[0.         0.11111111 0.22222222 0.33333333 0.44444444
   0.55555556
0.66666667 0.77777778 0.88888889 1.          ]
Média =  2.0
Variância =  0.3333333333333333
```

9. Calcular a FDP, a FDA, a média e a variância de uma distribuição exponencial com $\lambda = 2$ (Figura 5.4).

```
from scipy.stats import expon
import numpy as np
taxa = 2.0
x = np.linspace(expon.ppf(0), expon.ppf(0.99), 10)
fdp = expon.pdf(x, 0, 1/taxa)
print(fdp)
fda = expon.cdf(x, 0, 1/taxa)
print(fda)
media, var = expon.stats(scale=1/taxa, moments='mv')
print("Média = ", media)
print("Variância = ", var)
```

A exponencial é uma distribuição que tem cauda à direita. Isto significa que não é possível definir um valor para a de forma que $F(a) = 1$. Por isso, o programa usa *ppf(0.99)* para definir o ponto de corte e trabalhar com aproximadamente 99% da área da exponencial. A função *np.linspace()* fornece 10 pontos, igualmente distribuídos, entre os dois pontos definidos para os limites de x.

Resposta do programa:

```
[2.00000000e+00 7.18762733e-01 2.58309933e-01 9.28317767e-02
 3.33620107e-02 1.19896850e-02 4.30886938e-03 1.54852737e-03
 5.56511880e-04 2.00000000e-04]
[0.         0.64061863 0.87084503 0.95358411 0.98331899
   0.99400516    0.99784557 0.99922574 0.99972174 0.9999
        ]
Média =  0.5
Variância =  0.25
```

10. Plote a FDP da distribuição de Erlang com $\lambda = 0{,}5$ e $n = 3$ e da Erlang com $\lambda = 1$ e $n = 2$.

```
from scipy.stats import gamma
import numpy as np
import matplotlib.pyplot as plt

n1 = 3        # qtde de etapas
lambda1 = 0.5
n2 = 2        # qtde de etapas
```

```
lambda2 = 1

# Plota gráfico
fig, ax = plt.subplots(figsize=(12, 10))
x = np.linspace(gamma.ppf(0, n1), gamma.ppf(0.99999, n1),
    10000)
ax.plot(x, gamma.pdf(x, n1, scale=1/lambda1), c="b", lw=3,
        label=r"$\lambda=0.5, n = 3$")
x = np.linspace(gamma.ppf(0, n2), gamma.ppf(0.99999, n2),
    10000)
ax.plot(x, gamma.pdf(x, n2, scale=1/lambda2), c="r",
        lw=3, label=r"$\lambda=1, n = 2$")
plt.legend(fontsize=18)
plt.show()
```

A função *linspace(i1, i2, i3)* calcula *i3* pontos igualmente distribuídos entre os valores *i1* e *i2* do eixo das abscissas. Os pontos *i1* e *i2*, neste exemplo, são calculados pela função *gamma.ppf(k1, k2)* que procura o melhor valor a ser usado nas duas extremidades. A Figura 5.24 mostra o gráfico gerado pelo programa.

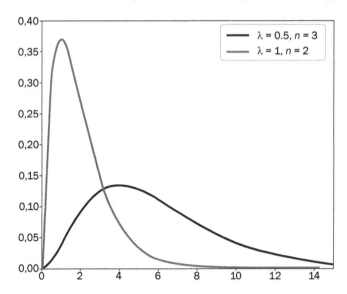

Figura 5.23   Variáveis aleatórias de Erlang.

11. Calcular a FDP, a FDA, a média e a variância de uma distribuição Erlang com $\lambda = 0,5$ e $n = 3$ (Figura 5.6).

```
from scipy.stats import gamma
import numpy as np
n = 3
taxa = 0.5
x = np.linspace(gamma.ppf(0, n), gamma.ppf(0.9999999, n), 10)
fdp = gamma.pdf(x, n, scale=1/taxa)
print(fdp)
```

```
fda = gamma.cdf(x, n, scale=1/taxa)
print(fda)
media, var = gamma.stats(n, scale=1/taxa, moments='mv')
print("Média = ", media)
print("Variância = ", var)
```

Na distribuição de Erlang, *n* é sempre um valor inteiro e pode ser interpretado como o número de fases da variável aleatória. Quando *n* é um valor positivo não inteiro, a distribuição é chamada de Gamma. Por isso, o módulo *scipy* disponibiliza a função *gamma()* para as distribuições Erlang e Gamma. Além disso, note que o programa define uma precisão maior no corte da cauda de Erlang. O objetivo é aumentar a área da distribuição a ser estudada.

Resposta do programa:

```
[0.         0.10870578 0.13046601 0.08807743 0.0469815
 0.0220258  0.00951654 0.00388649 0.00152309
 0.00057838]
[0.         0.12134379 0.4322895  0.69928055 0.85890546
 0.93887944 0.97496713 0.99016328 0.99625553
 0.99860999]
Média = 6.0
Variância = 12.0
```

12. Calcular a FDP, a FDA, a média e a variância de uma distribuição normal com $\mu = 3$ e $\sigma = 2$ (Figura 5.11).

```
from scipy.stats import norm
import numpy as np
media = 3
dp = 2
x = np.arange(0, 5, 0.5)
fdp = norm.pdf(x, scale=dp, loc=media)
print(fdp)
fda = norm.cdf(x, scale=dp, loc=media)
print(fda)
media, var = norm.stats(scale=dp, loc=media, moments='mv')
print("Média = ", media)
print("Variância = ", var)
```

Resposta do programa:

```
[0.0647588  0.09132454 0.12098536 0.15056872 0.17603266
 0.19333406 0.19947114 0.19333406 0.17603266
 0.15056872]
[0.0668072  0.10564977 0.15865525 0.22662735 0.30853754
 0.40129367 0.5        0.59870633 0.69146246
 0.77337265]
Média = 3.0
Variância = 4.0
```

13. Comparar as distribuições binomial e normal conforme discutido na Seção 5.6. A distribuição normal usa os parâmetros $n = 100$ e $p = 0,1$. A distribuição normal define média e desvio padrão como $\mu = np$ e $\sigma = \sqrt{np(1-p)}$, respectivamente.

```
from scipy.stats import binom
from scipy.stats import norm
import matplotlib.pyplot as plt
import numpy as np
# Binomial
n = 100
p = 0.1
r_values = list(range(20))
dist = [binom.pmf(r, n, p) for r in r_values ]
plt.bar(r_values, dist, label="Binomial")
# Normal
media = n * p
dp = pow(n * p * (1-p), 1/2)
print(media)
print(dp)
x = r_values
y = norm.pdf(x, media, dp)
plt.plot(x, y, label="Normal", color="red", linewidth = "3")
plt.legend(loc="upper left")
plt.show()
```

O gráfico gerado pelo programa é mostrado na Figura 5.23. Note que as duas distribuições estão bem próximas.

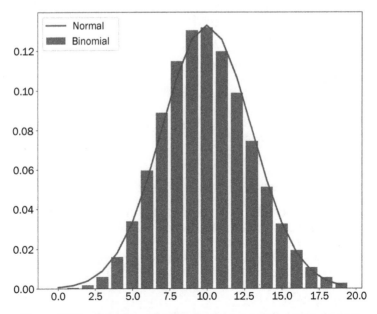

Figura 5.24 Comparação das distribuições binomial e normal.

14. Calcular $\int_0^{0,5} \frac{3}{2}(2x - x^2)dx$ (Item c da Questão 2 dos Exercícios Resolvidos).

```
from scipy.integrate import quad
def integral(x, a, b):
    return a *(x**2) + (b * x)
a = -(3/2)
b = 3
resp, erro = quad(integral, 0, 0.5, args=(a,b))
print(resp)
print(erro)
```

O método *quad()* integra a função especificada (primeiro parâmetro) do primeiro ao segundo ponto (segundo e terceiros parâmetros). O quarto parâmetro tem os coeficientes da função a ser integrada. Note que, no programa, *a* é o coeficiente de x^2 e *b* é o coeficiente de *x*. O método *quad()* retorna o resultado da integração e o erro aproximado no cálculo da integração. Portanto, a resposta do programa mostra, além de $P(X < 0,5)$, o erro no cálculo da integral.

```
0.3125
3.469446951953614e-15
```

15. Calcular $\int_{0,5}^{0,7} \frac{3}{2}(2x - x^2)dx$ (Item d da Questão 2 dos Exercícios Resolvidos).
Neste caso, basta alterar uma linha do programa do item anterior.

```
resp, erro = quad(integral, 0.5, 0.7, args=(a,b))
```

A resposta do programa é:

```
0.25099999999999995
2.7866597918091423e-15
```

Ao acessar o QR Code ao lado, você encontrará códigos em Python referentes aos exemplos que constam neste capítulo.

Variáveis Aleatórias Multidimensionais

6.1 Introdução

Os Capítulos 4 e 5 apresentaram o estudo de diversas distribuições de variáveis aleatórias. Entretanto, a discussão nesses capítulos se restringiu a estudar uma variável aleatória por vez. Isto nem sempre é suficiente. Por exemplo, no estudo de um enlace de dados de um roteador, pode-se estar interessado no intervalo entre chegadas de pacotes e no tempo de espera dos pacotes antes de serem processados. Neste caso, pode ser necessária a definição de pelo menos duas variáveis aleatórias. Além disso, o comportamento de uma das variáveis aleatórias pode influenciar o comportamento das outras variáveis aleatórias.

Este capítulo tem por objetivo estudar a distribuição conjunta de duas ou mais variáveis aleatórias, sejam elas discretas ou contínuas. Também são apresentadas funções e medidas que podem ser geradas a partir dessas variáveis aleatórias.

Variável Aleatória Multidimensional Considere n variáveis aleatórias $X_1, \ldots, X_n$. A n-upla $(X_1, \ldots, X_n)$ é chamada de variável aleatória multidimensional.

Se todas as componentes de uma variável aleatória multidimensional são variáveis aleatórias discretas, então $(X_1, \ldots, X_n)$ é uma variável aleatória multidimensional discreta. Analogamente, se $X_1, \ldots, X_n$ são variáveis aleatórias contínuas, então $(X_1, \ldots, X_n)$ é uma variável aleatória multidimensional contínua.

As Seções 6.2 e 6.3 focam majoritariamente $n = 2$, ou seja, uma variável aleatória multidimensional com apenas duas componentes. Em particular, dizemos que se trata de uma variável aleatória bidimensional e é comum o uso de (X, Y) em lugar de (X_1, X_2) como notação. Funções e propriedades vistas nas próximas seções para o caso bidimensional podem ser facilmente expandidas para o caso multidimensional com $n > 2$.

6.2 ▪ Variáveis Aleatórias Multidimensionais Discretas

Distribuição Conjunta Considere duas variáveis aleatórias discretas X e Y com espaços de variação $\mathbb{R}_X$ e $\mathbb{R}_Y$, respectivamente. A função massa de probabilidade conjunta de (X,Y) é definida por

$$p_{X,Y}(x,y) = P(X = x, Y = y)$$

e possui as seguintes propriedades:

$$p_{X,Y}(x,y) \geq 0 \quad \text{e} \quad \sum_{x \in \mathbb{R}_X} \sum_{y \in \mathbb{R}_Y} p_{X,Y}(x,y) = 1.$$

A função massa de probabilidade conjunta e suas propriedades podem ser generalizadas para qualquer número de variáveis aleatórias discretas.

Distribuições Marginais Dada uma variável aleatória bidimensional (X,Y) com sua função massa de probabilidade conjunta $p_{X,Y}$, a distribuição individual de X é chamada de distribuição marginal de X e é caracterizada por meio da função massa de probabilidade marginal de X:

$$p_X(x) = P(X = x) = \sum_{y \in \mathbb{R}_Y} p_{X,Y}(x,y). \tag{6.1}$$

Analogamente, a distribuição individual de Y é chamada de distribuição marginal de Y e é caracterizada por meio da função massa de probabilidade marginal de Y:

$$p_Y(y) = P(Y = y) = \sum_{x \in \mathbb{R}_X} p_{X,Y}(x,y). \tag{6.2}$$

O cálculo da probabilidade marginal de uma variável aleatória, quando existem mais de duas variáveis aleatórias, é feito de forma semelhante.

Probabilidades Condicionais A distribuição condicional de X, dado $Y = y$, é definida como

$$p_{X|Y}(x|y) = P(X = x|Y = y) = \frac{P(X = x, Y = y)}{P(Y = y)}, \quad x \in \mathbb{R}_X$$

e a distribuição condicional de Y, dado $X = x$, é definida como

$$p_{Y|X}(y|x) = P(Y = y|X = x) = \frac{P(X = x, Y = y)}{P(X = x)}, \quad y \in \mathbb{R}_Y.$$

Pode-se condicionar a probabilidade em relação a uma ou mais variáveis aleatórias.

Independência Duas variáveis aleatórias discretas X e Y são ditas independentes quando o valor que uma delas assume não influencia a distribuição de probabilidades da outra, o que é equivalente a dizer que

$$p_{X,Y}(x,y) = p_X(x) \times p_Y(y)$$

para todo $x \in \mathbb{R}_X$ e para todo $y \in \mathbb{R}_Y$.

Covariância e Coeficiente de Correlação Para verificar a relação entre duas variáveis aleatórias, pode-se fazer uso de duas medidas: a covariância e o coeficiente de correlação. Enquanto a covariância representa uma medida de dependência linear entre variáveis aleatórias (que leva em conta suas unidades de medida), o coeficiente de correlação mede o grau de dependência linear entre as variáveis aleatórias.

A covariância entre as variáveis aleatórias X e Y é definida como

$$Cov(X,Y) = E[XY] - E[X]E[Y] = \sum_{x \in \mathbb{R}_X} \sum_{x \in \mathbb{R}_Y} xy\, p_{X,Y}(x,y) - E[X]E[Y]. \quad (6.3)$$

A covariância entre duas variáveis aleatórias pode assumir qualquer valor real, cuja magnitude depende potencialmente das unidades de medida utilizadas para cada variável aleatória. Quando $Cov(X,Y) = 0$, as variáveis aleatórias X e Y são ditas não correlacionadas.

É interessante fazer duas observações sobre a covariância:

1. Quando duas variáveis aleatórias X e Y são independentes, temos $Cov(X,Y) = 0$, pois $E[XY] = E[X]E[Y]$. Entretanto, o fato de a covariância ser nula não implica que as variáveis aleatórias são independentes. Apenas não há relação linear entre elas.

2. Se $Y = X$, então $Cov(X,X) = E[X^2] - (E[X])^2 = Var(X)$. Isto significa que a variância corresponde à covariância de uma variável aleatória com ela mesma.

No entanto, é relativamente difícil visualizar a força do relacionamento entre duas variáveis aleatórias apenas observando a covariância, pois ela não é padronizada. A medida padronizada (adimensional) da relação entre duas variáveis aleatórias é o coeficiente de correlação, que é calculado como

$$\rho_{X,Y} = \frac{Cov(X,Y)}{\sigma_X \sigma_Y}, \quad (6.4)$$

em que σ_X e σ_Y são, respectivamente, o desvio padrão da variável aleatória X e o desvio padrão da variável aleatória Y. O coeficiente de correlação corresponde a um valor em $[-1,1]$, e quanto mais próximo dos extremos deste intervalo, mais forte é a dependência linear entre as variáveis aleatórias. A correlação pode ser classificada como:

- **Fraca ou Nula** ($\rho_{X,Y} \approx 0$) – existe pouca ou nenhuma relação linear entre as duas variáveis aleatórias;

- **Negativa forte** ($-1 < \rho_{X,Y} < -0{,}7$) – as duas variáveis aleatórias tendem a se mover em direções opostas, ou seja, quando uma delas assume um valor "alto" ("baixo"), a distribuição condicional da outra concentra maior massa de probabilidade em valores "baixos" ("altos");

- **Negativa perfeita** ($\rho_{X,Y} = -1$) – ocorre apenas quando uma das variáveis aleatórias é função linear da outra e com inclinação negativa;

- **Positiva forte** ($0,7 < \rho_{X,Y} < 1$) – as duas variáveis aleatórias tendem a se mover na mesma direção, ou seja, quando uma delas assume um valor "alto" ("baixo"), a distribuição condicional da outra concentra maior massa de probabilidade em valores "altos" ("baixos");

- **Positiva perfeita** ($\rho_{X,Y} = 1$) – ocorre apenas quando uma das variáveis aleatórias é função linear da outra e com inclinação positiva.

Funções de Duas ou Mais Variáveis Aleatórias Muitas vezes estamos interessados em encontrar a distribuição de uma variável aleatória que provém de uma função aplicada a um conjunto de variáveis aleatórias. A seguir, são apresentados alguns resultados conhecidos e que podem ser facilmente provados com base no que já foi estudado neste livro e que valem para variáveis aleatórias discretas e contínuas.

- **Teorema 6.1** A média da soma de variáveis aleatórias é igual à soma das médias destas variáveis aleatórias.

$$E[X_1 + X_2 + \ldots + X_n] = E[X_1] + E[X_2] + \ldots + E[X_n].$$

- **Teorema 6.2** Considere que $a_1, a_2, \ldots, a_n$ são valores constantes.

$$E[a_1 X_1 + a_2 X_2 + \ldots + a_n X_n] = a_1 E[X_1] + a_2 E[X_2] + \ldots + a_n E[X_n].$$

- **Teorema 6.3** A variância da soma de variáveis aleatórias é igual à soma das variâncias destas e das covariâncias destas variáveis aleatórias agrupadas 2 a 2.

$$Var\left(\sum_{i=1}^{n} X_i\right) = \sum_{i=1}^{n} Var(X_i) + 2 \sum\sum_{i<j} Cov(X_i, X_j).$$

- **Teorema 6.4** Se $X_1, X_2, \ldots, X_n$ são variáveis aleatórias independentes, então

$$E[X_1 X_2 \ldots X_n] = E[X_1]E[X_2]\ldots E[X_n] \quad \text{e} \quad Var\left(\sum_{i=1}^{n} X_i\right) = \sum_{i=1}^{n} Var(X_i).$$

Exemplo 6.2a Considere um experimento que consiste no lançamento de uma moeda três vezes, em que X está associada ao resultado do primeiro lançamento, Y está associada ao resultado do segundo lançamento e Z está associada ao resultado do terceiro lançamento. O resultado Cara é definido como 0 (zero) e o resultado Coroa é definido como 1 (um). A Tabela 6.1 representa, em sua primeira e em sua última coluna, a distribuição conjunta de X, Y e Z, em que $p_{X,Y,Z}(x,y,z) = P(X=x, Y=y, Z=z)$.

Tabela 6.1 Distribuição conjunta de X, Y e Z do Exemplo 6.2a acrescida das colunas $X+Y+Z$ e XYZ

(x,y,z)	$X+Y+Z$	XYZ	$p_{X,Y,Z}(x,y,z)$
(0,0,0)	0	0	1/8
(0,1,0)	1	0	1/8
(0,0,1)	1	0	1/8
(0,1,1)	2	0	1/8
(1,0,0)	1	0	1/8
(1,1,0)	2	0	1/8
(1,0,1)	2	0	1/8
(1,1,1)	3	1	1/8

A função massa de probabilidade marginal de X é dada por

$$p_X(x) = \begin{cases} P(X=0) = \sum_{y=0}^{1}\sum_{z=0}^{1} p_{X,Y,Z}(0,y,z) = 4 \times \frac{1}{8} = \frac{1}{2}, \\ P(X=1) = \sum_{y=0}^{1}\sum_{z=0}^{1} p_{X,Y,Z}(1,y,z) = 4 \times \frac{1}{8} = \frac{1}{2}. \end{cases}$$

São exemplos de probabilidades condicionais:

$$P(X=0|Y=1) = \frac{P(X=0, Y=1)}{P(Y=1)} = \frac{p_{X,Y,Z}(0,1,0) + p_{X,Y,Z}(0,1,1)}{\sum_{x=0}^{1}\sum_{z=0}^{1} p_{X,Y,Z}(x,1,z)} = \frac{1}{2},$$

$$P(X=0|Y=1, Z=1) = \frac{P(X=0, Y=1, Z=1)}{P(Y=1, Z=1)} = \frac{p_{X,Y,Z}(0,1,1)}{p_{X,Y,Z}(0,1,1) + p_{X,Y,Z}(1,1,1)} = \frac{1}{2}.$$

Como as variáveis aleatórias X, Y e Z são independentes, temos $Cov(X,Y,Z) = 0$ e $\rho_{X,Y,Z} = 0$.

A partir da Tabela 6.1 podemos calcular a distribuição de $X + Y + Z$.

$$P(X + Y + Z = 0) = \frac{1}{8}, \qquad P(X + Y + Z = 1) = \frac{3}{8},$$
$$P(X + Y + Z = 2) = \frac{3}{8}, \qquad P(X + Y + Z = 3) = \frac{1}{8}.$$

Logo,

$$E[X + Y + Z] = \frac{3}{2}, \quad E[(X + Y + Z)^2] = 3 \quad \text{e} \quad Var(X + Y + Z) = \frac{3}{4}.$$

Note que

$$E[X] = E[Y] = E[Z] = \frac{1}{2} \quad \text{e} \quad Var(X) = Var(Y) = Var(Z) = \frac{1}{4},$$

o que nos permite verificar que

$$E[X+Y+Z] = E[X]+E[Y]+E[Z] \quad \text{e} \quad Var(X+Y+Z) = Var(X)+Var(Y)+Var(Z).$$

Com relação à distribuição de XYZ, temos $P(XYZ = 0) = \frac{7}{8}$ e $P(XYZ = 1) = \frac{1}{8}$. Portanto,

$$E[XYZ] = \frac{1}{8}, \quad E[(XYZ)^2] = \frac{1}{8} \quad \text{e} \quad Var(XYZ) = \frac{7}{64}.$$

Exemplo 6.2b Considere três variáveis aleatórias X, Y e Z seguindo distribuição de Bernoulli com igual probabilidade p de sucesso e, consequentemente, igual probabilidade $1 - p$ de fracasso. A distribuição conjunta de X, Y e Z é mostrada na Tabela 6.2.

Tabela 6.2   Distribuição conjunta das variáveis aleatórias X, Y e Z do Exemplo 6.2b

(x,y,z)	$p_{X,Y,Z}(x,y,z)$
(0,0,0)	$(1-p)^3$
(0,1,0)	$(1-p)^2 p$
(0,0,1)	$(1-p)^2 p$
(0,1,1)	$(1-p)p^2$
(1,0,0)	$(1-p)^2 p$
(1,1,0)	$(1-p)p^2$
(1,0,1)	$(1-p)p^2$
(1,1,1)	p^3

Note que a função massa de probabilidade marginal de X corresponde simplesmente à probabilidade de ocorrer um sucesso (p) e à probabilidade de ocorrer um fracasso ($1 - p$). Resultados iguais são também obtidos para as funções massa de probabilidade marginais de Y e de Z. Isso ocorre porque as variáveis aleatórias X, Y e Z são independentes (isto implica que $Cov(X,Y,Z) = 0$ e $\rho_{X,Y,Z} = 0$).

$$p_X(x) = \begin{cases} P(X=0) = (1-p)^3 + (1-p)^2 p + (1-p)^2 p + (1-p)p^2 = 1-p, \\ P(X=1) = (1-p)^2 p + (1-p)p^2 + (1-p)p^2 + p^3 = p. \end{cases}$$

A partir do exemplo da Tabela 6.2 e considerando $p = 0{,}6$, é possível definir as funções $X+Y+Z$ e XYZ como mostra a Tabela 6.3. A distribuição de $X+Y+Z$ é dada por

$$P(X+Y+Z=0) = 0{,}064, \qquad P(X+Y+Z=2) = 0{,}432,$$
$$P(X+Y+Z=1) = 0{,}288, \qquad P(X+Y+Z=3) = 0{,}216.$$

E a distribuição de XYZ é dada por

$$P(XYZ=0) = 0{,}784 \quad \text{e} \quad P(XYZ=1) = 0{,}216.$$

Tabela 6.3 Distribuição conjunta das variáveis aleatórias X, Y e Z do Exemplo 6.2b com $p = 0{,}6$ e acrescida das colunas $X+Y+Z$ e XYZ

(x,y,z)	X+Y+Z	XYZ	$p_{X,Y,Z}(x,y,z)$
(0,0,0)	0	0	0,064
(0,1,0)	1	0	0,096
(0,0,1)	1	0	0,096
(0,1,1)	2	0	0,144
(1,0,0)	1	0	0,096
(1,1,0)	2	0	0,144
(1,0,1)	2	0	0,144
(1,1,1)	3	1	0,216

Para as variáveis aleatórias X, Y e Z, temos:

$E[X] = 0 \times 0{,}4 + 1 \times 0{,}6 = 0{,}6,$

$E[Y] = 0 \times 0{,}4 + 1 \times 0{,}6 = 0{,}6,$

$E[Z] = 0 \times 0{,}4 + 1 \times 0{,}6 = 0{,}6,$

$E[X] + E[Y] + E[Z] = 0{,}6 + 0{,}6 + 0{,}6 = 1{,}8,$

$E[X+Y+Z] = 0 \times 0{,}064 + 1 \times 0{,}288 + 2 \times 0{,}432 + 3 \times 0{,}216 = 1{,}8,$

$E[X]E[Y]E[Z] = 0{,}6 \times 0{,}6 \times 0{,}6 = 0{,}216,$

$E[XYZ] = 0 \times 0{,}784 + 1 \times 0{,}216 = 0{,}216.$

Podemos observar, como esperado, que

$$E[X+Y+Z] = E[X] + E[Y] + E[Z] \quad \text{e} \quad E[XYZ] = E[X]E[Y]E[Z].$$

Exemplo 6.2c Suponha uma comissão formada por três pessoas ordenadas pela idade, na qual a pessoa mais velha será a primeira a ser escolhida e chefiará o grupo. Em qualquer uma das três escolhas, a probabilidade de a pessoa escolhida ser do sexo feminino é igual a 1/3. No estudo deste problema, vamos definir as seguintes variáveis aleatórias:

- X = número de pessoas do sexo feminino na comissão.
- $Y = \begin{cases} 0, & \text{se for chefe homem,} \\ 1, & \text{se for chefe mulher.} \end{cases}$

Tabela 6.4   Distribuição conjunta de (X,Y) do Exemplo 6.2c

Grupo	(x,y)	$p_{X,Y}(x,y)$
MMM	(3,1)	1/27
MMH	(2,1)	2/27
MHM	(2,1)	2/27
MHH	(1,1)	4/27
HHH	(0,0)	8/27
HHM	(1,0)	4/27
HMH	(1,0)	4/27
HMM	(2,0)	2/27

A função massa de probabilidade marginal de X, obtida da Tabela 6.4, é definida por:

$$P(X=0) = \frac{8}{27}. \qquad P(X=2) = \frac{2}{27} + \frac{2}{27} + \frac{2}{27} = \frac{6}{27},$$

$$P(X=1) = \frac{4}{27} + \frac{4}{27} + \frac{4}{27} = \frac{12}{27}, \qquad P(X=3) = \frac{1}{27}.$$

E a função massa de probabilidade marginal de Y, também obtida da Tabela 6.4, é dada por:

$$P(Y=0) = \frac{2}{3} \quad \text{e} \quad P(Y=1) = \frac{1}{3}.$$

Note que $P(X=2, Y=0) = 2/27$ e que $P(X=2)P(Y=0) = 4/27$. Portanto, as variáveis aleatórias X e Y não são independentes, já que $P(X=2, Y=0) \neq P(X=2)P(Y=0)$.

São exemplos de probabilidades condicionais:

$$P(X=2|Y=0) = \frac{P(X=2, Y=0)}{P(Y=0)} = \frac{2/27}{2/3} = \frac{1}{9},$$

$$P(X=2|Y=1) = \frac{P(X=2, Y=1)}{P(Y=1)} = \frac{4/27}{1/3} = \frac{4}{9},$$

$$P(Y=0|X=1) = \frac{P(Y=0, X=1)}{P(X=1)} = \frac{8/27}{12/27} = \frac{2}{3},$$

$$P(Y=1|X=1) = \frac{P(Y=1, X=1)}{P(X=1)} = \frac{4/27}{12/27} = \frac{1}{3},$$

$$P(Y=0|X=2) = \frac{P(Y=0, X=2)}{P(X=2)} = \frac{2/27}{6/27} = \frac{1}{3}.$$

Vamos agora calcular a covariância e o coeficiente de correlação das variáveis aleatórias X e Y. Sabemos que

$$P(XY=0) = \frac{18}{27}, \quad P(XY=2) = \frac{4}{27},$$

$$P(XY=1) = \frac{4}{27}, \quad P(XY=3) = \frac{1}{27}.$$

Portanto,

$$E[XY] = 0 \times \frac{18}{27} + 1 \times \frac{4}{27} + 2 \times \frac{4}{27} + 3 \times \frac{1}{27} = \frac{5}{9}.$$

Como já definido, temos

$$E[X] = 1, \quad E[X^2] = \frac{45}{27}, \quad Var(X) = \frac{2}{3}, \quad \sigma_X \approx 0{,}816$$

e

$$E[Y] = \frac{1}{3}, \quad E[Y^2] = \frac{1}{3}, \quad Var(Y) = \frac{2}{9}, \quad \sigma_Y \approx 0{,}471.$$

Logo,

$$Cov(X,Y) = E[XY] - E[X]E[Y] = \frac{5}{9} - 1 \times \frac{1}{3} = \frac{2}{9} \approx 0{,}222$$

e

$$\rho_{X,Y} = \frac{cov(X,Y)}{\sigma_X \sigma_Y} = \frac{0{,}222}{0{,}816 \times 0{,}471} \approx 0{,}578.$$

Isto significa que as variáveis aleatória X e Y são positivamente correlacionadas de maneira moderada. Este resultado não traz nenhuma surpresa já que à medida que o número de mulheres na comissão aumenta, também aumenta a probabilidade de a comissão ser chefiada por alguém do sexo feminino.

6.3 · Variáveis Aleatórias Multidimensionais Contínuas

Distribuição Conjunta Considere duas variáveis aleatórias contínuas X e Y com espaços de variação $\mathbb{R}_X$ e $\mathbb{R}_Y$, respectivamente. Para dois intervalos A e B, a função densidade de probabilidade conjunta (ou, simplesmente, densidade conjunta) de (X,Y), denotada por $f_{X,Y}$, define a probabilidade conjunta $P(X \in A, Y \in B)$ como

$$P(X \in A, Y \in B) = \int_B \int_A f_{X,Y}(x,y)dxdy \qquad (6.5)$$

e possui as seguintes propriedades:

$$f_{X,Y}(x,y) \geq 0 \quad \text{e} \quad \int_{-\infty}^{\infty} \int_{-\infty}^{\infty} f_{X,Y}(x,y)dxdy = 1.$$

A função densidade de probabilidade conjunta e suas propriedades podem ser generalizadas para qualquer número de variáveis aleatórias contínuas.

Distribuições Marginais É possível obter a função densidade de probabilidade da variável aleatória X, chamada de densidade marginal de X, a partir da densidade conjunta de (X,Y) da seguinte maneira:

$$f_X(x) = \int_{-\infty}^{\infty} f_{X,Y}(x,y)dy.$$

A função densidade de probabilidade da variável aleatória Y, chamada de densidade marginal de Y, pode ser obtida de modo análogo:

$$f_Y(y) = \int_{-\infty}^{\infty} f_{X,Y}(x,y)dx.$$

A obtenção da densidade marginal de uma variável aleatória, quando existem mais de duas variáveis aleatórias, é feita de maneira semelhante.

Probabilidades Condicionais A função densidade de probabilidade condicional de X, dado $Y = y$, é dada por

$$f_{X|Y}(x|y) = \frac{f_{X,Y}(x,y)}{f_Y(y)}, \quad \text{com } f_Y(y) > 0$$

e a função densidade de probabilidade condicional de Y, dado $X = x$, é dada por

$$f_{Y|X}(y|x) = \frac{f_{X,Y}(x,y)}{f_X(x)}, \quad \text{com } f_X(x) > 0.$$

Independência Duas variáveis aleatórias contínuas X e Y são ditas independentes quando o valor que uma delas assume não influencia a distribuição de probabilidades da outra, o que é equivalente a dizer que

$$f_{X,Y}(x,y) = f_X(x)f_Y(y)$$

para todo $x \in \mathbb{R}_X$ e para todo $y \in \mathbb{R}_Y$. Ainda, se X e Y são independentes, a igualdade anterior aplicada na Equação 6.5 implica

$$P(X \in A, Y \in B) = P(X \in A)P(Y \in B).$$

Covariância e Coeficiente de Correlação A discussão apresentada na Seção 6.2 para variáveis aleatórias discretas também se aplica a variáveis aleatórias contínuas. Isso significa que as Equações 6.3 e 6.4 são também usadas no cálculo da covariância e do coeficiente de correlação para um par de variáveis aleatórias contínuas, com desenvolvimento diferente de $E[XY]$, no que tange à Equação 6.3, por conta de X e Y serem, agora, variáveis aleatórias contínuas, conforme explicitado a seguir:

$$\text{Cov}(X,Y) = E[XY] - E[X]E[Y] = \int_{-\infty}^{\infty}\int_{-\infty}^{\infty} x y f_{X,Y}(x,y) - E[X]E[Y]. \qquad (6.6)$$

Exemplo 6.3a Sejam X e Y duas variáveis aleatórias contínuas com função densidade de probabilidade conjunta de (X,Y) dada por

$$f_{X,Y}(x,y) = \begin{cases} \dfrac{4}{9}xe^{-2y}, & 0 < x < 3, 0 < y < \infty, \\ 0, & \text{nos outros casos.} \end{cases}$$

Inicialmente, vamos provar que a integral da densidade conjunta em todo espaço de variação de (X,Y) retorna 1. Para isto, basta integrar primeiro com relação à variável aleatória Y e depois com relação à variável aleatória X em seus respectivos espaços de variação (ou vice-versa).

$$\int_0^3 \int_0^\infty \frac{4}{9}xe^{-2y}dydx = \int_0^3 \frac{4}{9}x\left(\frac{-e^{-2y}}{2}\right)\bigg|_0^\infty dx = \int_0^3 \frac{2}{9}xdx = \frac{2}{9}\left(\frac{x^2}{2}\right)\bigg|_0^3 = \frac{1}{9}(9-0) = 1.$$

A função densidade de probabilidade marginal de X é dada por

$$f_X(x) = \int_0^\infty \frac{4}{9}xe^{-2y}dy = \frac{4}{9}x\left(\frac{-e^{-2y}}{2}\right)\bigg|_0^\infty = \frac{-4}{18}x(0-1) = \frac{2x}{9}, \text{ para } 0 < x < 3,$$

enquanto a função densidade de probabilidade marginal de Y é dada por

$$f_Y(y) = \int_0^3 \frac{4}{9}xe^{-2y}dx = \frac{4}{9}e^{-2y}\left(\frac{x^2}{2}\right)\bigg|_0^3 = \frac{4}{9}e^{-2y}\frac{9}{2} = 2e^{-2y}, \text{ para } 0 < y < \infty.$$

A função densidade de probabilidade condicional de X dado $Y = y$ e a função densidade de probabilidade condicional de Y dado $X = x$ são

$$f_{X|Y}(x|y) = \frac{(4/9)xe^{-2y}}{2e^{-2y}} = \frac{2x}{9} \quad \text{e} \quad f_{Y|X}(y|x) = \frac{(4/9)xe^{-2y}}{2x/9} = 2e^{-2y},$$

para $0 < x < 3$ e $0 < y < \infty$, respectivamente. Note que $f_{X|Y}(x|y) = f_X(x)$ e $f_{Y|X}(y|x) = f_Y(y)$, logo X e Y são independentes. De fato, para $0 < x < 3$ e $0 < y < \infty$,

$$f_X(x)f_Y(y) = \frac{2x}{9}2e^{-2y} = \frac{4}{9}xe^{-2y} = f_{X,Y}(x,y).$$

Podemos usar a densidade marginal de X para calcular $P(X < k)$, com $0 \leq k \leq 3$:

$$P(X < k) = \int_0^k \frac{2x}{9}dx = \frac{2}{9}\left(\frac{x^2}{2}\right)\bigg|_0^k = \frac{k^2}{9}.$$

Em particular, esta é a função de distribuição acumulada de X avaliada no intervalo $(0;3)$, ou seja, $F_X(k) = k^2/9$ para $0 < k < 3$. Da mesma maneira, pode-se usar a densidade marginal de Y para calcular $P(Y < k)$, com $0 < k < \infty$:

$$P(Y < k) = \int_0^k 2e^{-2y}dy = 2\left(\frac{-e^{-2y}}{2}\right)\bigg|_0^k = 1 - e^{-2k}.$$

Em particular, esta é a função de distribuição acumulada de Y avaliada no intervalo $(0;\infty)$, ou seja, $F_Y(k) = 1 - e^{-2k}$ para $0 < k < \infty$.

Vejamos agora alguns exemplos de cálculo de probabilidades pela função densidade de probabilidade conjunta mostrada no exemplo.

1. $P(X > 1, Y < 1)$.

$$P(X > 1, Y < 1) = \int_0^1 \int_1^3 \frac{4}{9}xe^{-2y}dxdy \approx 0{,}769.$$

Alternativamente, o fato de X e Y serem independentes permite que tal probabilidade seja calculada como

$$P(X > 1, Y < 1) = P(X > 1)P(Y < 1) = [1 - F_X(1)]F_Y(1) = \frac{8}{9}(1 - e^{-2}) \approx 0{,}769.$$

2. $P(X < Y)$.

Como X não pode ter um valor maior que Y, é preciso calcular a probabilidade em duas partes.

$$P(X < Y) = \int_0^3 \int_0^y \frac{4}{9}xe^{-2y}dxdy + \int_3^\infty \int_0^3 \frac{4}{9}xe^{-2y}dxdy.$$

(a) Primeira parte de $P(X < Y)$.

$$\int_0^3 \int_0^y \frac{4}{9}xe^{-2y}dxdy = \frac{4}{9}\int_0^3 e^{-2y}\left(\frac{x^2}{2}\bigg|_0^y\right)dy = \frac{2}{9}\int_0^3 e^{-2y}y^2 dy.$$

Para integrar por partes, podemos fazer $u(y) = y^2$ e $v'(y) = e^{-2y}dy$. Logo, $u'(y) = 2ydy$ e $v(y) = \frac{-e^{-2y}}{2}$.

$$P(X < Y) = \frac{2}{9}\left(y^2 \frac{-e^{-2y}}{2}\right)\bigg|_0^3 + \frac{2}{9}\int_0^3 ye^{-2y}dy = -e^{-6} + \frac{2}{9}\int_0^3 ye^{-2y}dy.$$

Novamente integrando por partes, vamos fazer $u(y) = y$ e $v'(y) = e^{-2y}dy$. Como $u'(y) = dy$ e $v(y) = \dfrac{-e^{-2y}}{2}$, temos

$$P(X < Y) = -e^{-6} + \frac{2}{9}\left(-\frac{ye^{-2y}}{2}\Big|_0^3 + \frac{1}{2}\int_0^3 e^{-2y}dy\right) = -e^{-6} - \frac{e^{-6}}{3} - \frac{1}{18}e^{-2y}\Big|_0^3$$

$$= -\frac{4e^{-6}}{3} - \frac{1}{18}(e^{-6} - 1) = -\frac{25e^{-6}}{18} + \frac{1}{18} \approx 0{,}0521.$$

(b) Segunda parte de $P(X < Y)$.

$$\int_3^\infty \int_0^3 \frac{4}{9}xe^{-2y}dxdy = \frac{4}{9}\int_3^\infty e^{-2y}\left(\frac{x^2}{2}\Big|_0^3\right)dy = 2\int_3^\infty e^{-2y}dy = e^{-6} \approx 0{,}0024.$$

Portanto, $P(X < Y) \approx 0{,}052 + 0{,}0024 \approx 0{,}0545$.

3. $P(Y < X)$.

$$P(Y < X) = \int_0^3 \int_0^x \frac{4}{9}xe^{-2y}dydx = \frac{4}{9}\int_0^3 x\left(-\frac{e^{-2y}}{2}\Big|_0^x\right)dx$$

$$= \frac{4}{9}\int_0^3 x\left(-\frac{e^{-2x}}{2} + \frac{1}{2}\right)dx = \frac{2}{9}\int_0^3 xdx - \frac{2}{9}\int_0^3 xe^{-2x}dx.$$

Usando integração por partes para resolver o segundo termo, temos

$$P(Y < X) = \frac{2}{9}\frac{x^2}{2}\Big|_0^3 - \frac{2}{9}\left(-\frac{xe^{-2y}}{2}\Big|_0^3 + \int_0^3 \frac{e^{-2y}}{2}dx\right)$$

$$= 1 + \frac{e^{-6}}{3} + \frac{1}{18}(e^{-6} - 1) = \frac{17}{18} + \frac{7e^{-6}}{18} \approx 0{,}945.$$

Os dois primeiros momentos e a variância de X são

$$E[X] = \int_0^3 xf_X(x)dx = \int_0^3 x\frac{2x}{9}dx = 2,$$

$$E[X^2] = \int_0^3 x^2 f_X(x)dx = \int_0^3 x^2\frac{2x}{9}dx = \frac{9}{2},$$

$$Var(X) = E[X^2] - (E[X])^2 = 0{,}5.$$

Os dois primeiros momentos e a variância de Y são

$$E[Y] = \int_0^\infty yf_Y(y)dy = 2\int_0^\infty ye^{-2y}dy = \frac{1}{2},$$

$$E[Y^2] = \int_0^\infty y^2 f_Y(y)dy = 2\int_0^\infty y^2 e^{-2y}dy = \frac{1}{2},$$

$$Var(Y) = E[Y^2] - (E[Y])^2 = 0{,}25.$$

Exemplo 6.3b Suponha que uma variável aleatória bidimensional contínua (X,Y) tenha função densidade de probabilidade conjunta conforme mostrada a seguir.

$$f_{X,Y}(x,y) = \begin{cases} x + ky^2 & 0 \leq x \leq 1, 0 \leq y \leq 1, \\ 0 & \text{nos outros casos.} \end{cases}$$

Para encontrar o valor de k, basta igualar a 1 o volume total entre o plano $x \times y$ e a densidade conjunta, ou seja,

$$\int_0^1 \int_0^1 (x + ky^2) dx dy = 1 \Rightarrow \int_0^1 \left(\frac{x^2}{2} + ky^2 x\right)\Big|_0^1 dy = 1 \Rightarrow \int_0^1 \left(\frac{1}{2} + ky^2\right) dy = 1.$$

Seguindo com esta integração, temos

$$\left(\frac{1}{2}y + \frac{ky^3}{3}\right)\Big|_0^1 = 1 \Rightarrow \frac{1}{2} + \frac{k}{3} = 1 \Rightarrow k = \frac{3}{2}.$$

Portanto, a função densidade de probabilidade conjunta de (X,Y) é dada por

$$f_{X,Y}(x,y) = \begin{cases} x + \dfrac{3y^2}{2} & 0 \leq x \leq 1, 0 \leq y \leq 1, \\ 0 & \text{nos outros casos.} \end{cases} \quad (6.7)$$

A função densidade de probabilidade marginal de X é dada por

$$f_X(x) = \int_0^1 \left(x + \frac{3}{2}y^2\right) dy = \left(xy + \frac{3}{6}y^3\right)\Big|_0^1 = \frac{2x+1}{2}, \text{ para } 0 \leq x \leq 1,$$

enquanto a função densidade de probabilidade marginal de Y é dada por

$$f_Y(y) = \int_0^1 \left(x + \frac{3}{2}y^2\right) dx = \left(\frac{x^2}{2} + \frac{3y^2 x}{2}\right)\Big|_0^1 = \frac{3y^2+1}{2}, \text{ para } 0 \leq y \leq 1.$$

A função densidade de probabilidade condicional de X e a função densidade de probabilidade condicional de Y são

$$f_{X|Y}(x|y) = \frac{2x + 3y^2}{1 + 3y^2} \quad \text{e} \quad f_{Y|X}(y|x) = \frac{2x + 3y^2}{2x + 1}$$

para $0 \leq x \leq 1$ e $0 \leq y \leq 1$, respectivamente. Note que $f_{X|Y}(x|y) \neq f_X(x)$ e $f_{Y|X}(y|x) \neq f_Y(y)$, logo X e Y não são independentes. Para calcular $Cov(X,Y)$, precisamos, primeiramente, obter $E[X]$, $E[Y]$ e $E[XY]$.

$$E[X] = \int_0^1 x f_X(x) dx = \int_0^1 x\left(\frac{2x+1}{2}\right) dx = \frac{7}{12},$$

$$E[Y] = \int_0^1 y f_Y(y) dy = \int_0^1 y\left(\frac{3y^2+1}{2}\right) dy = \frac{5}{8},$$

$$E[XY] = \int_0^1 \int_0^1 xy f_{X,Y}(x,y) dx dy = \int_0^1 \int_0^1 xy\left(x + \frac{3y^2}{2}\right) dx dy = \frac{34}{96}.$$

Portanto,

$$Cov(X,Y) = E[XY] - E[X]E[Y] = \frac{34}{96} - \frac{7}{12} \times \frac{5}{8} = \frac{-1}{96} \approx -0{,}010.$$

Note que o sinal da covariância é negativo. Para visualizar a força do relacionamento linear entre X e Y, precisamos calcular o coeficiente de correlação entre as duas variáveis aleatórias. Inicialmente, precisamos encontrar o desvio padrão de X e o desvio padrão de Y.

$$E[X^2] = \int_0^1 x^2 f_X(x)dx = \int_0^1 x^2 \left(\frac{2x+1}{2}\right) dx = \frac{5}{12},$$

$$Var(X) = E[X^2] - (E[X])^2 = \frac{11}{144} \quad \Rightarrow \quad \sigma_X = \sqrt{\frac{11}{144}} \approx 0{,}276,$$

$$E[Y^2] = \int_0^1 y^2 f_Y(y)dy = \int_0^1 y^2 \left(\frac{3y^2+1}{2}\right) dy = \frac{7}{15},$$

$$Var(Y) = E[Y^2] - (E[Y])^2 = \frac{73}{960} \quad \Rightarrow \quad \sigma_Y = \sqrt{\frac{73}{960}} \approx 0{,}276.$$

Logo,

$$\rho_{X,Y} = \frac{Cov(X,Y)}{\sigma_X \sigma_Y} \approx \frac{-0{,}010}{0{,}276 \times 0{,}276} \approx -0{,}131.$$

Como o valor de $\rho_{X,Y}$ está bem mais próximo de zero que de -1, a relação (linear) entre X e Y é fraca.

6.4 ■ Exercícios Resolvidos

1. Um dado e uma moeda são lançados ao mesmo tempo. Sejam X a variável aleatória que representa o valor do dado e Y a variável aleatória associada à face registrada no lançamento da moeda (Cara é zero, Coroa é 1).

   (a) Obtenha a função massa de probabilidade conjunta de (X,Y).

   (b) Obtenha as funções massa de probabilidade marginais de X e de Y.

   (c) Calcule $E[X+Y]$, $Var(X+Y)$, $E[XY]$, $Var(XY)$.

   (d) Calcule a covariância e o coeficiente de correlação de X e Y.

   (e) X e Y são independentes?

   Resposta – A Tabela 6.5 mostra a função massa de probabilidade conjunta de (X,Y), enquanto as Tabelas 6.6a e 6.6b apresentam, respectivamente, as funções massa de probabilidade marginais de X (associada ao dado) e de Y (associada à moeda).

Tabela 6.5 Distribuição conjunta de (X,Y)

X	Y	$p_{X,Y}(x,y)$	X	Y	$p_{X,Y}(x,y)$
1	0	1/12	1	1	1/12
2	0	1/12	2	1	1/12
3	0	1/12	3	1	1/12
4	0	1/12	4	1	1/12
5	0	1/12	5	1	1/12
6	0	1/12	6	1	1/12

Tabela 6.6 Distribuições marginais de X e de Y

X	$p_X(x)$
1	1/6
2	1/6
3	1/6
4	1/6
5	1/6
6	1/6

(a)

Y	$p_Y(y)$
0	1/2
1	1/2

(b)

Tabela 6.7 Distribuição conjunta de (X,Y) acrescida das colunas $X+Y$ e XY

(x,y)	X+Y	XY	$p_{X,Y}(x,y)$	(x,y)	X+Y	XY	$p_{X,Y}(x,y)$
(1, 0)	1	0	1/12	(1, 1)	2	1	1/12
(2, 0)	2	0	1/12	(2, 1)	3	2	1/12
(3, 0)	3	0	1/12	(3, 1)	4	3	1/12
(4, 0)	4	0	1/12	(4, 1)	5	4	1/12
(5, 0)	5	0	1/12	(5, 1)	6	5	1/12
(6, 0)	6	0	1/12	(6, 1)	7	6	1/12

Da Tabela 6.7, vemos que $X+Y$ pode assumir os valores 1, 2, 3, 4, 5, 6 e 7 com probabilidades 1/12, 2/12, 2/12, 2/12, 2/12, 2/12 e 1/12, respectivamente, e XY pode assumir os valores 0, 2, 3, 4, 5, 6 e 7 com probabilidades 6/12, 1/12, 1/12, 1/12, 1/12, 1/12 e 1/12, respectivamente. Portanto,

$$E[X+Y] = 4, \quad E[(X+Y)^2] \approx 19{,}167 \quad \text{e} \quad Var(X+Y) \approx 3{,}167,$$
$$E[XY] = 1{,}75, \quad E[(XY)^2] \approx 7{,}583, \quad \text{e} \quad Var(XY) \approx 4{,}521.$$

Sabemos que $E[X] = 3{,}5$ e $E[Y] = 0{,}5$. Logo,

$$Cov(X,Y) = E[XY] - E[X]E[Y] = 1{,}75 - 3{,}5 \times 0{,}5 = 0 \quad \text{e} \quad \rho_{X,Y} = 0.$$

Nesse caso, X e Y são independentes, pois $p_{X,Y}(x,y) = P(X = x)P(Y = y)$ quaisquer que sejam os valores assumidos por X e por Y. Isto significa que o resultado de uma variável aleatória não influencia o resultado da outra variável aleatória.

2. Um casal tem quatro filhos. Considere que X representa o número de crianças do sexo feminino e que Y está associada ao sexo do filho mais velho (0 se for menina e 1 se for menino).

    (a) Obtenha a função massa de probabilidade conjunta de (X,Y).
    (b) Obtenha as funções massa de probabilidade marginais de X e de Y.
    (c) Calcule $E[X + Y]$, $Var(X + Y)$ $E[XY]$, $Var(XY)$.
    (d) Calcule a covariância e o coeficiente de correlação entre X e Y.
    (e) X e Y são independentes?
    (f) Calcule: $P(X = 1|Y = 1)$, $P(X = 2|Y = 1)$, $P(Y = 0|X = 1)$ e $P(Y = 1|X = 1)$.

Resposta – Primeiramente, vamos assumir que existe igual probabilidade de uma criança ser menina ou menino (1/2), o que implica $P(Y = 0) = P(Y = 1) = 1/2$. Assumamos também que a primeira criança da lista é a mais velha. Fixando esta primeira criança em um determinado sexo (menina ou menino), a probabilidade de qualquer arranjo (completo) de sexos das outras três crianças é igual a 1/8, e desta forma podemos obter probabilidades condicionais do tipo $P(X = x|Y = y)$. Não é difícil concluir que

$$P(X = x|Y = y) = \frac{1}{8}\binom{x+y-1}{3}$$

para $y \in \{0,1\}$ e $x \in \{1-y, 2-y, 3-y, 4-y\}$. A Tabela 6.8 mostra a distribuição de (X,Y), cuja função massa de probabilidade conjunta foi obtida por

$$p_{X,Y}(x,y) = P(X = x, Y = y) = P(Y = y)P(X = x|Y = y).$$

Tabela 6.8   Distribuição conjunta de (X,Y)

X	Y	$p_{X,Y}(x,y)$	X	Y	$p_{X,Y}(x,y)$
1	0	1/16	0	1	1/16
2	0	3/16	1	1	3/16
3	0	3/16	2	1	3/16
4	0	1/16	3	1	1/16

As Tabelas 6.9a e 6.9b mostram, respectivamente, as distribuições marginais de X (número de meninas no grupo) e de Y (igual a zero, se a criança mais velha for do sexo feminino, e 1, caso contrário).

Tabela 6.9 Distribuições marginais de X e de Y

X	$p_X(x)$
0	1/16
1	4/16
2	6/16
3	4/16
4	1/16

(a)

Y	$p_Y(y)$
0	1/2
1	1/2

(b)

Tabela 6.10 Distribuição conjunta de (X,Y) acrescida das colunas $X+Y$ e XY

(x,y)	X+Y	XY	$p_{X,Y}(x,y)$	(x,y)	X+Y	XY	$p_{X,Y}(x,y)$
(1, 0)	1	0	1/16	(0, 1)	1	0	1/16
(2, 0)	2	0	3/16	(1, 1)	2	1	3/16
(3, 0)	3	0	3/16	(2, 1)	3	2	3/16
(4, 0)	4	0	1/16	(3, 1)	4	3	1/16

Pela Tabela 6.10, vemos que $X+Y$ pode assumir os valores 1, 2, 3 e 4 com probabilidades 1/8, 3/8, 3/8 e 1/8, respectivamente, ao passo que XY pode assumir os valores 0, 1, 2 e 3 com probabilidades 9/16, 3/16, 3/16 e 1/16, respectivamente. Portanto,

$$E[X+Y] = 2{,}5, \quad E[(X+Y)^2] = 7 \quad \text{e} \quad Var(X+Y) = 0{,}75,$$
$$E[XY] = 0{,}75, \quad E[(XY)^2] = 1{,}5, \quad \text{e} \quad Var(XY) = 0{,}9375.$$

Temos que $E[X] = 2, Var(X) = 1, E[Y] = 0{,}5$ e $Var(Y) = 0{,}25$. Logo,

$$Cov(X, Y) = -0{,}25 \quad \text{e} \quad \rho_{X,Y} = -0{,}5.$$

Nesse caso, as variáveis aleatórias X e Y não são independentes e apresentam uma correlação negativa moderada. Por fim, seguem as probabilidades solicitadas no item f da questão.

$$P(X=1|Y=1) = \frac{P(X=1, Y=1)}{P(Y=1)} = \frac{3/16}{1/2} = \frac{3}{8},$$

$$P(X=1|Y=0) = \frac{P(X=1, Y=0)}{P(Y=0)} = \frac{1/16}{1/2} = \frac{1}{8},$$

$$P(Y=0|X=1) = \frac{P(X=1, Y=0)}{P(X=1)} = \frac{1/16}{4/16} = \frac{1}{4},$$

$$P(Y=1|X=1) = \frac{P(X=1, Y=1)}{P(X=1)} = \frac{3/16}{4/16} = \frac{3}{4}.$$

3. Sejam X e Y duas variáveis aleatórias independentes e que possuem distribuição de Poisson com médias, respectivamente, λ_x e λ_y. Encontre a função massa de probabilidade de $X + Y$.

   Resposta – Para um número inteiro não negativo k, considere que $X + Y = k$. Como X e Y só podem assumir valores inteiros não negativos, então

$$\begin{aligned}P(X+Y=k) &= \sum_{i=0}^{k} P(X=i, Y=k-i) \\ &= \sum_{i=0}^{k} P(X=i)P(Y=k-i) \\ &= \sum_{i=0}^{k} \left(e^{-\lambda_x} \frac{\lambda_x^i}{i!} e^{-\lambda_y} \frac{\lambda_y^{k-i}}{(k-i)!} \right) \\ &= e^{-(\lambda_x+\lambda_y)} \sum_{i=0}^{k} \frac{\lambda_x^i \lambda_y^{k-i}}{i!(k-i)!} \\ &= \frac{e^{-(\lambda_x+\lambda_y)}}{k!} \sum_{i=0}^{k} \frac{k!}{i!(k-i)!} \lambda_x^i \lambda_y^{k-i} \\ &= \frac{e^{-(\lambda_x+\lambda_y)}}{k!} (\lambda_x + \lambda_y)^k.\end{aligned}$$

   Note que $X + Y$ possui distribuição de Poisson com média $\lambda_x + \lambda_y$. Portanto, a soma de duas variáveis aleatórias independentes com distribuição de Poisson corresponde a uma variável aleatória que também segue distribuição de Poisson. Esse resultado se estende para a soma de n variáveis aleatórias independentes que seguem distribuição de Poisson, para $n > 2$.

4. Sejam X e Y duas variáveis aleatórias contínuas com função densidade de probabilidade conjunta de (X,Y) dada por

$$f_{X,Y}(x,y) = 2e^{-2x}e^{-y}, \ 0 < x < \infty, \ 0 < y < \infty.$$

   Resolva os itens a seguir.

   (a) Prove que $\int_0^\infty \int_0^\infty f_{X,Y}(x,y)dxdy = 1$.

   Resposta – Basta desenvolver a integração dupla conforme o primeiro membro acima, integrando, inicialmente, com relação a X e depois com relação a Y, ou vice-versa.

$$\int_0^\infty \int_0^\infty 2e^{-2x}e^{-y}dxdy = 2\int_0^\infty e^{-2x}(-e^{-y})\big|_0^\infty dx = 2\int_0^\infty e^{-2x}dx = \left(\frac{2e^{-2x}}{-2}\right)\bigg|_0^\infty = 1.$$

   (b) A função densidade de probabilidade marginal de X.

   Resposta – Para obter esta função, basta fazer a integração da função densidade de probabilidade conjunta com relação a Y.

$$f_X(x) = \int_0^\infty 2e^{-2x}e^{-y}dy = 2e^{-2x}(-e^{-y})\big|_0^\infty = 2e^{-2x}, \text{ para } 0 < x < \infty.$$

(c) A função densidade de probabilidade marginal de Y.

Resposta – Para obter esta função, basta fazer a integração da função densidade de probabilidade conjunta com relação a X.

$$f_Y(y) = \int_0^\infty 2e^{-2x}e^{-y}dx = 2e^{-y}\left(\frac{e^{-2x}}{-2}\right)\Big|_0^\infty = e^{-y}, \text{ para } 0 < y < \infty.$$

(d) A função densidade de probabilidade condicional de X dado Y = y.

Resposta – Para $0 < y < \infty$, tal função é dada por

$$f_{X|Y}(x|y) = \frac{f_{X,Y}(x,y)}{f_Y(y)} = \frac{2e^{-2x}e^{-y}}{e^{-y}} = 2e^{-2x}, \text{ para } 0 < x < \infty.$$

(e) A função densidade de probabilidade condicional de Y dado X = x.

Resposta – Para $0 < x < \infty$, tal função é dada por

$$f_{Y|X}(y|x) = \frac{f_{X,Y}(x,y)}{f_X(x)} = \frac{2e^{-2x}e^{-y}}{2e^{-2x}} = e^{-y}, \text{ para } 0 < y < \infty.$$

(f) X e Y são independentes?

Resposta – São independentes, pois $f_{X|Y}(x|y) = f_X(x)$ e $f_{Y|X}(y|x) = f_Y(y)$, ou ainda, $f_{X,Y}(x,y) = f_X(x)f_Y(y)$ para $0 < x < \infty$ e $0 < y < \infty$.

(g) $P(X < k)$.

Resposta – Sabemos que $f_X(x) = 2e^{-2x}$, então

$$P(X < k) = \int_0^k 2e^{-2x}dx = 2\frac{e^{-2x}}{-2}\Big|_0^k = 1 - e^{-2k}.$$

(h) $P(Y < k)$.

Resposta – Sabemos que $f_Y(y) = e^{-y}$, então

$$P(Y < k) = \int_0^k e^{-y}dy = -e^{-y}\Big|_0^k = 1 - e^{-k}.$$

(i) $P(X < 1, Y > 2)$.

Resposta – Sabemos que X e Y são independentes, logo

$$\begin{aligned}P(X < 1, Y > 2) &= P(X < 1)P(Y > 2) = P(X < 1)[1 - P(Y \leq 2)] \\ &= (1 - e^{-2})[1 - (1 - e^{-2})] = (1 - e^{-2})e^{-2} \approx 0{,}118.\end{aligned}$$

6.5 ▪ Python

1. Um dado e uma moeda são lançados ao mesmo tempo. Sejam X a variável aleatória que representa o valor do dado e Y a variável aleatória associada à face registrada no lançamento da moeda. Qual a função massa de probabilidade conjunta de (X, Y)?

```
X = [1, 2, 3, 4, 5, 6]
Y = ["cara", "coroa"]
Px = 1/len(X)
Py = 1/len(Y)
for x in X:
    for y in Y:
        print("P_XY(", x, " , ", y,") =", Px * Py)
```

Nesse exemplo, existem duas variáveis aleatórias discretas independentes. O programa informa:

```
P_XY( 1 ,    cara  ) = 0.08333333333333333
P_XY( 1 ,    coroa ) = 0.08333333333333333
P_XY( 2 ,    cara  ) = 0.08333333333333333
P_XY( 2 ,    coroa ) = 0.08333333333333333
P_XY( 3 ,    cara  ) = 0.08333333333333333
P_XY( 3 ,    coroa ) = 0.08333333333333333
P_XY( 4 ,    cara  ) = 0.08333333333333333
P_XY( 4 ,    coroa ) = 0.08333333333333333
P_XY( 5 ,    cara  ) = 0.08333333333333333
P_XY( 5 ,    coroa ) = 0.08333333333333333
P_XY( 6 ,    cara  ) = 0.08333333333333333
P_XY( 6 ,    coroa ) = 0.08333333333333333
```

2. Calcule o item 1 do Exemplo 6.3a.

$$P(X > 1, Y < 1) = \int_0^1 \int_1^3 \frac{4}{9} x e^{-2y} dx dy, \text{ com } 0 < x < 3 \text{ e } 0 < y < \infty$$

```
from scipy import integrate
import math
fx = lambda x, y: (4/9) * x * math.exp(-2 * y)
resp, erro = integrate.dblquad(fx, 0, 1, 1, 3)
print(resp)
print(erro)
```

A função *lambda* é uma função anônima de Python (não tem nome). Esse tipo de função só pode ter uma expressão, mas pode ter vários argumentos. No programa, fx tem a definição de uma função *lambda* com a expressão $\frac{4}{9}xe^{-2y}$ e parâmetros x e y. O método *integrate.dblquad()* faz primeiro a integração de x com valores de 1 a 3 e depois faz a integração de y com valores de zero a 1. A resposta obtida pelo programa é mostrada a seguir. Note que também é fornecido o erro aproximado do método usado no cálculo das integrais.

```
0.7685908593452332
1.9651768202973975e-14
```

Uma observação importante é que a ordem das integrais devem ser seguidas no uso do método *integrate.dblquad()*. A equação $P(X > 1, Y < 1) = \int_1^3 \int_0^1 \frac{4}{9} x e^{-2y} dy dx$ deriva primeiro y e depois deriva x. O resultado não muda, mas o programa precisa ser alterado, como mostrado a seguir.

```
from scipy import integrate
import math
fx = lambda y, x: (4/9) * x * math.exp(-2 * y)
resp, erro = integrate.dblquad(fx, 1, 3, 0, 1)
print(resp)
print(erro)
```

3. Calcule o item 2 do Exemplo 6.3a.

$$P(X < Y) = \int_0^3 \int_0^y \frac{4}{9} x e^{-2y} dx dy + \int_3^\infty \int_0^3 \frac{4}{9} x e^{-2y} dx dy, \text{ com } 0 < x < 3 \text{ e } 0 < y < \infty$$

```
import numpy as np
from scipy import integrate
import math
fx = lambda x, y: (4/9) * x * math.exp(-2 * y)
resp1, erro1 = integrate.dblquad(fx, 0, 3, 0, lambda y:y)
print(resp1)
print(erro1)
resp2, erro2 = integrate.dblquad(fx, 3, np.infty, 0, 3)
print(resp2)
print(erro2)
print("Prob =", resp1 + resp2)
```

O cálculo é dividido em duas partes, pois X não pode assumir um valor maior que o valor de Y. A resposta do programa é:

```
0.0521128441990745
5.785687950851604e-16
0.0024787521766631137
1.2417809509551299e-09
Prob = 0.054591596375737614
```

4. Calcule o item 3 do Exemplo 6.3a.

$$P(Y < X) = \int_0^3 \int_0^x \frac{4}{9} x e^{-2y} dy dx, \text{ com } 0 < x < 3 \text{ e } 0 < y < \infty$$

```
from scipy import integrate
import math
fx = lambda y, x: (4/9) * x * math.exp(-2 * y)
resp, erro = integrate.dblquad(fx, 0, 3, 0, lambda x: x)
print(resp)
print(erro)
```

Inicialmente, y é derivado de zero a x e, em seguida, x é derivado de zero a 3. A resposta do programa é:

```
0.9454084036242593
1.0496141773777659e-14
```

Ao acessar o QR Code ao lado, você encontrará códigos em Python referentes aos exemplos que constam neste capítulo.

7 Funções de Variável Aleatória

7.1 Introdução

Ao final do treino de uma equipe de basquete, suponha que um dos jogadores, já sozinho na quadra, decide fazer uma sequência de 10 arremessos do mesmo ponto da quadra, e assim encerrar sua participação neste treino. O número X de arremessos convertidos dentre as 10 tentativas é uma variável aleatória, com espaço de variação $\mathbb{R}_X = \{0,1,2,3,4,5,6,7,8,9,10\}$. Em particular, se pudermos assumir uma mesma probabilidade de acerto p para cada um dos 10 arremessos, X segue distribuição binomial com parâmetros $n = 10$ e p. Tal como o total de arremessos convertidos, o número Y de arremessos não convertidos nestas 10 tentativas também é uma variável aleatória, que pode ser escrita como uma função do número de arremessos convertidos: $Y = 10 - X$.

Conforme já relatado no Capítulo 3, para uma variável aleatória X e uma função real g cujo domínio contenha $\mathbb{R}_X$, a aplicação de g em X, isto é, $g(X)$, também é uma variável aleatória. De maneira genérica, é comum tal variável aleatória ser denotada por Y, ou seja, $Y = g(X)$. Uma vez conhecida a distribuição de probabilidades de X, é possível obter a distribuição de Y.

De modo geral, para X uma variável aleatória da qual conheçamos sua distribuição e g uma função real cujo domínio contenha $\mathbb{R}_X$, o principal interesse reside na obtenção da distribuição de $Y = g(X)$. Todavia, se o interesse for apenas em calcular valor esperado e/ou variância de Y, isso pode ser feito diretamente pela distribuição de X, ou seja, sem a necessidade de determinar anteriormente a distribuição de Y para o cálculo de $E[Y]$ e $Var(Y)$.

A depender da natureza de X (discreta ou contínua) e do domínio de g em $\mathbb{R}_X$, a variável aleatória $Y = g(X)$ pode ser discreta ou contínua. No entanto, qualquer que seja a natureza de X, o espaço de variação da variável aleatória Y é definido pela imagem de g em $\mathbb{R}_X$, ou seja,

$$\mathbb{R}_Y = \{g(k) : k \in \mathbb{R}_X\}.$$

Posto isto, concluímos que:

1. se X é uma variável aleatória discreta, então $Y = g(X)$ é obrigatoriamente uma variável aleatória discreta, uma vez que a imagem de g em $\mathbb{R}_X$ forma um conjunto finito ou infinito enumerável;

2. se X é uma variável aleatória contínua, então $Y = g(X)$ pode ter natureza discreta ou contínua, a depender da imagem da função g em $\mathbb{R}_X$.

7.2 ▪ X e $Y = g(X)$ Variáveis Aleatórias Discretas

O caso mais simples para a obtenção da função massa de probabilidade de uma variável aleatória (discreta) Y, que é função de uma variável aleatória discreta X, se dá quando esta função é injetiva, pois cada valor que Y pode assumir está associado a apenas um valor que X pode assumir. Uma vez que g é uma função injetiva, para qualquer valor $y \in \mathbb{R}_Y$, a FMP de $Y = g(X)$ é dada por

$$p_Y(y) = P(Y = y) = P(X = g^{-1}(y)) = p_X(g^{-1}(y)),$$

em que g^{-1} expressa a função inversa de g. Para qualquer $y \in \mathbb{R}_Y$, $g^{-1}(y)$ é o valor de x (escrito em função de y) tal que $y = g(x)$.

Exemplo 7.2a Seja X uma variável aleatória seguindo distribuição geométrica com parâmetro p, cuja natureza é o número de ensaios de Bernoulli realizados em sequência (cada qual com probabilidade p de sucesso) até que seja obtido o primeiro "sucesso". Sua função massa de probabilidade é dada pela Equação 4.16, reescrita a seguir:

$$p_X(x) = \begin{cases} (1-p)^{x-1}p & , \text{ se } x = 1, 2, 3, \ldots, \\ 0 & , \text{ nos outros casos.} \end{cases}$$

Tome agora a variável aleatória $Y = X - 1$, que expressa o número de "fracassos" até o primeiro "sucesso" na sequência de ensaios de Bernoulli supracitada. Note que Y é uma função linear de X, a qual é uma função injetiva: cada valor em $\mathbb{R}_Y$ está associado a apenas um valor de $\mathbb{R}_X = \{1,2,3,\ldots\}$. Para g uma função tal que $y = g(x) = x - 1$, então $x = g^{-1}(y) = y + 1$. De fato, para qualquer $y \in \mathbb{R}_Y$, a FMP de Y é dada por

$$p_Y(y) = P(Y = y) = P(X - 1 = y) = P(X = y + 1) = p_X(y + 1).$$

Portanto,

$$p_Y(y) = \begin{cases} (1-p)^{y+1-1}p & \text{, se } y+1 = 1,2,3,\ldots, \\ 0 & \text{, nos outros casos.} \end{cases}$$

Como $y + 1 = x$ implica $y = x - 1$, temos que $y + 1 \in \{1,2,3,\ldots\}$ implica $y \in \{0,1,2,\ldots\}$. Concluímos que a FMP de Y é

$$p_Y(y) = \begin{cases} (1-p)^y p & \text{, se } y = 0,1,2,\ldots, \\ 0 & \text{, nos outros casos.} \end{cases}$$

Quando a função g tal que $Y = g(X)$ não é injetiva, deve-se recorrer a uma soma de probabilidades (associadas à variável aleatória X) para obter probabilidades associadas à variável aleatória Y, pelo fato de algum(ns) valor(es) que Y pode assumir serem mapeados por mais de um valor em $\mathbb{R}_X$ pela função g. Em síntese, para qualquer $y \in \mathbb{R}_Y$, a FMP de $Y = g(X)$ é dada por

$$p_Y(y) = P(Y = y) = \sum_{x \in \mathbb{R}_X : y = g(x)} P(X = x) = \sum_{x \in \mathbb{R}_X : y = g(x)} p_X(x). \tag{7.1}$$

Exemplo 7.2b Um certo jogo consiste em 10 arremessos de um dado, devendo-se registrar a diferença, em módulo, entre o número 5 e o número de vezes que a face 5 é obtida. Denotando por X a variável aleatória que expressa o número de ocorrências da face 5 em 10 arremessos de um dado, a qual segue distribuição binomial com parâmetros $n = 10$ e $p = 1/6$, tem-se interesse na distribuição da variável aleatória $Y = |5 - X|$. O espaço de variação de X é $\mathbb{R}_X = \{0,1,2,3,4,5,6,7,8,9,10\}$, o que implica $\mathbb{R}_Y = \{0,1,2,3,4,5\}$, como pode ser observado na Figura 7.1.

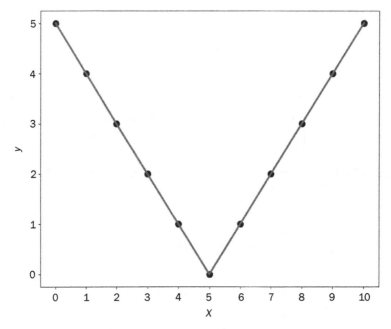

Figura 7.1 Representação gráfica da função $y = |5 - x|$.

Pela Equação 7.1, $p_Y(0) = P(Y = 0) = P(X = 5)$, e para $y \in \{1,2,3,4,5\}$,

$$p_Y(y) = P(Y = y) = P(X = 5 - y) + P(X = 5 + y).$$

Desenvolvendo as probabilidades acima via Equação 4.18 (com $n = 10$ e $p = 1/6$), a FMP de $Y = |5 - X|$ pode ser escrita da seguinte maneira

$$p_Y(y) = \begin{cases} \dfrac{10!}{5! \times 5!} \times \dfrac{5^5}{6^{10}} & , \text{ se } y = 0, \\[2ex] \dfrac{10!}{(5-y)! \times (5+y)!} \times \dfrac{5^{5-y} + 5^{5+y}}{6^{10}} & , \text{ se } y = 1, 2, 3, 4, 5, \\[2ex] 0 & , \text{ nos outros casos.} \end{cases}$$

De maneira mais específica,

$$p_Y(y) \approx \begin{cases} 0{,}013 &, \text{ se } y = 0, \\ 0{,}056 &, \text{ se } y = 1, \\ 0{,}155 &, \text{ se } y = 2, \\ 0{,}291 &, \text{ se } y = 3, \\ 0{,}323 &, \text{ se } y = 4, \\ 0{,}162 &, \text{ se } y = 5, \\ 0 &, \text{ nos outros casos.} \end{cases}$$

7.3 ▪ X Variável Aleatória Contínua e $Y = g(X)$ Variável Aleatória Discreta

Seja X uma variável aleatória contínua com função densidade de probabilidade f_X e g uma função real (com domínio que contenha $\mathbb{R}_X$) de modo que o conjunto $\{g(x) : x \in \mathbb{R}_X\}$ seja finito ou infinito enumerável. Dessa maneira, a variável aleatória $Y = g(X)$ possui natureza discreta, e cada valor y que Y pode assumir está associado a um conjunto $I_y = \{x : g(x) = y\}$, que pode ser um intervalo ou uma união de intervalos que não se "tocam". Portanto, a função massa de probabilidade de Y é dada por

$$p_Y(y) = P(Y = y) = \begin{cases} P(X \in I_y) = \displaystyle\int_{I_y} f_X(x)dx &, \text{ se } y \in \mathbb{R}_Y, \\ \\ 0 &, \text{ nos outros casos.} \end{cases}$$

Exemplo 7.3 O diâmetro X de rolamentos de esferas fabricados por certa fábrica tem distribuição normal com média de 614 milímetros e desvio padrão de 2,5 milímetros. O lucro Y de cada esfera depende de seu diâmetro:

- $Y = 0{,}10$ se $610 < X < 618$, o que configura uma esfera **boa**;

- $Y = 0{,}05$ se $608 \leqslant X \leqslant 610$ ou $618 \leqslant X \leqslant 620$, o que configura uma esfera **recuperável**;

- $Y = -0{,}10$ se $X < 608$ ou $X > 620$, o que configura uma esfera **defeituosa**.

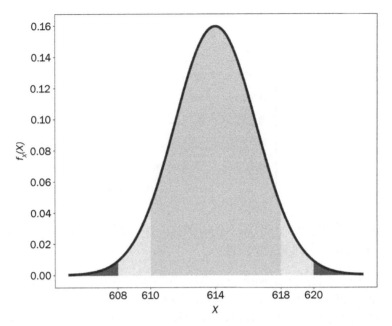

Figura 7.2 Probabilidade de uma esfera ser boa (área sombreada central), recuperável (área em cinza-claro) ou defeituosa (área em cinza-escuro).

Note que Y é uma variável aleatória discreta com espaço de variação $\mathbb{R}_Y = \{-0{,}10, 0{,}05, 0{,}10\}$ e é função do diâmetro X dos rolamentos das esferas. As probabilidades de interesse são

$$
\begin{aligned}
P(Y = -0{,}10) &= P(X \in (-\infty\,;\,608) \cup (620\,;\,\infty)) = P(X \in (-\infty\,;\,608)) + P(X \in (620\,;\,\infty)) \\
&= P(X < 608) + P(X > 620), \\
P(Y = 0{,}05) &= P(X \in [608\,;\,610] \cup [618\,;\,620]) = P(X \in [608\,;\,610]) + P(X \in [618\,;\,620]) \\
&= P(608 \leq X \leq 610) + P(618 \leq X \leq 620), \\
P(Y = 0{,}10) &= P(X \in (610\,;\,618)) = P(610 < X < 618).
\end{aligned}
$$

Pelo fato de X seguir distribuição normal, a integral da FDP de X não possui expressão analítica definida. Dessa maneira, é necessário usar a técnica de padronização conforme descrita na Seção 5.6. Representando por Z uma variável aleatória com distribuição normal padrão e lembrando que X está para x da mesma maneira que Z está para $(x - 614)/2{,}5$, temos

$$
\begin{aligned}
P(Y = -0{,}10) &= P(Z < -2{,}40) + P(Z > 2{,}40), \\
P(Y = 0{,}05) &= P(-2{,}40 \leq Z \leq -1{,}60) + P(1{,}60 \leq Z \leq 2{,}40), \\
P(Y = 0{,}10) &= P(-1{,}60 < Z < 1{,}60).
\end{aligned}
$$

Como $P(z_1 \leq Z \leq z_2) = P(Z < z_2) - P(Z < z_1)$ e $P(Z < -z) = P(Z > z)$, as probabilidades acima podem ser obtidas em termos de probabilidades acumuladas presentes na Tabela 5.5.

$$P(Y = -0{,}10) = 1 - 0{,}9918 + (1 - 0{,}9918) = 0{,}0164,$$
$$P(Y = 0{,}05) = 1 - 0{,}9452 - (1 - 0{,}9918) + (0{,}9918 - 0{,}9452) = 0{,}0932,$$
$$P(Y = 0{,}10) = 0{,}9452 - (1 - 0{,}9452) = 0{,}8904.$$

Portanto, a FMP do lucro Y associado à venda de cada esfera é

$$p_Y(y) = \begin{cases} 0{,}0164 & , \text{ se } y = -0{,}10, \\ 0{,}0932 & , \text{ se } y = 0{,}05, \\ 0{,}8904 & , \text{ se } y = 0{,}10, \\ 0 & , \text{ nos outros casos.} \end{cases}$$

7.4 ▪ X e $Y = g(X)$ Variáveis Aleatórias Contínuas

Seja X uma variável aleatória contínua e g uma função real com domínio que contenha $\mathbb{R}_X$. Se o conjunto $\{g(x) : x \in \mathbb{R}_X\}$ resulta em um intervalo (ou ainda, em uma união de intervalos), então a variável aleatória $Y = g(X)$ possui natureza contínua.

Determinar a função densidade de probabilidade de Y (denotada por f_Y) por meio da função densidade de probabilidade de X (denotada por f_X) não é algo trivial. O caminho natural para se obter a função densidade de probabilidade de Y é:

1. Obter a função de distribuição acumulada de Y (denotada por F_Y) em termos da função de distribuição acumulada de X (denotada por F_X).

2. Derivar, com relação a y, a expressão encontrada em termos de F_X, para obter f_Y.

Exemplo 7.4a O tempo de vida (em anos) X de um componente é uma variável aleatória que segue distribuição exponencial com parâmetro $\lambda = 3$. Assuma que este componente é instalado num sistema que irá durar um ano, acrescido do dobro do tempo de vida deste componente. Qual a função densidade de probabilidade da variável aleatória $Y = 1 + 2X$, que representa o tempo de vida (em anos) do referido sistema? Temos que

$$F_Y(y) = P(Y \leq y) = P(1 + 2X \leq y) = P(X \leq (y-1)/2) = F_X((y-1)/2).$$

Conforme a Equação 5.12, com $\lambda = 3$,

$$F_Y(y) = \begin{cases} 1 - e^{-3(y-1)/2} & , \text{ se } \dfrac{y-1}{2} \geq 0, \\ \\ 0 & , \text{ se } \dfrac{y-1}{2} < 0. \end{cases}$$

Para $(y-1)/2 \geq 0$ (ou, equivalentemente, para $y \geq 1$),

$$f_Y(y) = \frac{d}{dy}F_Y(y) = \frac{d}{dy}(1 - e^{-3(y-1)/2}) = \frac{3}{2}e^{-3(y-1)/2},$$

e como $F_Y(y)$ é constante para $(y-1)/2 < 0$ (ou, equivalentemente, para $y < 1$), $f_Y(y) = 0$ para $y < 1$. Portanto, a FDP do tempo de vida (em anos) Y do sistema é

$$f_Y(y) = \begin{cases} \frac{3}{2}e^{-3(y-1)/2} & , \text{ se } y \geq 1, \\ 0 & , \text{ se } y < 1. \end{cases}$$

Alternativamente, a derivada com relação a y poderia ser aplicada diretamente em $F_X(\frac{y-1}{2})$ usando a regra da cadeia:

$$f_Y(y) = \frac{d}{dy}F_Y(y) = \frac{d}{dy}F_X\left(\frac{y-1}{2}\right) = f_X\left(\frac{y-1}{2}\right) \times \frac{d}{dy}\left(\frac{y-1}{2}\right) = \frac{1}{2} \times f_X\left(\frac{y-1}{2}\right).$$

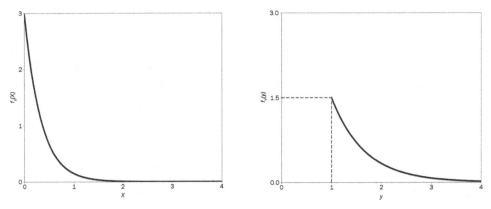

Figura 7.3 Funções densidade de probabilidade de X e de Y conforme Exemplo 7.4a.

Exemplo 7.4b Suponha um gerador de números aleatórias entre -3 e 3 representado por uma variável aleatória X, que segue distribuição uniforme no intervalo $(-3; 3)$. Por meio desse gerador, tem-se interesse em gerar apenas números não negativos por meio de uma transformação quadrática na forma $Y = X^2$. Diferentemente do exemplo anterior, a função que agora mapeia X em Y não é monótona no espaço de variação de X: seu comportamento é decrescente de $x = -3$ até $x = 0$ e crescente de $x = 0$ até $x = 3$. Isso impacta o modo de escrever F_Y em termos de F_X, pois precisamos lidar separadamente com as parcelas resultantes:

$$F_Y(y) = P(Y \leq y) = P(X^2 \leq y) = P(-\sqrt{y} \leq X \leq \sqrt{y}) = F_X(\sqrt{y}) - F_X(-\sqrt{y}).$$

Como $\sqrt{y} \geq 0$ (e, consequentemente, $-\sqrt{y} \leq 0$), $F_X(\sqrt{y})$ e $F_X(-\sqrt{y})$ são escritas nas seguintes maneiras (ver Equação 5.10):

$$F_X(\sqrt{y}) = \begin{cases} \frac{\sqrt{y}+3}{6} & , \text{ se } 0 < \sqrt{y} < 3, \\ 1 & , \text{ se } \sqrt{y} > 3, \end{cases}$$

$$F_X(-\sqrt{y}) = \begin{cases} 0 & , \text{ se } -\sqrt{y} < -3, \\ \dfrac{-\sqrt{y}+3}{6} & , \text{ se } -3 < -\sqrt{y} < 0. \end{cases}$$

Como "$-\sqrt{y} < -3$" e "$-3 < -\sqrt{y} < 0$" equivalem a, respectivamente, "$\sqrt{y} > 3$" e "$0 < \sqrt{y} < 3$", temos

$$F_Y(y) = \begin{cases} \dfrac{\sqrt{y}+3}{6} - \dfrac{-\sqrt{y}+3}{6} & , \text{ se } 0 < \sqrt{y} < 3, \\ 1 - 0 & , \text{ se } \sqrt{y} \geq 3, \end{cases}$$

e como Y não assume valores negativos, $F_Y(y) = 0$ se $y \leq 0$. Portanto,

$$F_Y(y) = \begin{cases} 0 & , \text{ se } y \leq 0, \\ \dfrac{\sqrt{y}}{3} & , \text{ se } 0 < y < 9, \\ 1 & , \text{ se } y \geq 9, \end{cases}$$

Derivando $F_Y(y)$ conforme a Equação 5.3, chegamos na FDP de Y:

$$f_Y(y) = \begin{cases} \dfrac{1}{6\sqrt{y}} & , \text{ se } 0 < y < 9, \\ 0 & , \text{ para os outros valores de } y. \end{cases}$$

Note que Y não representa um gerador de números aleatórios de 0 até 9, pois para tal, sua distribuição deveria ser uniforme no intervalo $(0\,;\,9)$, o que não é verdade, uma vez que a FDP acima não é uma função constante em $\mathbb{R}_Y$. A título de curiosidade, a probabilidade de a variável aleatória Y assumir valores entre 1 e 3 é de aproximadamente 0,244, ao passo que a probabilidade de Y assumir valores entre 5 e 7 é de aproximadamente 0,137. Lembrando que, se Y seguisse distribuição uniforme em $(0\,;\,9)$, essas probabilidades seriam iguais, uma vez que os intervalos $(1\,;\,3)$ e $(5\,;\,7)$ têm a mesma amplitude e estão contidos em $(0\,;\,9)$.

Uma maneira de obter a FDP de uma variável aleatória $Y = g(X)$ diretamente pela FDP de X é a aplicação do Teorema do Jacobiano, enunciado a seguir.

Teorema do Jacobiano (versão univariada) – Seja X uma variável aleatória contínua com função densidade de probabilidade f_X conhecida e g seja uma função monótona (crescente ou decrescente) e diferenciável no conjunto $\mathbb{R}_X$. Então, g é inversível em $\mathbb{R}_X$ e a função densidade de probabilidade de $Y = g(X)$, denotada por f_Y, é dada por

$$f_Y(y) = f_X(g^{-1}(y)) \left| \dfrac{d}{dy} g^{-1}(y) \right|, \qquad (7.2)$$

em que g^{-1} expressa a função inversa de g.

A demonstração desse teorema passa pela estratégia anteriormente descrita de obter F_Y em termos de F_X para depois derivar tal expressão com relação a y.

Exemplo 7.4c Tal como no Exemplo 7.4a, seja X uma variável aleatória seguindo distribuição exponencial com parâmetro $\lambda = 3$ e $Y = 1+2X$. Uma vez que $g(X) = 1+2X$ é uma função linear, ela é monótona e diferenciável, satisfazendo os pressupostos para obter a FDP de Y pelo Teorema do Jacobiano. Como $y = 1+2x \Leftrightarrow x = (y-1)/2$, então $g^{-1}(y) = (y-1)/2$, e a aplicação do referido teorema para obter f_Y estabelece que

$$f_Y(y) = f_X\left(\frac{y-1}{2}\right)\left|\frac{d}{dy}\left(\frac{y-1}{2}\right)\right| = \frac{1}{2} \times f_X\left(\frac{y-1}{2}\right).$$

Pela Equação 5.11 com $\lambda = 3$,

$$f_X\left(\frac{y-1}{2}\right) = \begin{cases} 3e^{-3(y-1)/2} & , \text{ se } \frac{y-1}{2} \geq 0, \\ 0 & , \text{ se } \frac{y-1}{2} < 0. \end{cases}$$

ou ainda

$$f_X\left(\frac{y-1}{2}\right) = \begin{cases} 3e^{-3(y-1)/2} & , \text{ se } y \geq 1, \\ 0 & , \text{ se } y < 1. \end{cases}$$

Portanto, $f_Y(y) = (1/2) \times 3e^{-3(y-1)/2}$ se $y \geq 1$, e $f_Y(y) = (1/2) \times 0$ se $y < 1$, ou seja,

$$f_X\left(\frac{y-1}{2}\right) = \begin{cases} \frac{3}{2}e^{-3(y-1)/2} & , \text{ se } y \geq 1, \\ 0 & , \text{ se } y < 1. \end{cases}$$

Note que f_Y é, de fato, a mesma do Exemplo 7.4a, porém foi obtida diretamente pelo Teorema do Jacobiano, sem a necessidade de desenvolver equivalências entre as funções de distribuição acumulada de Y e de X e tampouco a necessidade de derivar $F_Y(y)$ em termos da FDA de X.

Um dos pressupostos do Teorema do Jacobiano é que a função g, tal que $Y = g(X)$, seja monótona e diferenciável. Porém, há uma alternativa nos casos de a função g não satisfazer alguma destas condições. Primeiramente, é necessário particionar $\mathbb{R}_X$ em m intervalos $I_1, \ldots, I_m$ de modo que g seja monótona e diferenciável em cada um destes intervalos. Em seguida, deve-se aplicar o Teorema do Jacobiano separadamente em cada um destes m intervalos, obtendo as funções $f_{Y,1}(y), \ldots, f_{Y,m}(y)$ e, por fim, somá-las:

$$f_Y(y) = f_{Y,1}(y) + \ldots + f_{Y,m}(y).$$

Cabe ressaltar que cada uma das funções $f_{Y,j}(y)$ ($j = 1, \ldots, m$) não é, isoladamente, uma função densidade de probabilidade.

Exemplo 7.4d Voltando ao Exemplo 7.4b, no qual X é uma variável aleatória uniformemente distribuída em $\mathbb{R}_X = (-3\,;\,3)$ e $Y = X^2$, foi destacado que $g(x) = x^2$ não é uma função monótona para $x \in (-3\,;\,3)$, ainda que seja diferenciável em todo este domínio. Todavia, $\mathbb{R}_X$ pode ser particionado nos intervalos $I_1 = (-3\,;\,0)$ e $I_2 = [0\,;\,3)$. Como a função g é monótona (decrescente) e diferenciável no domínio I_1 e monótona (crescente) e diferenciável no domínio I_2, então a FDP de Y pode ser obtida da seguinte maneira

$$f_Y(y) = f_{Y,1}(y) + f_{Y,2}(y).$$

De fato, $g(x) = x^2$ apresenta inversa em I_1, na forma $g^{-1}(y) = -\sqrt{y}$, e apresenta inversa em I_2, na forma $g^{-1}(y) = \sqrt{y}$, tal como ilustra a Figura 7.4.

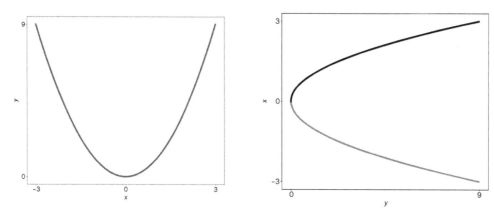

Figura 7.4 Funções $y = x^2$ (gráfico à esquerda), $x = \sqrt{y}$ (valores maiores que zero) e $x = -\sqrt{y}$ (valores menores que zero).

Para $x \in (-3\,;\,0)$, $y = x^2$ se, e somente se, $x = -\sqrt{y}$, donde segue $g^{-1}(y) = -\sqrt{y}$ e

$$f_{Y,1}(y) = f_X(-\sqrt{y})\left|\frac{d}{dy}(-\sqrt{y})\right| = \begin{cases} \frac{1}{6}\left|-\frac{1}{2\sqrt{y}}\right| &, \text{ se } -3 < -\sqrt{y} < 0, \\ 0 &, \text{ para os outros valores de } -\sqrt{y}. \end{cases}$$

Para $x \in [0\,;\,3)$, $y = x^2$ se, e somente se, $x = \sqrt{y}$, donde segue $g^{-1}(y) = \sqrt{y}$ e

$$f_{Y,2}(y) = f_X(\sqrt{y})\left|\frac{d}{dy}(\sqrt{y})\right| = \begin{cases} \frac{1}{6}\left|\frac{1}{2\sqrt{y}}\right| &, \text{ se } 0 < \sqrt{y} < 3, \\ 0 &, \text{ para os outros valores de } -\sqrt{y}. \end{cases}$$

Como $-3 < -\sqrt{y} < 0 \Leftrightarrow 0 < \sqrt{y} < 3 \Leftrightarrow 0 < y < 9$, as funções acima podem ser escritas como

$$f_{Y,1}(y) = \begin{cases} \dfrac{1}{12\sqrt{y}} &, \text{ se } 0 < y < 9, \\ 0 &, \text{ para os outros valores de } y, \end{cases}$$

$$f_{Y,2}(y) = \begin{cases} \dfrac{1}{12\sqrt{y}} & , \quad \text{se } 0 < y < 9, \\ 0 & , \quad \text{para os outros valores de } y. \end{cases}$$

A FDP de Y é dada, portanto, pela soma das duas funções anteriores:

$$f_Y(y) = \begin{cases} \dfrac{1}{6\sqrt{y}} & , \quad \text{se } 0 < y < 9, \\ 0 & , \quad \text{para os outros valores de } y. \end{cases}$$

7.5 ▪ Média e Variância de $Y = g(X)$

Seja X uma variável aleatória (discreta ou contínua) e g uma função real com domínio que contenha $\mathbb{R}_X$. A média (ou valor esperado) e a variância da variável aleatória $Y = g(X)$ podem ser obtidas diretamente da distribuição de X, sem a necessidade de determinar anteriormente a distribuição de Y.

Se X é uma variável aleatória discreta (com função massa de probabilidade p_X), então a média e a variância da variável aleatória $Y = g(X)$ (que é obrigatoriamente discreta) podem ser obtidas conforme já adiantado nas Equações 4.10 e 4.11.

$$E[Y] = E[g(X)] = \sum_{x \in \mathbb{R}_X} g(x) p_X(x),$$

$$Var(Y) = Var(g(X)) = \sum_{x \in \mathbb{R}_X} [g(x)]^2 p_X(x) - \{E[g(X)]\}^2.$$

Se X é uma variável aleatória contínua (com função densidade de probabilidade f_X), então a média e a variância da variável aleatória $Y = g(X)$ (que pode ser discreta ou contínua, a depender da imagem da função g em $\mathbb{R}_X$) podem ser obtidas conforme adiantado nas Equações 5.7 e 5.8.

$$E[Y] = E[g(X)] = \int_{-\infty}^{\infty} g(x) f_X(x) dx,$$

$$Var(Y) = Var(g(X)) = \int_{-\infty}^{\infty} [g(x)]^2 f_X(x) dx - \{E[g(X)]\}^2.$$

Em particular, é direto mostrar pelas equações acima que se Y é uma função linear de X, ou seja, do tipo $Y = aX + b$, para a e b dois números reais quaisquer, então a média e a variância de Y tomam as seguintes formas, qualquer que seja a natureza da variável aleatória X (discreta ou contínua):

$$E[Y] = E[aX + b] = aE[X] + b,$$
$$Var(Y) = Var(aX + b) = a^2 Var(X).$$

Exemplo 7.5a Seja X uma variável aleatória seguindo distribuição geométrica com parâmetro p e $Y = X - 1$, tal como abordado no Exemplo 7.2a. Note que Y é uma função linear de X (do tipo $Y = aX+b$ com $a = 1$ e $b = -1$). Uma vez que $E[X] = 1/p$ e $Var(Y) = (1 - p)/p^2$ (conforme Tabela 4.3), a média e a variância de Y podem ser facilmente obtidas:

$$E[Y] = E[X - 1] = 1 \times E[X] - 1 = \frac{1}{p} - 1 = \frac{1-p}{p},$$

$$Var(Y) = Var(X - 1) = 1^2 \times Var(X) = Var(X) = \frac{1-p}{p^2}.$$

Exemplo 7.5b Seja X uma variável aleatória seguindo distribuição binomial com parâmetro $n = 10$ e $p = 1/6$, e $Y = |5 - X|$, tal como abordado no Exemplo 7.2b. A média e a variância de Y são

$$\begin{aligned} E[Y] = E[|5 - X|] &= \sum_{x=0}^{10} |5 - x| P(X = x), \\ &= \sum_{x=0}^{10} |5 - x| \binom{10}{x} \left(\frac{1}{6}\right)^x \left(\frac{5}{6}\right)^{10-x} \\ &\approx 3{,}339, \\ Var(Y) = Var(|5 - X|) &= \sum_{x=0}^{10} (|5 - x|)^2 P(X = x) - (E[Y])^2, \\ &\approx \sum_{x=0}^{10} (|5 - x|)^2 \binom{10}{x} \left(\frac{1}{6}\right)^x \left(\frac{5}{6}\right)^{10-x} - 3{,}339^2 \\ &= 12{,}5 - 3{,}339^2 \\ &\approx 1{,}351. \end{aligned}$$

Exemplo 7.5c Seja X uma variável aleatória exponencialmente distribuída com parâmetro $\lambda = 3$ e $Y = 1 + 2X$, tal como abordado no Exemplo 7.4a. Note que Y é uma função linear de X (do tipo $Y = aX + b$ com $a = 2$ e $b = 1$). Uma vez que $E[X] = 1/3$ e $Var(Y) = 1/9$ (conforme Tabela 5.2 com $\lambda = 3$), a média e a variância de Y podem ser facilmente obtidas:

$$E[Y] = E[2X + 1] = 2 \times E[X] + 1 = 2 \times \frac{1}{3} + 1 = \frac{5}{3} \approx 1{,}667,$$

$$Var(Y) = Var(2X + 1) = 2^2 \times Var(X) = 4 \times \frac{1}{9} = \frac{4}{9} \approx 0{,}444.$$

Exemplo 7.5d Seja X uma variável aleatória uniformemente distribuída no intervalo $(-3; 3)$ e $Y = X^2$, tal como abordado no Exemplo 7.4b. A média e a variância de Y são

$$E[Y] = E[X^2] = \int_{-3}^{3} x^2 \frac{1}{6} dx = \left.\frac{x^3}{18}\right|_{-3}^{3} = \frac{27 - (-27)}{18} = 3,$$

$$Var(Y) = Var(X^2) = \int_{-3}^{3} (x^2)^2 \frac{1}{6} dx - (E[Y])^2 = \left.\frac{x^5}{30}\right|_{-3}^{3} - 3^2 = \frac{243 - (-243)}{30} - 9 = 7{,}2.$$

7.6 ▪ Exercícios Resolvidos

1. Suponha uma variável aleatória discreta X que possa assumir apenas os valores 1, 2 e 3 e com igual probabilidade.

   (a) Obtenha a função massa de probabilidade da variável aleatória $Y = 2X+3$.

   Resposta – Note que Y é uma função linear de X, e desta maneira cada valor de $\mathbb{R}_Y$ está associado a apenas um valor em $\mathbb{R}_X$. A FMP de X é

   $$p_X(x) = \begin{cases} 1/3 &, \text{ se } x = 1,2,3, \\ 0 &, \text{ para outros valores de } x, \end{cases}$$

   e a FMP de Y é dada por

   $$p_Y(y) = P(Y = y) = P(2X + 3 = y) = P\left(X = \frac{y-3}{2}\right) = p_X\left(\frac{y-3}{2}\right).$$

   Como a probabilidade acima é positiva apenas se $(y-3)/2$ for igual a 1, 2 ou 3, então ela é positiva apenas para y igual a 5, 7 ou 9. De fato,

   $$\mathbb{R}_Y = \{2x + 3 : x \in \mathbb{R}_X\} = \{2 \times 1 + 3, 2 \times 2 + 3, 2 \times 3 + 3\} = \{5,7,9\}.$$

   Portanto, explicitamente, a FMP de Y é escrita como

   $$p_Y(y) = \begin{cases} 1/3 &, \text{ se } y = 5,7,9, \\ 0 &, \text{ para outros valores de } y. \end{cases}$$

   (b) A variável aleatória $W = (X - 2)^2$ segue distribuição de Bernoulli? Caso afirmativo, com qual parâmetro p?

   Resposta – A função $g(x) = (x - 2)^2$ não é injetiva em $\mathbb{R}_X = \{1,2,3\}$, uma vez que $g(1) = g(3)$. Não é difícil concluir que $\mathbb{R}_W$ possui apenas dois elementos: 0 (imagem de g em $x = 2$) e 1 (imagem de g em $x = 1$ e em $x = 3$). Conforme a Equação 7.1,

   $$\begin{aligned} P(W = 0) &= P(X = 2) = 1/3, \\ P(W = 1) &= P(X = 1) + P(X = 3) = 2/3, \end{aligned}$$

   de onde segue que a FMP de W caracteriza a distribuição de Bernoulli com parâmetro $p = 2/3$ (ver Equação 4.14):

   $$p_W(w) = \begin{cases} 1/3 &, \text{ se } w = 0, \\ 2/3 &, \text{ se } w = 1, \\ 0 &, \text{ para outros valores de } w. \end{cases}$$

2. Um jogador de dardos arremessará oito dardos em um alvo e a probabilidade de ele acertar a região central do alvo é de 0,20 a cada tentativa.

   (a) Obtenha a função massa de probabilidade do número de dardos arremessados que não atingem a região central do alvo.

   Resposta – Denote por X o número de dardos arremessados que atingem a região central do alvo. Esta variável aleatória segue distribuição binomial com parâmetros $n = 8$ e $p = 0{,}80$. O solicitado nesta questão é a FMP da variável aleatória $Y = 8 - X$ (de fato, se, em oito tentativas, X acertam o centro do alvo, consequentemente $8 - X$ não acertam o centro do alvo). A variável aleatória Y é uma função linear de X, e desta maneira cada valor de $\mathbb{R}_Y$ está associado a apenas um valor em $\mathbb{R}_X$:

   $$p_Y(y) = P(Y = y) = P(8 - X = y) = P(X = 8 - y) = p_X(8 - y).$$

   Como $\mathbb{R}_X = \{0, 1, \dots, 8\}$, a probabilidade acima é diferente de zero apenas se $8 - y \in \{0, 1, \dots, 8\}$, ou seja, $p_Y(y) > 0$ apenas para $y \in \{0, 1, \dots, 8\}$. Este é o espaço de variação de Y e, para $y \in \mathbb{R}_Y$,

   $$p_Y(y) = \binom{8}{8-y} 0{,}20^{8-y} 0{,}80^{8-(8-y)} = \frac{8!}{(8-y)!y!} 0{,}20^{8-y} 0{,}80^{y}.$$

   Portanto,

   $$p_Y(y) = \begin{cases} \binom{8}{y} 0{,}80^{y} 0{,}20^{8-y} & , \text{ se } y = 0, 1, \dots, 8, \\ 0 & , \text{ para outros valores de } y. \end{cases}$$

   A variável aleatória Y segue distribuição binomial com parâmetros $n = 8$ e $p = 0{,}80$.

   (b) Em média, quantos dardos não atingem a região central do alvo?

   Resposta – Uma vez que Y é uma função linear de X ($Y = aX + b$ com $a = -1$ e $b = 8$) e $E[X] = 8 \times 0{,}20 = 1{,}6$ (ver Tabela 4.4),

   $$E[Y] = E[8 - X] = 8 - E[X] = 8 - 1{,}6 = 6{,}4.$$

   Em média, 6,4 dardos não atingem o centro do alvo.

3. Suponha agora que o mesmo jogador de dardos do exercício anterior é convidado para um novo desafio: arremessará dardos sucessivamente até atingir cinco dardos na região central do alvo (lembrando que a probabilidade de acerto no centro do alvo é de 0,20 a cada tentativa).

   (a) Obtenha a função massa de probabilidade do número de dardos arremessados que não atingem a região central do alvo até a conclusão deste desafio.

Resposta – Denote por X o número de dardos arremessados até o 5º dardo que atinge a região central do alvo. Esta variável aleatória segue distribuição binomial negativa com parâmetros $r = 5$ e $p = 0{,}20$. O solicitado nesta questão é a FMP da variável aleatória $Y = X - 5$ (de fato, se o 5º acerto se dá na X-ésima tentativa, então $X - 5$ dos dardos arremessados anteriormente não atingiram o centro do alvo). A variável aleatória Y é uma função linear de X, e desta maneira cada valor de $\mathbb{R}_Y$ está associado a apenas um valor em $\mathbb{R}_X$:

$$p_Y(y) = P(Y = y) = P(X - 5 = y) = P(X = y + 5) = p_X(y + 5).$$

Como $\mathbb{R}_X = \{5, 6, \ldots\}$, a probabilidade acima é diferente de zero apenas se $y + 5 \in \{5, 6, \ldots\}$, ou seja, $p_Y(y) > 0$ apenas para $y \in \{0, 1, \ldots\}$. Este é o espaço de variação de Y e, para $y \in \mathbb{R}_Y$,

$$p_Y(y) = \binom{y + 5 - 1}{5 - 1} 0{,}20^5 0{,}80^{y+5-5} = \binom{y + 4}{4} 0{,}20^5 0{,}80^y.$$

Portanto,

$$p_Y(y) = \begin{cases} \binom{y+4}{4} 0{,}20^5 0{,}80^y & ,\ \text{se } y = 0, 1, \ldots, \\ 0 & ,\ \text{para outros valores de } y. \end{cases}$$

(b) Em média, quantos dardos neste novo desafio não atingem a região central do alvo?

Resposta – Uma vez que Y é uma função linear de X ($Y = aX + b$ com $a = 1$ e $b = -5$) e $E[X] = 5/0{,}20 = 25$ (ver Tabela 4.5),

$$E[Y] = E[X - 5] = E[X] - 5 = 25 - 5 = 20.$$

Em média, 20 dardos não atingem o centro do alvo antes do 5º acerto no centro do alvo.

4. A duração (em horas) X de lâmpadas de determinada marca segue distribuição exponencial com duração média de 10.000 horas. Um vendedor faz uma promoção na qual devolve R\$ 5,00 ao cliente se a lâmpada vendida durar menos de 1.800 horas, e bonifica o cliente em R\$ 2,00 se a lâmpada durar pelo menos 1.800 horas.

   (a) Qual a função massa de probabilidade do valor que os clientes reembolsam?

   Resposta – Seja Y a variável aleatória que expressa o valor devolvido ao cliente. O enunciado deixa claro que Y pode assumir apenas os valores 2 e 5, cujas probabilidades podem ser rapidamente obtidas por meio da FDA da distribuição exponencial com $\lambda = 1/E[X] = 0{,}0001$ (Equação 5.12):

   $$P(Y = 2) = P(X \geq 1800) = 1 - F_X(1800) = e^{-0{,}0001 \times 1800} = e^{-0{,}18} \approx 0{,}835,$$
   $$P(Y = 5) = P(X < 1800) = F_X(1800) = 1 - e^{-0{,}0001 \times 1800} = 1 - e^{-0{,}18} \approx 0{,}165.$$

(b) Em média, quanto o vendedor gasta com reembolso por lâmpada vendida?

Resposta – O gasto médio a cada reembolso de lâmpada é de

$$E[Y] = 2 \times P(X \geq 1800) + 5 \times P(X < 1800) \approx 2{,}495.$$

Portanto, se o vendedor precificar as lâmpadas com um acréscimo de pelo menos R$ 2,50 com relação ao preço modal (pelo qual ele venderia as lâmpadas caso não utilizasse a estratégia do reembolso), em média, terá lucro no longo prazo com relação ao método convencional de vendas (com lâmpadas vendidas a preço menor, porém sem a estratégia do reembolso). Além disso, vale destacar que, na prática, nem todos os clientes solicitarão reembolso. Nesse cenário, o lucro será, no longo prazo, ainda maior.

5. Os salários dos professores de uma instituição são distribuídos normalmente em torno da média de R$ 8.000,00 e desvio padrão de R$ 1.000,00. Para uma campanha de caridade, cada professor com salário inferior a R$ 5.800,00 contribuiu com duas caixas de leite, ao passo que cada professor com salário entre R$ 5.800,00 e R$ 7.800,00 contribuiu com quatro caixas de leite. Professores com salário de pelo menos R$ 7.800,00 reais contribuíram, cada um, com oito caixas de leite. Suponha que todos os professores da instituição aderiram a tal campanha conforme a regra acima.

   (a) Qual a função massa de probabilidade do número de caixas de leite doadas por um professor aleatoriamente escolhido desta instituição?

   Resposta – Denote por X o salário de um professor aleatoriamente escolhido e Y o número de caixas de leite doadas por este professor, com $\mathbb{R}_Y = \{2,4,8\}$. Como X é normalmente distribuída com $\mu = 8.000$ e $\sigma = 1.000$, as probabilidades de Y assumir cada um dos três possíveis valores são obtidas via padronização, em que Z representa uma variável aleatória com distribuição normal padrão.

   $$\begin{aligned} P(Y=2) &= P(X < 5800) = P(Z < -2{,}20) = 1 - \Phi(2{,}20) = 1 - 0{,}9861 = 0{,}0139, \\ P(Y=4) &= P(5800 \leq X < 7800) = P(-2{,}20 \leq Z < -0{,}20) = \Phi(2{,}20) - \Phi(0{,}20) \\ &= 0{,}9861 - 0{,}5793 = 0{,}4068, \\ P(Y=8) &= P(X \geq 7800) = P(Z \geq -0{,}20) = \Phi(0{,}20) = 0{,}5793. \end{aligned}$$

   Portanto, a FMP do número de caixas de leite doadas por um professor aleatoriamente escolhido desta instituição é

   $$p_Y(y) = \begin{cases} 0{,}0139 &, \text{ se } y = 2, \\ 0{,}4068 &, \text{ se } y = 4, \\ 0{,}5793 &, \text{ se } y = 8, \\ 0 &, \text{ para outros valores de } y. \end{cases}$$

   (b) Em média, cada professor doou quantas caixa de leite?

Resposta – A média do número de caixas doadas por professor é

$$\begin{aligned} E[Y] &= 2 \times P(X < 5800) + 4 \times P(5800 \leq X < 7800) + 8 \times P(X \geq 7800) \\ &= 2 \times P(Y=2) + 4 \times P(Y=4) + 8 \times P(Y=8) \approx 6{,}289. \end{aligned}$$

6. Dois componentes químicos (A e B) são aleatoriamente despejados em recipientes, e suponha que a porcentagem do componente A em um recipiente é representado pela variável aleatória X com a seguinte densidade:

$$f_X(x) = \begin{cases} 3x^2 & , \text{ se } 0 < x < 1, \\ 0 & , \text{ para outros valores de } x. \end{cases}$$

(a) Assuma que, para cada recipiente, há uma multa de R$ 1.000,00 caso o percentual do componente A esteja acima de 90% e uma multa de R$ 300,00 caso o percentual do componente A esteja na faixa de 70% a 90%. Caso o percentual do componente A esteja abaixo de 70%, não há multa. Em média, qual o valor da multa para cada recipiente?

Resposta – A variável aleatória M (multa, em reais) é função do percentual X do componente A:

$$M = g(X) = \begin{cases} 0 & , \text{ se } X < 0{,}70, \\ 300 & , \text{ se } 0{,}70 \leq X \leq 0{,}90, \\ 1000 & , \text{ se } X > 0{,}90. \end{cases}$$

O valor médio da multa por recipiente é

$$\begin{aligned} E[M] &= \int_{-\infty}^{\infty} g(x) f_X(x) dx = \int_0^1 g(x) 3x^2 dx \\ &= 0 \times \int_0^{0,70} 3x^2 dx + 300 \times \int_{0,70}^{0,90} 3x^2 dx + 1000 \times \int_{0,90}^1 3x^2 dx \\ &= 300 x^3 \Big|_{0,70}^{0,90} + 100 x^3 \Big|_{0,90}^1 = 300 \times (0{,}729 - 0{,}343) + 1000 \times (1 - 0{,}729) \\ &= 386{,}80. \end{aligned}$$

(b) Obtenha a função densidade de probabilidade da variável aleatória $Y = 1 - X$, que expressa a porcentagem do componente B em um recipiente.

Resposta – $Y = g(X) = 1 - X$ é função linear de X, logo é monótona e diferenciável, atendendo aos pressupostos para obtenção da FDP de Y pelo Teorema do Jacobiano. Como $Y = 1 - X$, então $X = 1 - Y = g^{-1}(Y)$, e

$$f_Y(y) = f_X(1-y) \left| \frac{d}{dy}(1-y) \right| = \begin{cases} 3(1-y)^2 & , \text{ se } 0 < 1-y < 1, \\ 0 & , \text{ para outros valores de } y. \end{cases}$$

Como $0 < 1-y < 1 \Leftrightarrow -1 < -y < 0 \Leftrightarrow 0 < y < 1$, a FDP da porcentagem do componente B em um recipiente é dada por

$$f_Y(y) = \begin{cases} 3(1-y)^2 & , \text{ se } 0 < y < 1, \\ 0 & , \text{ para outros valores de } y. \end{cases}$$

(c) Qual a porcentagem média do componente B nos recipientes em questão?
Resposta – Como Y é função linear de X, $E[Y]$ pode ser calculado em termos de $E[X]$:

$$E[Y] = E[1-X] = 1 - E[X] = 1 - \int_0^1 x \times 3x^2 dx = 1 - \frac{3}{4}x^4\Big|_0^1 = 0{,}25.$$

7. Suponha que $P(X \leq 0{,}29) = 0{,}75$, em que X é uma variável aleatória contínua com $\mathbb{R}_X = (0\,;\,1)$. Para $Y = 1 - X$, qual valor de k implica $P(Y \leq k) = 0{,}25$?

Resposta – Escrevendo Y como $1 - X$ na probabilidade que encerra a pergunta acima, basta usar a propriedade de eventos complementares para obter o valor de k:

$$0{,}25 = P(Y \leq k) = P(1 - X \leq k) = P(X \geq 1 - k)$$
$$\Rightarrow \quad 1 - 0{,}25 = 1 - P(X \geq 1 - k)$$
$$\Rightarrow \quad 0{,}75 = P(X \leq 1 - k)$$
$$\Rightarrow \quad 1 - k = 0{,}29$$
$$\Rightarrow \quad k = 0{,}71.$$

8. Uma corrente elétrica oscilante I pode ser considerada uma variável aleatória uniformemente distribuída sobre o intervalo $(9\,;\,11)$. Se essa corrente passar em um resistor de 2 ohms, qual será a função densidade de probabilidade da potência $W = 2I^2$?

Resposta – Como a variável aleatória I pode assumir apenas valores positivos, a função $W = g(I) = 2I^2$ é monótona e diferenciável em $\mathbb{R}_I = (9\,;\,11)$, atendendo aos pressupostos para obtenção da FDP de Y pelo Teorema do Jacobiano. Como $W = 2I^2$, então $I = \sqrt{W/2} = g^{-1}(W)$, e

$$f_W(w) = f_I(\sqrt{w/2})\left|\frac{d}{dw}\sqrt{w/2}\right| = \begin{cases} \dfrac{1}{11-9}\left|\dfrac{1}{\sqrt{2}}\dfrac{1}{2\sqrt{w}}\right| & , \text{ se } 9 < \sqrt{\dfrac{w}{2}} < 11, \\ 0 \left|\dfrac{1}{\sqrt{2}}\dfrac{1}{2\sqrt{w}}\right| & , \text{ para outros valores de } \sqrt{\dfrac{w}{2}}. \end{cases}$$

Como $9 < \sqrt{w/2} < 11 \Leftrightarrow 81 < w/2 < 121 \Leftrightarrow 162 < w < 242$, a FDP da potência W após passagem da corrente no resistor é

$$f_W(w) = f_X(1-y)\left|\frac{d}{dy}(1-y)\right| = \begin{cases} \dfrac{\sqrt{2/w}}{8} & , \text{ se } 162 < w < 242, \\ 0 & , \text{ para outros valores de } w. \end{cases}$$

9. Suponha que o raio R de uma esfera seja uma variável aleatória contínua, cuja função densidade de probabilidade é dada por

$$f_R(r) = \begin{cases} 6r(1-r) & , \text{ se } 0 < r < 1, \\ 0 & , \text{ para outros valores de } r. \end{cases}$$

(a) Determine a função densidade de probabilidade da variável aleatória $S = 4\pi R^2$, que representa a área superficial da esfera.

Resposta – Como a variável aleatória R pode assumir apenas valores positivos, a função $S = g(R) = 4\pi R^2$ é monótona e diferenciável em $\mathbb{R}_R = (0; 1)$, atendendo aos pressupostos para obtenção da FDP de S pelo Teorema do Jacobiano. Como $S = 4\pi R^2$, então $R = \sqrt{S/(4\pi)} = (S/(4\pi))^{1/2} = g^{-1}(S)$, e consequentemente

$$\left|\frac{d}{ds}g^{-1}(s)\right| = \left|\frac{d}{ds}\left(\frac{s}{4\pi}\right)^{1/2}\right| = \left|\left(\frac{1}{4\pi}\right)^{1/2}\frac{1}{2}s^{-1/2}\right| = \frac{1}{2}\left(\frac{1}{4\pi s}\right)^{1/2}.$$

Para $0 < (s/(4\pi))^{1/2} < 1$,

$$\begin{aligned}
f_S(s) &= f_R\left(\left(\frac{s}{4\pi}\right)^{1/2}\right) \times \frac{1}{2}\left(\frac{1}{4\pi s}\right)^{1/2} \\
&= 6\left[\left(\frac{s}{4\pi}\right)^{1/2} - \frac{s}{4\pi}\right] \times \frac{1}{2}\left(\frac{1}{4\pi s}\right)^{1/2} \\
&= 3\left[\left(\frac{s}{4\pi}\right)^{1/2}\left(\frac{1}{4\pi s}\right)^{1/2} - \frac{s}{4\pi}\left(\frac{1}{4\pi s}\right)^{1/2}\right] \\
&= 3\left[\frac{1}{4\pi} - \frac{1}{4\pi}\left(\frac{s}{4\pi}\right)^{1/2}\right] \\
&= \frac{1}{4\pi}\left[1 - \left(\frac{s}{4\pi}\right)^{1/2}\right].
\end{aligned}$$

Como $0 < (s/(4\pi))^{1/2} < 1$ se, e somente se, $0 < s < 4\pi$, a FDP de S é dada por

$$f_S(s) = \begin{cases} \dfrac{1}{4\pi}\left(1 - \left(\dfrac{s}{4\pi}\right)^{1/2}\right) & , \text{ se } 0 < s < 4\pi, \\ 0 & , \text{ para outros valores de } s. \end{cases}$$

(b) Determine a função densidade de probabilidade da variável aleatória $V = (4/3)\pi R^3$, que representa o volume da esfera.

Resposta – Como a variável aleatória R pode assumir apenas valores positivos, a função $V = g(R) = (4/3)\pi R^3$ é monótona e diferenciável em $\mathbb{R}_R = (0; 1)$, atendendo aos pressupostos para obtenção da FDP de V pelo Teorema do Jacobiano. Como $V = (4/3)\pi R^3$, então $R = \sqrt[3]{3V/(4\pi)} = (3V/(4\pi))^{1/3} = g^{-1}(V)$, e consequentemente

$$\left|\frac{d}{dv}g^{-1}(v)\right| = \left|\frac{d}{dv}\left(\frac{3v}{4\pi}\right)^{1/3}\right| = \left|\left(\frac{3}{4\pi}\right)^{1/3}\frac{1}{3}v^{-2/3}\right| = \frac{1}{3}\left(\frac{3}{4\pi v^2}\right)^{1/3}.$$

Para $0 < (3v/(4\pi))^{1/3} < 1$,

$$\begin{aligned}
f_V(v) &= f_R\left(\left(\frac{3v}{4\pi}\right)^{1/3}\right) \times \frac{1}{3}\left(\frac{3}{4\pi v^2}\right)^{2/3} \\
&= 6\left[\left(\frac{3v}{4\pi}\right)^{1/3} - \left(\frac{3v}{4\pi}\right)^{2/3}\right] \times \frac{1}{3}\left(\frac{3}{4\pi v^2}\right)^{1/3} \\
&= 2\left[\left(\frac{3}{4\pi}\right)^{2/3}\frac{v^{1/3}}{v^{2/3}} - \frac{3}{4\pi}\frac{v^{2/3}}{v^{2/3}}\right] \\
&= 2 \times \frac{3}{4\pi}\left[\left(\frac{3}{4\pi}\right)^{-1/3} v^{-1/3} - 1\right] \\
&= \frac{3}{2\pi}\left[\left(\frac{3v}{4\pi}\right)^{-1/3} - 1\right].
\end{aligned}$$

Como $0 < (3v/(4\pi))^{1/3} < 1$ se, e somente se, $0 < v < (4/3)\pi$, a FDP de V é dada por

$$f_V(v) = \begin{cases} \dfrac{3}{2\pi}\left(\left(\dfrac{3v}{4\pi}\right)^{-1/3} - 1\right) , & \text{se } 0 < v < \dfrac{4}{3}\pi, \\ 0 , & \text{para outros valores de } v. \end{cases}$$

10. Se é X uma variável aleatória normalmente distribuída com média μ e desvio padrão σ, então a variável aleatória $Y = e^X$ é dita ter distribuição log-normal com os mesmos parâmetros μ e σ da variável aleatória X. Obtenha a função densidade de probabilidade que caracteriza a distribuição log-normal parametrizada por μ e σ.

Resposta – Conforme a Equação 5.15, a FDP de X é definida em toda a reta real por

$$f_X(x) = \frac{1}{\sigma\sqrt{2\pi}} e^{-(x-\mu)^2/(2\sigma^2)}.$$

A função $Y = g(X) = e^X$ é monótona e diferenciável em $\mathbb{R}_X = (-\infty; \infty)$, atendendo aos pressupostos para obtenção da FDP de Y pelo Teorema do Jacobiano. Como $Y = e^X$, então $X = \log_e Y$, e consequentemente

$$\left|\frac{d}{dy}g^{-1}(y)\right| = \left|\frac{d}{dy}\log_e y\right| = \left|\frac{1}{y}\right| = \frac{1}{|y|}.$$

Para $-\infty < \log_e y < \infty$,

$$\begin{aligned}
f_Y(y) &= f_X(\log_e y) \times \frac{1}{|y|} \\
&= \frac{1}{\sigma\sqrt{2\pi}} e^{-(\log_e y - \mu)^2/(2\sigma^2)} \times \frac{1}{|y|}.
\end{aligned}$$

Como $-\infty < \log_e y < \infty$ se, e somente se, $y > 0$, pois $\lim\limits_{k \to -\infty} e^k = 0$ e $\lim\limits_{k \to \infty} e^k = \infty$, a FDP de Y é dada por

$$f_Y(y) = \begin{cases} \dfrac{1}{y\sigma\sqrt{2\pi}} e^{-(\log_e y - \mu)^2/(2\sigma^2)} &, \text{ se } y > 0, \\ 0 &, \text{ se } y \leq 0. \end{cases}$$

11. Seja X uma variável aleatória normalmente distribuída com média μ e desvio padrão σ e $Y = aX + b$, para a e b dois números reais quaisquer.

    (a) De modo geral, a variável aleatória Y também segue distribuição normal? Caso afirmativo, quais os seus parâmetros?

    Resposta – Conforme a Equação 5.15, a FDP de X é definida em toda a reta real por

    $$f_X(x) = \dfrac{1}{\sigma\sqrt{2\pi}} e^{-(x-\mu)^2/(2\sigma^2)}.$$

    A função $Y = g(X) = aX + b$ é linear e, portanto, monótona e diferenciável em $\mathbb{R}_X = (-\infty; \infty)$, atendendo aos pressupostos para obtenção da FDP de Y pelo Teorema do Jacobiano. Como $Y = aX + b$, então $X = (Y - b)/a$, e consequentemente

    $$\left| \dfrac{d}{dy} g^{-1}(y) \right| = \left| \dfrac{d}{dy} \dfrac{y - b}{a} \right| = \left| \dfrac{1}{a} \right| = \dfrac{1}{|a|}.$$

    Para $-\infty < (y - b)/a < \infty$,

    $$\begin{aligned} f_Y(y) &= f_X\left(\dfrac{y-b}{a}\right) \times \dfrac{1}{|a|} \\ &= \dfrac{1}{\sigma\sqrt{2\pi}} e^{-((y-b)/a-\mu)^2/(2\sigma^2)} \times \dfrac{1}{|a|} \\ &= \dfrac{1}{|a|\sigma\sqrt{2\pi}} e^{-(y-b-a\mu)^2/(2(a\sigma)^2)}. \end{aligned}$$

    Como $-\infty < (y - b)/a < \infty$ se, e somente se, $-\infty < y < \infty$, a FDP de Y é dada por

    $$\dfrac{1}{|a|\sigma\sqrt{2\pi}} e^{-(y-(a\mu+b))^2/(2(a\sigma)^2)}$$

    em toda reta real. Esta é a FDP que caracteriza a distribuição normal com média $a\mu + b$ e desvio padrão $|a|\sigma$. Portanto, se X é uma variável aleatória normalmente distribuída com média μ e desvio padrão σ, então a variável aleatória $Y = aX + b$ segue distribuição normal com média $\mu_Y = a\mu + b$ e desvio padrão $\sigma_Y = |a|\sigma$.

    (b) Mostre que a variável aleatória $Z = (X - \mu)/\sigma$ segue distribuição normal padrão.

Resposta – Note que Z é uma função linear de X, do tipo $Z = aX + b$ com $a = 1/\sigma$ e $b = -\mu/\sigma$. Do resultado demonstrado no item anterior, segue que Z é normalmente distribuída com média

$$\mu_Z = a\mu + b = \frac{1}{\sigma}\mu - \frac{\mu}{\sigma} = 0$$

e desvio padrão

$$\sigma_Z = |a|\sigma = \left|\frac{1}{\sigma}\right| \times \sigma = 1.$$

Portanto, Z segue distribuição normal padrão.

12. Se é X uma variável aleatória com distribuição normal padrão (isto é, com média $\mu = 0$ e desvio padrão $\sigma = 1$), então a variável aleatória $Y = X^2$ é dita ter distribuição qui-quadrado com 1 grau de liberdade. Obtenha a função densidade de probabilidade que caracteriza a distribuição qui-quadrado com 1 grau de liberdade.

Resposta – Conforme a Equação 5.15 (com $\mu = 0$ e $\sigma = 1$), a FDP de X é definida em toda a reta real por

$$f_X(x) = \frac{1}{\sqrt{2\pi}} e^{-x^2/2}.$$

A função $Y = g(X) = X^2$ não é monótona em $\mathbb{R}_X = (-\infty\,;\,\infty)$, porém é monótona decrescente em $I_1 = (-\infty\,;\,0)$ e monótona crescente em $I_2 = [0\,;\,\infty)$. Aplicando o Teorema do Jacobiano separadamente em I_1 e em I_2, chega-se em duas funções $f_{Y,1}$ e $f_{Y,2}$ que, somadas, resultam na FDP de Y.

No intervalo $I_1 = (-\infty\,;\,0)$, $X = -\sqrt{Y}$ e, consequentemente, para $-\sqrt{y} < 0$,

$$f_{Y,1}(y) = f_X(-\sqrt{y}) \left|\frac{d}{dy}(-\sqrt{y})\right| = \frac{1}{\sqrt{2\pi}} e^{-(-\sqrt{y})^2/2} \times \left|-\frac{1}{2\sqrt{y}}\right|.$$

No intervalo $I_2 = [0\,;\,\infty)$, $X = \sqrt{Y}$ e, consequentemente, para $\sqrt{y} > 0$,

$$f_{Y,2}(y) = f_X(\sqrt{y}) \left|\frac{d}{dy}(\sqrt{y})\right| = \frac{1}{\sqrt{2\pi}} e^{-(\sqrt{y})^2/2} \times \left|\frac{1}{2\sqrt{y}}\right|.$$

Como $-\sqrt{y} < 0$ se, e somente se, $\sqrt{y} > 0$,

$$f_Y(y) = f_{Y,1}(y) + f_{Y,2}(y) = \frac{1}{\sqrt{2\pi y}} e^{-y/2}$$

para $\sqrt{y} > 0$. Segue que a função densidade de probabilidade que caracteriza a distribuição qui-quadrado com 1 grau de liberdade é dada por

$$f_Y(y) = \begin{cases} \dfrac{1}{\sqrt{2\pi y}} e^{-y/2} & ,\text{ se } y > 0, \\ 0 & ,\text{ se } y \leq 0. \end{cases}$$

7.7 ▪ Python

1. Um jogador de dardos arremessará oito dardos em um alvo e a probabilidade de ele acertar a região central do alvo é de 0,20 a cada tentativa. Calcule a média e desvio padrão do número de dados que não atingiram o alvo (Item b da Questão 2 dos Exercícios Resolvidos).

```
from scipy.special import comb
import math
prob = [0,0,0,0,0,0,0,0,0]
media = 0
segMom = 0
for i in range(9):
    prob[i] = comb(8,i) * pow(0.8,i)* pow(0.2, 8-i)
    media += i * prob[i]
    segMom += pow(i,2) * prob[i]
dp = math.sqrt(segMom - pow(media,2))
print("Número médio de dados fora do alvo é",round(media,2))
print("Desvio padrão do número de dados fora do alvo é
    ",round(dp,2))
```

O programa calcula a $p_Y(i)$, em que Y é a variável aleatória binomial que representa o número de dardos que não atingiram o alvo e $i = 0, 1, \ldots, 8$. A média é igual a $\sum_{i=0}^{8} i p_Y(i)$ e o segundo momento é igual a $\sum_{i=0}^{8} i^2 p_Y(i)$. O desvio padrão corresponde à raiz quadrada da variância (segundo momento menos o quadrado do primeiro momento). A resposta do programa é:

```
Número médio de dados fora do alvo é 6.4
Desvio padrão do número de dados fora do alvo é 1.13
```

2. Para o problema anterior, plote a FMP de X e a FMP de Y, em que X é a variável aleatória que representa o número de dardos que acertaram o centro do alvo (binomial com parâmetros $n = 8$ e $p = 0{,}20$) e Y é a variável aleatória que representa o número de dardos que erraram o centro do alvo (binomial com parâmetros $n = 8$ e $p = 1 - 0{,}20 = 0{,}80$).

```
from scipy.stats import binom
import numpy as np
import matplotlib.pyplot as plt

n = 8
p = 0.2
X = np.arange(0,9)
Y = binom.pmf(X, n, p)
Y2 = binom.pmf(X, n, 1-p)

fig, ax = plt.subplots(1, 1, figsize=(12, 10))
ax.plot(X, Y, 'bo-', ms=10, label="No alvo")
ax.plot(X, Y2, 'ro-', ms=10, label="Fora do alvo")
plt.ylabel("Probabilidades", fontsize="24")
```

```
plt.xlabel("i", fontsize="24")
plt.tick_params(axis='x', labelsize=20)
plt.tick_params(axis='y', labelsize=20)
ax.legend(loc="upper center", fontsize="20")
plt.show()
```

O programa gera um vetor X que representa o número de ocorrências (zero a oito) e dois vetores Y (um para a FDP de X e outro a para a FDP de Y). A função *binom.pmf()* é usada para calcular as probabilidades. A Figura 7.5 mostra as duas FDPs. Observe que $P(X = i) = P(Y = 8 - i), i = 0, 1, ..., 8$.

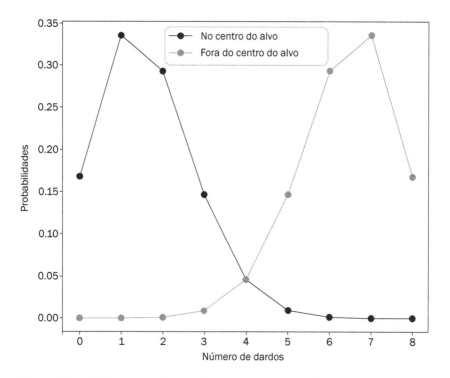

Figura 7.5 FMPs de X e de Y conforme Questão 2 dos Exercícios Resolvidos.

3. A duração (em horas) X de lâmpadas de determinada marca segue distribuição exponencial com duração média de 10.000 horas. Um vendedor faz uma promoção na qual devolve R$ 5,00 ao cliente se a lâmpada vendida durar menos de 1.800 horas, e bonifica o cliente em R$ 2,00 se a lâmpada durar pelo menos 1.800 horas. Qual a função massa de probabilidade do valor que os clientes reembolsam (Questão 4 dos Exercícios Resolvidos)?

```
from scipy.stats import expon
media = 10000
valor = 1800
Prob = expon.cdf(valor, 0, media)
Media = 2 * (1 -Prob) + 5 * Prob
```

```
print("Prob(X < 1.800) = ",  Prob)
print("Prob(X >= 1.800) = ", 1 - Prob)
print("Média do reembolso =", Media)
```

A resposta do programa é:

```
Prob(X < 1.800) =   0.16472978858872797
Prob(X >= 1.800) =  0.835270211411272
Média do reembolso = 2.494189365766184
```

4. A Questão 5 dos Exercícios Resolvidos divide os salários dos professores de uma escola em três segmentos: os que ganham até R$ 5.800,00; os que ganham entre R$ 5.800,00 e R$ 7.800,00; e os que ganham pelo menos R$ 7.800,00. Considerando a distribuição dos salários como uma normal com média de R$ 8.000,00 e desvio padrão de R$ 1.000,00, plote esta distribuição enfatizando cada um dos segmentos dos salários.

```
from scipy.stats import norm
import scipy.stats
import numpy as np
import matplotlib.pyplot as plt

# Parâmetros
media = 8000
dp = 1000
x_inicio = 4000
x_fim = 12000

fig, ax = plt.subplots(figsize=(10, 8))
x = np.arange(x_inicio, x_fim, 1)
ax.plot(x, norm.pdf(x, scale=dp, loc=media), 'b-', lw=5)

pt1 = 4000
pt2 = 5800
ptx = np.linspace(pt1, pt2, 100)
pty = scipy.stats.norm.pdf(ptx, media, dp)
plt.fill_between(ptx, pty, color='lightblue')

pt1 = 5800
pt2 = 7800
ptx = np.linspace(pt1, pt2, 100)
pty = scipy.stats.norm.pdf(ptx, media, dp)
plt.fill_between(ptx, pty, color='yellow')

pt1 = 7800
pt2 = 12000
ptx = np.linspace(pt1, pt2, 100)
pty = scipy.stats.norm.pdf(ptx, media, dp)
plt.fill_between(ptx, pty, color='red')

plt.xticks(fontsize=16)
```

```
plt.yticks(fontsize=16)
x_ticks = [4000, 5800, 7800, 12000]
ax.set_xticks(x_ticks)

plt.show()
```

A Figura 7.6 representa a distribuição dos salários dos professores com os três segmentos.

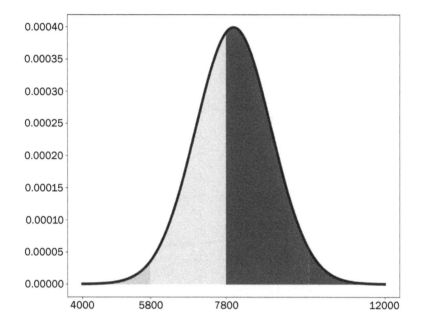

Figura 7.6 Salários dos professores da Questão 5 dos Exercícios Resolvidos.

5. Plote o gráfico da função densidade de probabilidade de $Y = g(X) = X^2$ da Questão 12 dos Exercícios Resolvidos, que é a FDP da distribuição qui-quadrado com 1 grau de liberdade.

```
import matplotlib.pyplot as plt
import numpy as np
import math

fig, ax = plt.subplots(figsize=(10, 8))

y = np.linspace(0.05, 10, 100)
fy = [0] * 100
for i in range(1, 100):
    fy[i] = (1 /(math.sqrt(2*math.pi*y[i]))) *
        math.exp(-y[i]/2)

ax.plot(y, fy, 'b-', lw=5)
plt.xticks(fontsize=16)
```

```
plt.yticks(fontsize=16)
plt.ylabel("$f_Y(y)$", fontsize="24")
plt.xlabel("$y$", fontsize="24")
plt.savefig('Figura_7.6.png')
```

A Figura 7.7 mostra o gráfico plotado para a função $f_Y(y)$.

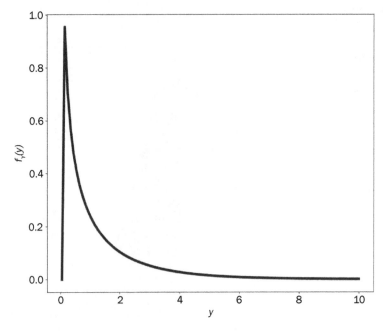

Figura 7.7 A FDP de $Y = X^2$ quando X segue distribuição normal padrão.

Ao acessar o QR Code ao lado, você encontrará códigos em Python referentes aos exemplos que constam neste capítulo.

Referências

[1] PEREIRA, André Gustavo Campos; GOMES, Carlos A.; SIMIOLI, Viviane. *Introdução a Combinatória e Probabilidade*. Rio de Janeiro: Ciência Moderna, 2020.

[2] HAZZAN, Samuel. *Fundamentos de matemática elementar – Volume 5*: combinatória e probabilidade. São Paulo: Saraiva Didáticos, 2019.

[3] ROSS, Sheldon M. *Introduction to Probability Models*. New York: Academic Press, 1989.

[4] ROSS, Sheldon M. *Probabilidade*: um curso moderno com aplicações. Porto Alegre: Editora Bookman, 2010.

[5] ROSS, Sheldon M. *A First Course in Probability*. Londes: Global Edition, 2019.

[6] MEYER, Paul L. *Probabilidade*: aplicações à estatística. Rio de Janeiro: LTC, 1983.

Índice Alfabético

A
Análise Combinatória, 1
   arranjo
      com repetição, 5
      simples, 2
   Binômio de Newton, 14
   Coeficientes Multinomiais, 12
   combinação
      com Repetição, 11
      Simples, 9
   permutação, 6
      com Repetição, 8
   Princípio Fundamental da
      Contagem, 2
   Python, 26
Aproximação da distribuição binomial
      pela normal, 164
Arranjo(s)
   com repetição, 5, 6
   simples, 2, 4
Axiomas, 39, 40
   de probabilidade, 40

B
Binômio de Newton, 14
Bit, 1
Byte, 1

C
Caracterização da Distribuição de
      Probabilidades, 90, 141
Classificação das Variáveis Aleatórias, 80
Coeficiente(s)
   de Correlação Variáveis Aleatórias
      Multidimensionais
         contínuas, 197
         discretas, 189
   multinomiais, 12
      com partições
         distintas, 12
         idênticas, 13
Combinação(ões)
   com Repetição, 11
   Simples, 9, 11
Complementar, 36
Correção de continuidade, 164
Correlação
   fraca ou nula, 189
   negativa
      forte, 189
      perfeita, 190
   positiva
      forte, 190
      perfeita, 190
Covariância, 201
   Variáveis Aleatórias
      Multidimensionais
         contínuas, 197
         discretas, 189

D
Desvio padrão, 95
Diagrama(s)
   de árvore, 3, 5, 6, 7, 44
   de Venn, 39, 48, 49

Distribuição(ões)
    binomial, 102, 103, 164
        negativa, 105
    Conjunta
        Variáveis Aleatórias
            Multidimensionais Contínuas, 196
        Variáveis Aleatórias
            Multidimensionais Discretas, 188
    contínua, 164
    de Bernoulli, 96, 97
    de Erlang, 151, 153
    de Poisson, 112, 113, 114, 149
    de probabilidades, 80, 89
    exponencial, 148, 149, 150, 151
    gaussiana, 155
    geométrica, 98, 99, 100
    hipergeométrica, 108, 111
    Marginais Variáveis Aleatórias Multidimensionais
        contínuas, 196
        discretas, 188
    normal, 154, 164
        padrão, 155
        reduzida, 155
    uniforme, 145

E
Esfera
    boa, 215
    defeituosa, 215
    recuperável, 215
Espaço
    amostral, 33, 34, 39
        contável, 34
        contínuo, não contável ou não enumerável, 34
        discreto, 34
        enumerável, 34
        equiprovável, 39
    de variação, 80, 142
Esperança, 94
Evento(s)
    certo, 35
    coletivamente exaustivos, 37
    disjuntos, 37
    impossível, 35
    independentes, 46, 50, 51
    mutuamente exclusivos, 37, 50
    mutuamente independentes, 50
Eventos, 35
Experimento aleatório, 33, 79

F
Falta de Memória da Distribuição Exponencial, 149
Fórmula de Bayes, 44, 46, 60
Função(ões)
    Beta Incompleta Regularizada, 139
    binompmf(), 235
    choice(), 88
    de Duas ou Mais Variáveis Aleatórias, 190
    de variável aleatória, 211
        Python, 234
    Densidade de Probabilidade (FDP), 141
        condicional, 200
        distribuição
            de Erlang, 151
            exponencial, 148
            uniforme, 144
        marginal, 197
    Distribuição Acumulada (FDA), 91, 143
        de uma variável aleatória, 91
        distribuição
            de Erlang, 151
            exponencial, 148
            normal, 157
            uniforme, 145
    geratriz de momentos, 94
    lambda, 207
    Massa de Probabilidade (FMP), 90, 141
        de uma variável aleatória discreta, 90
        marginal, 191, 193, 194
    randint(), 87
    sorted(), 87
    uniforme(), 86

I
Independência
    variáveis aleatórias
        multidimensionais
            contínuas, 196

discretas, 188
Interseção, 36

L
Lançamento de dois dados, 80
Lei(s)
    associativa, 38
    comutativa, 38
    de complementação, 38
    de De Morgan, 39
    de identidade, 38
    distributiva, 39
    dos grandes números, 77, 88
Linguagem Python
    análise combinatória, 26
    funções de variável aleatória, 234
    probabilidade, 67
    variáveis aleatórias, 86
        contínuas, 177
        discretas, 129
        multidimensionais, 206

M
Média, 94, 143, 222
    Distribuição
        de Erlang, 152
        exponencial, 148
        normal, 162
        uniforme, 146
Método
    combinations(), 26
    expand(), 31
    factor(), 31
    factorial(), 26
    integratedblquad(), 208
    len(), 26, 28
    list(), 26, 28
    permutations(), 27, 28, 29
    pow(), 27
    product(), 27
    subs(), 31
    symbol(), 31
Módulo
    itertools, 27
    math, 26
    sympy, 31
Momento de ordem, 93, 143
Multinômio de Newton, 14

N
Número
    de arranjos
        com repetição, 6
        simples, 4
    de combinações
        com repetição, 11
        simples, 11
    de permutações, 8, 9
        com repetição, 9

O
Operações, 35, 37
    com os eventos, 37

P
Palíndromo, 24
Partições
    distintas, 12
    idênticas, 13
    não ordenadas, 12
    ordenadas, 12
Permutação, 6
    circulares, 8
    com repetição, 8, 9
Princípio
    da Inclusão-Exclusão, 41
    fundamental da contagem, 2, 6
Probabilidade(s)
    axiomas e teoremas, 39
    condicionais, 191, 195
        variáveis aleatórias
            multidimensionais
                contínuas, 196
                discretas, 188
    condicional, 42
    da União de Vários Eventos, 41
    espaço amostral, 33
    eventos, 35, 46, 50
        independentes, 46
        mutuamente exclusivos ×
            eventos independentes, 50
    marginal de uma variável aleatória, 188
    operações, 35
    propriedades, 38
    Python, 67
    teorema de Bayes, 44
Propriedades, 38

R
Regra do produto, 43

T
Técnica de padronização, 160
Teorema, 39
    da probabilidade total, 43, 44
    de Bayes, 44
    do Binômio de Newton, 14
    do Jacobiano, 219, 220
Triângulo Aritmético de Pascal, 15

U
União, 35

V
Valor esperado, 94
Variância, 95, 143, 222
    distribuição
        de Erlang, 152
        exponencial, 148
        normal, 162
        uniforme, 146
Variáveis aleatórias, 79
    bidimensional, 188
        contínua, 200

classificação das variáveis
    aleatórias, 80
contínua(s), 80, 215
    caracterização da, 141
    distribuição
        de Erlang, 151
        exponencial, 148
        normal, 154
        uniforme, 144
    Python, 177
discreta(s), 80, 215
    caracterização da, 90
    distribuição
        binomial, 102, 104
            negativa, 104
        de Bernoulli, 96
        de Poisson, 112
        geométrica, 98
        hipergeométrica, 108
    Python, 129
multidimensionais, 81, 187
    contínuas, 196
    discretas, 188
    Python, 206
Python, 86
unidimensionais, 81